"十二五"职业教育国家规划教材

经全国职业教育教材审定委员会审定

全国船舶工业职业教育教学指导委员会规划教材

U0645182

船 舶 概 论

（第二版）

主　编　熊仕涛

副主编　张丹平　杨　鹄

主　审　刘民钢

哈尔滨工程大学出版社

内容简介

本书包括船舶发展史、船舶类型、船型和性能,船体结构、船舶动力装置、船舶设备、船舶电气、造船工艺等方面的内容。

本书既可作为高职高专院校船舶类专业学生的教材,也可作为交通航运系统及有关的工程技术人员的参考书,同时可作科普用书。

图书在版编目(CIP)数据

船舶概论/熊仕涛主编. —2 版. —哈尔滨:哈尔滨
工程大学出版社,2016.3(2024.7 重印)
ISBN 978 - 7 - 5661 - 1229 - 3

Ⅰ.①船… Ⅱ.①熊… Ⅲ.①船舶-概论 Ⅳ.
①U66

中国版本图书馆 CIP 数据核字(2016)第 051152 号

选题策划 史大伟
责任编辑 薛力
封面设计 恒润设计

出版发行 哈尔滨工程大学出版社
社　　址 哈尔滨市南岗区南通大街 145 号
邮政编码 150001
发行电话 0451 - 82519328
传　　真 0451 - 82519699
经　　销 新华书店
印　　刷 哈尔滨市海德利商务印刷有限公司
开　　本 787mm×1 092mm 1/16
印　　张 13.5
字　　数 351 千字
版　　次 2006 年 9 月第 1 版 2016 年 3 月第 2 版
印　　次 2024 年 7 月第 13 次印刷
定　　价 29.00 元
http://www.hrbeupress.com
E-mail:heupress@ hrbeu.edu.cn

第二版前言

党的十八大明确提出"提高海洋资源开发能力,发展海洋经济,保护海洋环境,坚决维护国家海洋权益,建设海洋强国。"这表明国家将海洋开发和建设工作提到一个前所未有的战略高度。建设海洋强国,是建设现代化国家的必然要求。中国船舶工业将以海洋装备为立足点,全面发展海洋安全装备、海洋科考装备、海洋运输装备、海洋开发装备,大力推进中国海洋装备产业发展。

随着中国经济的迅猛发展,我国船舶工业也得到了飞速发展,并已成为世界造船大国,船舶现代化程度亦与世界接轨。为适应当前高职高专院校船舶类学生学习的需要,我们组织有关专家编写了本书。本书于2006年第一次出版发行,2009年修订再版发行。本书的两次发行,深得高职高专院校船舶类教师与学生的厚爱,2013年经立项专家评审组评审,本书符合"十二五"职业教育国家规划教材选题立项要求,经修订后再次出版发行。

本书主要包括船舶发展史、船舶类型、船型和性能、船体结构、船舶动力装置、船舶设备、船舶电气、造船工艺等方面的内容。

本书由武汉船舶职业技术学院熊仕涛教授主编,张丹平、杨鹄副主编,黑龙江工程学院王金玲、武汉船舶公司王玲参编。其中第一章、第五章由熊仕涛编写,第二章、第六章由张丹平编写,第三章、第七章由杨鹄编写,第四章由王金玲编写,绪论由王玲编写。本书由武汉轻工大学刘民钢教授主审。

本书在编写过程中,得到武汉船舶职业技术学院教务处的大力支持,在此谨表谢意。

由于编者水平有限,欠妥和谬误之处请读者批评指正。

编　者
2016 年 1 月

第一版前言

随着世界船舶业的发展,我国造船工业也迅速发展,并已成为世界造船大国之一,船舶现代化程度与世界接轨。为适应当前高职高专院校船舶类学生学习的需要,我们组织有关专家编写了本书。

本书主要内容包括船舶发展史、船舶类型、船型和性能、船体结构、船舶动力装置、船舶设备、船舶电气、造船工艺等方面的内容。

全书由武汉船舶职业技术学院熊仕涛教授主编,张丹平副教授、杨鹄讲师副主编,黑龙江工程学院王金玲讲师、武汉船舶公司王玲工程师参编。其中第一章、第五章由熊仕涛编写,第二章、第六章由张丹平编写,第三章、第七章由杨鹄编写,第四章由王金玲编写,绪论由王玲编写。全书由武汉船舶职业技术学院刘民钢教授主审。

本书在编写过程中,得到武汉船舶职业技术学院教务处的大力支持,在此谨表谢意。

由于编者水平有限,欠妥和谬误之处,请读者批评指正。

编　者

2006 年 4 月

目　　录

绪　　论

舟船是人类活动的重要工具之一。舟船的发明和应用经历了相当长的历史阶段,反映了人类进化中的重大进步。在世界的东方和西方,至少在七八千年前就出现了舟船。埃及、希腊、罗马和中国是世界造船与航海的发源地。在古埃及国王的墓中曾出土了一件陶制花瓶,上面绘有世界上最古老的帆船,其年代可追溯到公元前3000年。公元前1500年,埃及女王就曾用帆船去远征。

随着埃及的衰落而逐渐强盛起来的是西亚古国腓尼基。早在公元前700年就建成大型舰队,战舰帆桨并用,在水下部分还带有撞角,如图绪-1所示。

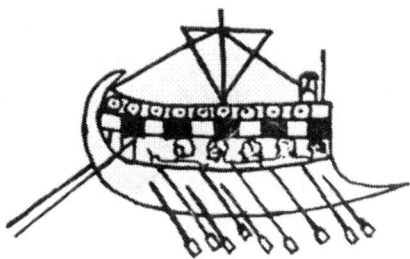

图绪-1　腓尼基战舰(公元前700年)

图绪-2　公元200年的罗马商船

公元前4世纪以后,希腊也逐渐衰落,罗马便乘机而起。罗马成为地中海区域的大国以后,对外贸易大为发展。图绪-2是根据公元200年的一座浮雕而绘制的罗马商船。其特点是艏低艉高,艉部饰有天鹅的头,舯部挂一方帆,艏部有一倾斜的小桅,并挂一小方帆,是用来控制船的着风方向。该船出现的双桅双帆,表明了驶帆技术的进步。

中国是世界上主要的船舶发源地之一,其古代的造船技术在世界上曾长期处于领先地位,在世界船舶发展的历史长河中做出过重大贡献。

《易·系辞》所记:"刳木为舟,剡木为楫",说的就是在旧石器时期利用火和石斧制造独木舟和船桨的过程。在浙江省余姚县河姆渡村新石器时期文化遗址,发现有精湛的木构技术,并出土了大约7 000年前的雕花木桨,为我国舟船技术出现之早提供了实物证据。该桨柄与桨叶结合处,阴刻有弦纹和斜线纹图案。显而易见,这样做工精致的木桨,绝不会是最原始的,原始木桨的出现应当会更早。据理而论,有桨必有舟,独木舟在这一地区形成于8 000年前或更早一些。

到了春秋战国时期(公元前770—公元前221),冶炼技术逐渐发展,开始广泛使用铁工具,促进了造船业的发展。不仅在黄河、长江上有相当规模的水上运输,而且在长江流域发生过多次水战,舟师的活动范围更是扩展到我国沿海。

战国距今已2 000多年,人们只能通过文物和有关文献去了解当时船舶的概貌,若想得到古船的实物是很困难的。正因为这样,我们对1974—1978年在河北平山县三汲乡战国墓中发掘出随葬的 2 300 年前的游船特别感到珍贵。引人注目的是,这艘战国古船用铁箍连接船板边缝的技术前所未见。现代木船在重要部位使用的形同蚂蟥的"锔钉",实际上就是半个铁箍,显然这是铁箍的继承和发展。中山国是北方小国,地处华北平原的西北边缘,少江河之利,竟有如此纹饰瑰丽的游船,这般技艺高超的造船能力,那么齐、魏大邦当更有而甚之。南方吴越濒海滨江之地,其舟楫之盛当更非中原可比。

秦、汉时期是我国舟船技术获得大发展的时期。到了唐、宋时期,中国的舟船技术臻于成熟。在这样的经济、技术基础上,才有明代永乐年间郑和七下西洋的壮举。

郑和于 1405—1433 年的 28 年间,受明成祖朱棣皇帝的委派,统率舟师七下西洋。每次出洋船员超过 2 万人,船舶 200 多艘,其中大型宝船长 44 丈①,宽 18 丈,排水量达 14 000 t 以上。郑和的船队不但到了南洋群岛的主要国家,而且一直到非洲东岸,总航程 10 万余里②。其规模之大,人数之多,船舶技术之先进,航行海域之广阔,都是历史上前所未有的。

外国某些学者在提到航海家时必称哥伦布。然而众所周知,比郑和下西洋晚 87 年的哥伦布,只驾驶着 3 艘小船,

图绪-3 哥伦布探险船队旗舰"圣·玛丽亚"号

他的旗舰"圣·玛利亚"号也只有 24 m 长,排水量 120 t。全舰队共有船员 87 人,如图绪-3 所示。哥伦布并没完成致书中国皇帝的既定任务,反而把南美洲误认为印度。

比郑和下西洋晚 93 年的葡萄牙人达·伽马,从里斯本出发,绕过好望角,沿非洲东海岸北上,由阿拉伯人领航,才到达印度西海岸。达·伽马的旗舰"圣加布利尔"号排水量不到 200 t,其船员总数才 170 人。当他返回里斯本时,只剩下两只小帆船,船员生还者还不到半数。

图绪-4 麦哲伦"维多利亚"号

比郑和下西洋晚 114 年的麦哲伦,奉西班牙国王之命,率 5 艘船、265 名船员,由圣罗卡启航,越过大西洋,经南美洲大陆与火地岛之间的海峡(后来定名为麦哲伦海峡)入太平洋,于 1521 年 3 月到达菲律宾。麦哲伦因干涉土著人的事务而被杀死,剩下 115 名船员乘两艘船逃走。1522 年 9 月只有 85 t 的"维多利亚"号完成了环球航行返回圣罗卡,生还的船员只有 18 人,如图绪-4 所示。

① 1 丈 =3.33 米
② 1 里 =500 米

中国古代的科学技术史,内容十分丰富。然而自明中叶以后,长期处于相对停滞的封建社会,重农轻商的传统极不利于商品经济的发展。明末清初的资本主义萌芽,到鸦片战争前夕已经孕育了 200 多年,也还没有形成新的阶级、新的资本主义生产关系,始终还是萌芽状态。

1840 年的鸦片战争后,英国侵占了我国香港,并迫使清政府开放五个口岸,中国开始沦为半殖民地半封建社会。外国的帆船、轮船自由地在我国沿海和内河航行,中国的造船业日益衰败。19 世纪 60 年代以后,中国封建统治者中的一些代表人物——曾国藩、左宗棠、李鸿章等人,见洋人的"船坚炮利",进而奏请清政府操办洋务运动。1861 年开办安庆内军械所;1865 年在上海创办了江南制造总局,江南制造局是一所制造军火和轮船的综合企业;1866 年在福建马尾设立福州船政局,专事造船,并设"前学堂"培养造船、造机人才;1872 年又创办了招商局。

洋务运动虽然以"自强""御海"为其出发点,但是在外国帝国主义压迫下,加上洋务官僚的封建买办性,最终也未能建成中国自己的民族造船业。从科学技术史的发展进程看,洋务运动毕竟引进了资本主义的生产技术,客观上促进了古老中国的生产力发展。以洋务运动为开端的中国近代造船业,不仅是中国工业的先导,而且在传播西方自然科学和发展中国近代教育方面也产生了积极的作用。

1865 年,安庆内军械所在徐寿、华蘅芳等人的努力下,制成我国第一艘蒸汽机轮船"黄鹄"号,该船长17.6 m,航速约 6 kn,如图绪 - 5 所示。1868 年,江南制造局制成木壳桨轮轮船"恬吉"号,船长 56.4 m,载重600 t,功率 288 kW,航速约 9.5 kn。1869 年,福州船政局制成木壳运输舰"万年清"号,船长 72.6 m,排水量1 450 t,功率 426 kW,航速约 10 kn。我国最初的几艘蒸汽机轮船,从技术

图绪 - 5　蒸汽机轮船"黄鹄"号

上看,可能要比英国等技术先进的诸国落后七八十年,但这毕竟是中国近代造船的开端。

1918 年夏,第一次世界大战在持续进行,美国急需大批远洋运输船,遂与我国签订了承造 4 艘万吨级运输船的合同。尽管大战于 1918 年末结束,这 4 艘万吨级船仍按合同按时交船。第一艘"官府"号于 1919 年 1 月开工,1920 年 6 月下水,1921 年 2 月交船后开往美国;"天朝""东方""中国"号等 3 艘船在 1922 年也交船完毕。这些船是全遮蔽甲板型蒸汽机货船,总长 135 m,宽 16.76 m,吃水 11.57 m,采用江南造船厂制造的三缸蒸汽机,指示功率2 700 kW,航速 11 kn。

抗日战争胜利后,上海设计建造川江客货船,这是抗日战争时期在川江航运中积累丰富经验的基础上设计的。

自洋务运动起到旧中国政府统治的 80 多年中,我国虽然也建造了一批铁质和钢质的轮船,但处在半殖民地、半封建社会,在外国帝国主义和本国官僚买办势力的双重压迫下,造船业的发展极为缓慢,造船科学技术也由于缺乏工业基础而无法达到先进的水平。

新中国的诞生,使船舶工业获得新生。建国初期,首先注意恢复和建设一大批修造船

厂，在提高修造船能力的同时，十分注意建设专业配套设备厂，在全国逐渐形成比较完整的配套协作网。其次，组建船舶专业科研设计机构，扩大科研设计队伍和能力。再次，发展造船专业高等教育，建设多层次的造船专业人才教育培训系统。

50 年来，新中国船舶工业的发展大体经历了三个历史时期：第一个时期 1949—1960 年，依靠自己的力量迅速恢复和发展旧中国留下来的船舶工业，并借助苏联的技术援助，奠定了中国现代船舶工业的初步基础。第二个时期 1961—1978 年，在苏联政府中断技术援助和西方国家继续对中国实行技术、经济封锁的情况下，克服国民经济暂时困难和十年动乱的影响，自力更生，奋发图强，基本建成船舶工业体系。第三个时期是 1979 年以后，在中共十一届三中全会路线和方针指引下，坚持四项基本原则，实行改革开放，中国船舶工业进入现代化建设的新时期。

在这三个时期，我国造船工业得到了长足的发展，具代表性的船舶有：

20 世纪 50 年代，京沪铁路运输繁忙，江南船厂设计和建造了几艘用于南京下关浦口的火车渡船"上海""江苏""金陵"号等。这些船的船长约 110 m，可装运 20 余节车厢。

1954 年设计建成了以柴油机为动力的申渝线川江客货船"民众"号，载客 936 人，载货 500 t。1955 年建成航行于渤海区的"民主 10 号""民主 11 号"两艘客货船，载客 500 人，载货 700 t，是建国后设计建造的第一艘沿海客货船。1958 年建成航行于上海——青岛间的蒸汽机客货船"民主 14 号"。1960 年则建成"民主 18 号"柴油机沿海客货船，它载客 800 余人，功率 2 940 kW，航速约 16 kn，舱室设备和布置装潢方面达到了一个新水平。

在沿海货船的设计建造方面，应当提到 1958 年大连、江南两厂分别以很短的周期完成的载货 5 000 t 的"和平 25 号"与"和平 28 号"，如图绪 – 6 所示。主机采用当时较为先进的 1 790 kW 的单流式蒸汽机，除雷达、测向仪是购自国外外，舾装、电气设备均为自行研制。"和平 25 号"于 1960 年改为烧油，并改进内装后入苏联船级社，作为中国远洋运输公司的第一艘货船，改名为"和平"号，远航东南亚及非洲。

图绪 – 6 货船"和平 28 号"

在 20 世纪 50 年代末，我国组织各方面专家进行万吨级远洋货船的研究、设计和试制工作，如图绪 – 7 所示。该船在快速性、装载量、钢材消耗量、机舱长度等指标上均达到了当时较先进的水平。"东风"号建造成功，表明在技术上和配套设备的生产上有了重大进步，为今后建造大型船舶打下了基础。

在总结"东风"号设计经验的基础上，1967 年江南船厂建成"朝阳"号，并批量生产多艘。1973 年大连造船厂建成大舱口远洋货船"大理"号，它载重量 12 000 t，主机为南斯拉夫造苏尔寿 6RND76/155 型低速柴油机，球鼻艏、舭机、艉上层建筑实用美观，同型船共造 4

图绪 – 7 万吨级远洋货船"东风"号

艘。同年沪东造船厂设计建造了当时尺度最大的散货船"郑州"号,载重量 25 000 t。该型船陆续建造了 13 艘。

改革开放政策的实行,国内、国际市场的开拓,促进了我国船舶工业的迅速发展,建造了许多船型优、性能好的出口船舶。例如:

承接香港海洋服务公司订货,由中国船舶与海洋工程设计研究院设计,中华造船厂于 1982 年建成多用途货船"海建"号,它是我国第一艘出口的多用途货船,如图绪-8 所示。

图绪-8 多用途货船"海建"号

承接香港联成轮船公司订货,由中国船舶与海洋工程设计研究院设计,大连造船厂于 1982 年 1 月建成 27 000 t 级远洋散装货船,命名"长城"号。基本同型的 27 000 t 级散货船,由江南、大连两厂共建造 12 艘,全部出口到国际市场。

大连造船厂于 1986 年建成 115 000 t 穿梭油船,用于挪威北海油田的原油运输。为适应北海恶劣海况下且无码头停靠时,仍能艉部安全装载,该船装有:微机控制的动力定位系统;先进的艉系泊及艉装载设备;符合挪威船级"EO"级要求的无人机舱;由微机控制,彩色屏幕显示的货油及压载液位显示的中央控制台。1988 年 12 月 30 日又建成 118 000 t 穿梭油船一艘。

经过十几年的努力,中国当代的船舶工业已经赢得世界航运和造船界的信赖。根据英国劳氏船级社的统计,中国的出口船舶占世界出口船份额稳步增长,继日本、韩国之后居世界第三位。因此说,中国既是世界上的造船古国,也是当今世界的造船大国。

从 20 世纪 80 年代后期开始,我国船舶制造业陆续从国外引进了 50 多项设计建造技术,并积极消化吸收,不断创新,使自主研发和建造能力显著增强,在散货船、油船等领域形成竞争优势,并培育出"中国江南""中国沪东""中国大连"等品牌船型。中国船舶工业进军国际市场走的是"引进—出口—提高—再出口"之路,创出一条投资省、见效快的自强振兴之路。现在中国船舶工业已能建造符合各大船级社的国际标准,在全球海域航行的各类船舶,并紧跟国际市场潮流,把发展一大(吨位大)、二高(高技术含量、高附加值)、三新(新技术、新工艺、新船型)船舶作为赢得市场的重要砝码。这一时期,代表性的船舶主要有:

我国首次设计制造的高技术海洋石油开采工程船——52 000 t 浮式海上储油轮"渤海友谊"号,1989 年 4 月 5 日在沪东造船厂交船。该船成功实现了我国浮式生产储油轮(简称 FPSO)建造"零"的突破。我国现已成为世界上新建 FPSO 数量最多的国家。

自 1956 年集装箱船问世以来,越来越受到运输业的欢迎,现在已经发展成为运输船中最主要的船型。20 世纪 90 年代以来,5000TEU 级以上的集装箱船的登场,将集装箱船带入了超大型集装箱船的时代。1990 年 5 月 8 日,由沪东造船厂为联邦德国承造的 2 700 箱大型冷风集装箱船"柏林快航"号(图绪-9)交船。该船采用 50 多项领先世界的新技

图绪-9 大型冷风集装箱船"柏林快航"号

术,全新的制冷系统使集装箱内的温度可根据装载货物要求给定,并自动调节与控制,十分先进,被国际造船界誉为20世纪90年代未来型船舶。现在,我国能自行建造大型集装箱船。

为解决能源紧张造成的国际油价持续上涨问题,1991年2月22日,总吨位2 771 t、货舱容积3 000 m³的第一艘大型海上液化石油气船"鲲鹏"号在江南造船厂建成,这是我国北气南运的功臣,在中国海运界赫赫有名。

1993年12月15日,我国首次与日本签订两艘1.5万吨散货船出口合同,标志着我国与世界造船强国相比有了一定的竞争力。"春江海"号是我国第一艘万吨级江海直达散货船,它的成功建造,解决了能同时满足江、海航行的要求。

为支持国内的航天事业,造船工业贡献了一批高技术的航天测量船。1994年12月交付使用的、集中国造船工业和电子工业最高水平于一身的远洋航天测量船——"远望3"号(图绪-10),满载排水量1万多吨,续航能力18 000 n mile,主要技术指标达国际先进水平,标志着中国在这一领域进入了世界先进行列。

图绪-10 "远望3"号测量船

进入新世纪以来,我国造船业全面开花,呈现出资金密集、技术密集、劳动密集的特点。这一时期建造了大型的先进水面舰船、集装箱船、客滚船、LPG液化石油气船、三用工作船、豪华型游艇、多用途船等多类高附加值船舶。我国自行研发的17.5万吨好望角环保型散装船目前是世界独家。

在开发高速大动力船型方面,我国也有了创新成果,由求新造船厂建造的"天鹅"号地效翼船,是当时世界上最大的动力气垫地效翼船,总体性能达到国际先进水平。

随着世界船舶市场船型的不断更新,我国也不断向高新尖端领域船舶发展。大连新船重工于2002年8月31日建造成功的我国第一艘30万吨级巨型油船(VLCC),填补了国内多项空白,在超大型油船的设计、建造上实现了"零"的突破,圆了几代中国造船人的梦想。从此大大增强了我国船舶工业在国际船舶市场上的竞争力,并跨入世界造船强国之列。

中远集团所属南通中远川崎船舶工程有限公司建造的30万吨级巨型油轮"远明湖"号,以93万建造工时(坞期仅为四个半月),再次刷新中国建造远洋船舶的工时最短纪录。在此之前,南通中远川崎已经建造一艘30万吨级油轮。

在国际船市兴旺的大背景下,中国船市强势升温,国内外船东订船踊跃。2003年全行业承接各类型的新船订单近1 800万吨,占全球接单总量的18%;造船完工量约600万吨,占全球新船完工量的10.5%。2004年全行业签约新船订单占世界市场份额的17%以上;造船完工量超过900万吨,占全球新船完工量的15%以上,连续10年居世界第三位。

科技创新推动了船舶工业的快速发展。液化天然气船(LNG)、超大型油轮(VLCC)、客滚船、大型集装箱船等一批高技术、高附加值船舶的成功开发,拓展了新的市场领域,扩大了国际市场份额;造船效率大幅提高,部分船舶建造周期已接近世界先进水平,国际竞争能力进一步提升。

从造船大国到造船强国,凝聚着数十万造船人再创辉煌的雄心壮志,更孕育着世界造船古国的再度复兴。放眼未来,中国船舶工业乘风破浪,扬帆远行,世界造船格局必将因中国造船业的发展而变得更加多姿多彩,中国船舶工业也必将以崭新的面貌迎来更加辉煌灿烂的明天。

第一章 船舶类型

第一节 船舶概述

现代船舶虽然仍是交通运输的重要工具之一,但早已超越了交通运输的范畴。船舶用于军事目的叫军用船舶;用于运输、渔业、工程、海洋开发等方面的船舶统称为民用船舶。

用于不同地方的船舶有不同的要求,船舶在航行区域、运动状态、推进方式、动力装置、造船材料和使用范围等方面也各不相同,因此船舶种类繁多,各具特色。

船舶按航行区域可分为海洋船舶、港湾船舶和内河船舶三大类。海洋船舶又分为远洋船舶、近洋船舶和沿海船舶三种。航行在湖泊上的船舶一般归于内河船舶类。

船舶按运动状态可归纳为浮行船、滑行船、腾空船三类。浮行船舶是指一切水上浮行和水下潜行的船舶。滑行船是指航行时,船身绝大部分露出水面而滑行的船舶。腾空船是指船身在完全脱离水面的状态下运行的船舶。

船舶按推进方式可分为原始的撑篙、拉纤、划桨、摇橹等人力推进的船舶;依靠风帆、风车、风筒等风力推进的船舶;依靠各种机械推进的明轮船、喷水船、螺旋桨船、空气推进船等。

船舶按动力装置的不同可分为往复蒸汽机船、柴油机船、汽轮机船、燃气轮机船、电力推进船、联合动力装置推进船和核动力装置船。

船舶按造船材料可分为木船、水泥船和钢船。

船舶按用途可分为运输船舶、渔业船舶、工程船舶、工作船舶、军用船舶以及一些特种船舶。

第二节 船舶分类

一、运输船舶

（一）客船

它的主要任务是载运旅客及其携带的行李,对兼运少量货物的客船又称客货船。由于客船多为定班定线航行,通常亦称为客班船。

客船的性能和设备需确保航行安全。船舶应具有足够的强度,在一定的风浪作用下不至于倾覆;在旅客集中于一舷或在船舶回转时,应保持相当的稳定性,不至于出现不利于安全和使旅客发生惊慌的过度倾斜,通常认为惊慌倾斜角度不超过 $8° \sim 10°$;在一定数量的隔舱因破洞而淹水时仍能保持船舶不至于沉没,在构造上和选用材料方面均应有必要的防火措施;有符合要求的消防、救生、通信等设备。

客船要为旅客提供较好的居住条件,包括旅客居住舱室应有良好的采光、照明、空气调节、卫生等设备,以及旅客散步所需的宽敞的甲板和文娱、体育处所。

客船的外形特征是甲板层数多,上层建筑丰满,艏艉大都呈阶梯形,使上层建筑及其他实体都包络在一个光顺的流线之内,以减少空气的阻力。此外,在船的顶层两边,停放着数量较多的救生艇和其他救生工具,这是客船的一个显著特征。客船一般具有快速、平稳、灵活、安全、可靠和生活设施齐全等特点。

1. 远洋客船

它是航行于大洋之间的大型客船,一般满载排水量都在1万吨以上。图1-1为当今世界上最大、最豪华的客船"海洋绿洲"号。海洋绿洲号于2009年11月下海进行处女航,当它在海上航行时,就像是一座"旅行的城市"。海洋绿洲号耗资14亿美元,吨位达22.5万吨,吃水9.1 m,长度361.8 m,水线宽度47 m,最宽处63.4 m,高72 m,航速为22.6 kn,要比泰坦尼克号还要大3倍多,比次之的邮轮"海洋自由"号还重6万吨。

图1-1 "海洋绿洲"号

2. 近洋客船

它是航行于近洋各城市之间的客船,一般满载排水量为5 000~10 000 t。图1-2是近洋客船"长征"号,它满载排水量为7 700 t,船长138 m,船宽17.6 m,吃水6 m。全船共有7层甲板,858个铺位。它持续航行的距离为3 500 n mile,可从我国直达东南亚各大港口。

图1-2 近洋客船"长征"号

3. 沿海客船

它是航行于沿海各港口之间的客船,其航线距离海岸不远,一般满载排水量在5 000 t以下,航速12~16 kn。图1-3为大连至烟台航线上的客货船,长100 m左右,宽14~15 m,吃水4~5 m。

图 1-3　连烟线沿海客货船

4. 内河客船

它是航行于江河湖泊上的客船,排水量为几十吨至几千吨。在我国,最具代表性的是航行于长江上的客船。图 1-4 为申汉线(上海至武汉)客船,它长 113 m,宽 16.4 m,吃水 3.6 m,可载客 1 186 人,航速为 30 kn。

图 1-4　申汉线内河客船

5. 旅游船

客船载客是以从一地至另一地为目的的,而旅游船载客是进行水面观光、旅行、游玩的。因此,旅游船要求造型美观,典雅舒适,窗多口大,有宽阔的视野与高低视角,可时快时慢,使人感到轻松、快乐。

(二)货船

它是以载运货物为主的专用船舶。货船上除了供船员住宿、活动和装有各种必需设备的舱室外,大部分的舱位都作为堆储货物的货舱。货船的种类很多,大小不等,小到几百吨,大到几十万吨。按载运货物的性质不同可分为干货船和液货船两大类。

1. 普通货船

普通货船又称杂货船或统货船,是干货船的一种,主要装载一般包装、袋装、箱装和桶装的件杂货。杂货船一般都是双层甲板,为缩短装卸货物的时间,货舱口特别大,并且配备了完善的起货设备,如吊货杆、起重绞车或回转式起重机等。图 1-5 为 29 500 t 多用途货船。

2. 散装货船

它是专门用来运送煤炭、矿砂、谷物、化肥、水泥、钢铁、木材等散装物资的船舶。这种船装得多,卸得快,成本低,第二次世界大战后发展很快,其数量仅次于油船。它的特点是驾驶室和机舱都在艉部;货舱口比杂货船的还要宽大;内底板与舷侧用向上倾斜的边板连接,以便散货能自动向中央集中;甲板下两舷与舱口边做成倾斜的顶边舱,以限制散货向左右两舷移动。此外有较多的压载水舱,作为空载时压载之用。图 1-6 为"中国江南"型散装货船,该船已成为世界著名船型。

图1-5 29 500 t多用途货船

3. 集装箱船

为了提高营运效率,1956年美国一家公司将油船"盖特威城"号改装后在甲板上试装集装箱取得成功,装卸时间由7天缩短到15 h,取得了良好的经济效益。集装箱船也称为箱装船或货箱船,是一种专门载运集装箱的特种船。它的全部船舱或部分船舱用来装载集装箱,必要时在甲板或舱盖上也可堆放集装箱。集装箱船的舱口又宽又长,甲板较小,货舱尺寸都按装箱要求规格化。它装卸效率高,货损小,停港时间短,经济效益好。图1-7为610 TEU集装箱船。

图1-6 "中国江南"型散装货船

图1-7 610 TEU集装箱船

4. 滚装船

它是20世纪60年代末在集装箱船的基础上产生的新船种。在滚装船上,既没有货舱口,也没有吊杆和起重设备。船尾高高竖起一块大跳板,船靠码头后,跳板放下,搁在码头上,装有集装箱的车辆便可顺利地开上开下,进行装卸作业。

滚装船无论是外部形状、内部结构、舱室布置,还是装置设备,都独具特点。从外形看,滚装船比同等载货量的其他货船都要高大。因其用车辆载箱上下并随船航行,故有多层停车甲板。滚装船适应性强,可以装运多种类型的货物,比集装箱船具有更大的灵活性。图

1-8为滚装船示意图。

5. 载驳货船

它在某种意义上说就是用驳船代替集装箱的特种集装箱船。驳船类似于集装箱船,可以装载各种货物,它是浮在水面上的运输单元,如图1-9所示。

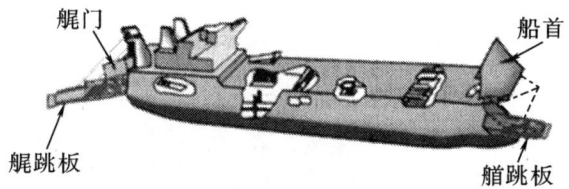

图1-8 滚装船示意图

图1-9 载驳货船

6. 冷藏货船

它是专门运输易腐鲜货的船,货物主要是果品和肉类,要求在运输过程中保持一定的低温,以保证货物不致变质与腐烂。冷藏船为防止下层货物被压坏,常设置多层甲板。

7. 液货船

它是专门载运液体货物的船。液体货物有油、酒、液化气、氨水及其他化学药液等,大量运输的是石油及其制品。

装运石油的船舶叫油船。在海上运输中,油船占了近一半。油船有独特的船型特征和外形布置(图1-10),它只有一层纵通的甲板。油船里面有纵横舱壁将油舱隔开,舱口小,水密性好,航行时不怕波浪涌上甲板,所以在满载航行时,其甲板边线几乎是接近水面的。石油产品是易燃物,很容易挥发和燃烧,过量的石油挥发气体还会引起爆炸,所以油船上的消防设备比较完善。同时,为了减少太阳辐射热,控制舱内温度,油船外壳常漆成浅色。在酷暑季节设有降温用的甲板淋水设备;在严寒季节,为了不使石油冻黏变稠,便于输送,备有蒸汽暖油装置。

8. 液化天然气(LNG)船

LNG(Liquefied Natural Gas)船是在-163 ℃低温下运输液化气的专用船舶,是高技术、高难度、高附加值的"三高"产品,是一种"海上超级冷冻车",被喻为世界造船"皇冠上的明珠",目前只有美国、中国、日本、韩国和欧洲的少数几个国家的13家船厂能够建造。LNG船的储罐是独立于船体的特殊构造。在该船舶的设计中,考虑的主要因素是能适应低温介质的材料,对易挥发或易燃物的处理。船舶尺寸通常受到港口码头和接收站条件的限制。12.5×10^4 m³是最常用的尺寸,在建造船舶中最大的尺寸已达到20×10^4 m³。LNG船的使用寿命一般为40~45年。世界LNG船的储罐系统有自撑式和薄膜式两种。自撑式有A型、B型两种,A型为菱形或称为IHISPB,B型为球形。

图 1-10 伊朗"德尔瓦"号超大型油轮（VLCC）

2008 年 4 月,由沪东中华造船(集团)有限公司承建的中国首制 LNG 船舶"大鹏昊"顺利交船。"大鹏昊"是我国制造的第一艘液化天然气(LNG)船,也是世界上最大的薄膜型 LNG 船,船长 292 m、宽 43.35 m、型深 26.25 m,装载量为 14.7×10^4 m^3,时速 19.5 kn。图 1-11 为 LNG 船"大鹏昊"。

图 1-11 LNG 船"大鹏昊"

（三）顶推船、拖船、驳船

拖船、顶推船和驳船编队组合成货物运输船队,较之货船有更灵活的机动性和更大的运输量。

1. 拖船

它是用来拖曳没有自航能力的船舶、木排,或协作大型船舶进出港口、靠离码头,或做救助海洋遇难船只的船舶。拖船没有装载货物的货舱,船身不大,但却装有大功率的推进主机和拖曳设备。拖船具有个子小、力气大的特点。

拖船有海洋拖船、港作拖船和内河拖船之分。海洋拖船在各海港之间进行拖曳运输作业,或者执行救援海损、遇险船舶的任务;港作拖船主要在港湾内进行作业,如拖曳船舶进出港口、协助大型船舶靠离码头、拖带船舶出入船坞、拖带工程船舶移位以及进行船队编队、救生、消防等工作;内河拖船主要在内河进行拖曳作业。图 1-12 为拖船示意图。

图 1-12 拖船示意图

2. 顶推船

这类船舶的工作性质与拖船相似,它是专门用来顶推非自航货船的船舶。它与拖船相比有以下优点:顶推船与驳船连接后可前进也可倒退,拖船与驳船连接则只能进不能退;推船与驳船连接可自由回转或停止前进,拖船与驳船连接不能自由回转或随意停航;推船所推驳船可省去舵设备及舵手,拖、驳船队则每条驳船都需有舵设备和配有舵手;推、驳船队长度短,而拖、驳船队长度长。此外,顶推运输比拖带运输航速高。图 1-13 为三峡工程顶推船。

图 1-13 三峡工程顶推船

3. 驳船

它是泛指一切本身没有自航能力而需拖船或顶推船带动的货船。驳船的特点是载货量大,吃水浅,设备简单,船上通常不设置装卸货物的起货设备。驳船一般为非机动船,本身没有推进装置(少数有推进器的驳船称为机动驳)。驳船与拖船或推船组成驳船船队,可以航行于狭窄水道和浅水航道,并能按运输货物的种类而随时编组,适应内河各港口货物运输的需要。图 1-14 为甲板驳。

(四)渡船

它是航行于江、河两岸渡口或海峡、岛屿间的从事短途渡运旅客、货物、车辆和列车的船舶。渡船设备比较简单,有良好的操纵性能。

图 1-14 甲板驳

1. 旅客渡船

它是专门用于旅客横渡海峡及江、河用的船舶，严格地说也属于客船。为了扩大旅客的乘载量，并保证有足够的稳性，采用双体船是较为适宜的。图 1-15 为"金龙"号旅客渡船。

图 1-15 "金龙"号旅客渡船

2. 汽车渡船

它是一种艏艉对称的双端渡船，两端均装有推进器和舵，并可两端靠岸，航行时船舶不用调头，汽车上下不用开倒车。甲板从艏至艉是平直的，并设有吊架和跳板，便于汽车上下。驾驶室设在船的一舷，既节省甲板面积，又便于瞭望。图 1-16 为汽车渡船。

图 1-16 汽车渡船

3. 火车渡船

它是装载铁路车辆航行于江河、海峡或岛屿之间的渡船，如图 1-17 所示。

图 1-17 火车渡船

二、渔业船舶

(一)渔船船型的分类

渔业船舶是从事渔业工作船舶的总称。由于渔法、渔具和渔捞对象的不同,其形式和特点相当复杂。根据渔船任务的不同,大致可分为以下四类:

(1)直接从事渔捞生产的船舶;

(2)专门从事渔获冷藏加工的船舶;

(3)专门从事收鲜、运输的船舶;

(4)专门从事渔政、救助和渔业调查、实习的船舶。

(二)网类渔船

1.拖网渔船

如图 1-18 所示,它是一种利用拖曳袋形网具来捕捞海洋底层及中下层鱼鲜的渔船。两船同时拖一个渔网的叫"对拖渔船";一船单独拖网的叫"单拖渔船"。

图 1-18 艉滑道或拖网渔船

2.围网渔船

它是一种主要捕捞海洋中游行迅速的上层鱼群的渔船。围网渔船既可单船作业,也可双船作业,当发现鱼群后,在其周围撒下长带形的网具将鱼群包围,然后把网具的底索收紧,使网成为一个大口袋,鱼群则被捕在渔网中。图 1-19 为围网渔船。

图 1-19　围网渔船

3. 钓鱼渔船

它采用的捕鱼方式是钓钩钓鱼，即用钓线连接钓钩，钩上装饵料，引诱水里的鱼上钩，然后用人力或机械将鱼取上来。

4. 捕鲸船

它是一种追猎式渔船，是捕杀鲸鱼的专用船舶。捕杀鲸鱼后，一般到基地或捕鲸母船去加工。

捕鲸船通常在艏部设炮位，前桅设瞭望台，驾驶室与炮位之间有步桥相通，追鲸时，炮手、瞭望人员、船长、机舱人员要紧密配合。图 1-20 为"元龙"号捕鲸船。

图 1-20　"元龙"号捕鲸船

5. 渔业加工母船

它的主要任务是在海上接收捕捞船的渔获物，将其加工成各种鱼品，在船上储藏或转运，因此它常与捕捞船、冷藏运输船、油船等组成综合船队。

三、工程船舶

工程船舶是为某种水上或水下工程的需要而设计建造的船舶的总称，它装置有成套的专门的工程机械，用以完成特定的工作任务，因此它实际上是水上的浮动工厂。现代工程船舶的任务相当广泛，大致可分为海洋开发船、航道工程船及专业工程船三类。

（一）海洋开发船

1. 钻井船（平台）

海上钻井船（平台）大约始于1930年，由于成本高昂，因而发展缓慢。1938年，在墨西哥湾第一次使用固定式平台。固定式平台只适用浅水，而且不能移动。在移动式平台中，先发展支撑于海底的坐底式平台，后来才发展自升式平台。自升式平台工作深度仍受到限制，为了适应更深的水域，又有漂浮于水面进行钻井工作的钻井船和半潜式钻井平台。钻井船或平台的发展趋势为：由固定式发展到移动式；作业水深由浅到深；离岸的距离由近到远；经受的风浪由小到大。

（1）坐底式钻井平台

该平台始于1949年，上体为钻井平台或称平台本体，下体为移动时提供浮力的沉垫。在上体与下体之间连接若干立柱，需要钻井而坐底时，在水体中灌入压载水使之沉底，而上体的平台则露出水面一定高度。钻探结束需要移位时，排除压载水使下体上浮。坐底式的作业深度为10～25 m，个别可达50 m。过深则立柱太长，结构重，造价剧增，移位困难。由于其作业水深不能调节，20世纪70年代后逐渐被淘汰。

（2）自升式钻井平台

该平台产生于1950年，在驳船式的船体边、角上装三四根甚至更多的桩腿，每根桩腿可以利用液压或齿轮齿条装置各自相对于船体上下升降。移航时将全部桩腿升起，拖至井位后，将桩腿降下插入海底，然后将船体即平台升到一定高度进行作业。作业结束后，将船体降到水面，再把桩腿拔起，即可拖航转移阵地。自升式钻井平台移泊方便，属接地式平台，工作水深由60 m增到100 m，作业稳定，效率高，成本低，因而发展较快，目前有半数钻井船采用这种形式。图1-21所示为自升式钻井平台。

图1-21　自升式钻井平台

（3）半潜式钻井平台

由于接地式钻井平台受到作业水深的限制，当工作水深超过100 m时，就转而使用浮式平台。图1-22为半潜式钻井平台的一种形式，平台的下体可以是船形或圆形浮体，由若干根立柱与水面上的平台连接。工作时，浮体潜沉于水下一定深度。此种平台的最大特点是船体水线面积很小，相当于小水线面船；被托出水面以上的平台基本上不受波浪的侵袭，沉潜于水中的浮体受波浪的扰动力也较小。由于水线面积小而使平台在波浪中能有较小的运动响应，这对于漂浮式钻井平台具有十分重要的意

图1-22　半潜式钻井平台

义。近年来半潜式钻井平台发展迅速,最大作业水深达 500 m,而最大排水量达 30 000 t。

（4）钻井船

它是漂浮于水上进行钻井的船。钻井作业时,对船体运动的限制很严格,例如要求升沉不得超过 1～1.5 m,水平位移不得大于水深的 5%～6%,否则要停钻,为此或采用多锚定位或中心锚泊定位。20 世纪 70 年代发展起来的动力定位方式,船的运动幅度相对较小,能适应作业要求。图 1-23 所示双体钻井船。

图 1-23　双体钻井船

2. 采油平台

它是实际生产用的平台,其基本要求与钻探平台相同。但由于长期要定点作业,因此对作业海况下的运动幅度以及稳性、强度的要求更为严格。它的基本类型有固定式、接地式(坐底式和自升式)、浮动式(船式、半潜式)、可拆移式(牵索塔式、张力腿式)等多种。浮动式和可拆移式能适应深水作业。

3. 海洋调查船

它是用于完成海洋表面状态、海流结构、海洋水文气象、地球重力场和磁场、海底结构、海中水声传播规律、海洋生物、地核组成等多学科、多领域的研究考察任务的船舶,是活动的海洋研究基地。图 1-24 为我国综合海洋科学调查船"海洋一号"。

图 1-24　综合海洋科学调查船"海洋一号"

4. 教学实习船

早在 1965 年,沪东船厂就为山东海洋学院建成了"东方红"号实习船,曾到美、日等国访问,经受过大风浪考验。

图 1-25 为 20 世纪 80 年代末由文冲船厂为大连海运学院建造的远洋教学实习船"育龙"号。该船长 139.8 m,排水量 14 700 t,设有大小教室、图书室、实习驾驶室、实习海图室、实习集控室、实验室、计算机室、电工测试室等。船上通信、导航设备齐全,并装有闭路电视,学生在教室上课即可看到船舶首尾及机舱作业的情况。

图 1-25　远洋教学实习船"育龙"号

5. 海洋环境保护船

(1)海洋环境监测船

为保护海洋环境不受污染,常在港口附近的水域、船舶较密集的水道、采油区以及特定的海区设有海测环境监测船。船上装有污水采集器和相应的分析仪器,同时设有电视摄像机,可随时拍摄下非法排污船只的情况。

(2)浮油回收船

它是用以拦截和回收海上油井喷油或油船因海损溢油的船只。主要用于清除港口及海岸的浮油,有效地消除污染,是一种重要的海洋环境保护船。多为双体船型,也有单体、剪刀体船型。图 1-26 为双体浮油回收船。

图 1-26　双体浮油回收船

(二)航道工程船

它是用于疏浚和管理航道水域,保证航道畅行无阻,以及协助水利建设的工程船舶。

1. 挖泥船

它是应用最多的一种工程船舶,主要用于疏浚航道和开挖港、渠。

(1)吸扬式挖泥船

它是利用离心泵通过吸泥管自水底吸取泥浆,再通过排泥管将泥浆输送到排泥地点。吸扬式挖泥船的三种形式如下:

①耙吸式挖泥船

它是自航式挖泥船，利用泥耙耙泥，由泥泵吸入并注入泥舱，再运到排泥区域卸泥。它仅能纵挖，适于有风浪和较深的海港航道疏浚。

②绞吸式挖泥船

它在吸口处装有旋转的绞刀，先将水底的泥土绞碎，然后通过泥泵吸取泥浆，并排送到指定的地点。图1-27为绞吸式挖泥船。

图1-27 绞吸式挖泥船

③静吸式挖泥船

它与绞吸式不同之处在于没有绞刀设备，所以只适用于吸取沙及黏性土壤，使用范围较小。因为不用绞刀头由吸泥头直接吸取泥浆，所以也称直吸式。它可以纵挖，也可以横挖。

（2）单斗式挖泥船

单斗式挖泥船可分为抓扬式和铲扬式两种。

①抓扬式挖泥船

它是利用固定于钢缆上的抓斗，在其重力作用下放入水底抓取泥土。抓斗的吊臂装在可旋转的平台上，随台旋转，台上设有特制的绞车，以便抓斗的开、闭、升、降及平台的旋转。

②铲扬式挖泥船

它是利用长柄铲斗伸入水中挖泥，然后由铰机用钢索将长柄拉进，同时另一铰机用钢索将铲斗吊离水面至适当高度，由转盘将铲斗转到卸泥处或泥驳上，拉开铲斗底门卸泥。图1-28为大型铲扬式挖泥船，此型挖泥船主要适用于挖重黏土、淤泥、砂质黏土、石质土壤硬石质土壤和清理围堰、木质沉船及排除障碍物等。

③链斗式挖泥船

它是挖泥船中最老的形式，有如同绞吸式挖泥船通常具有的驳船型船体，而且艏部中线处开有槽口，带有链斗的斗桥就在此槽口中，可由船首吊架进行起落，以调节挖深。带有泥土的斗链在斗桥上循环转动而进行挖泥，泥斗越过上卷筒将泥倒出，作业是连续性的，这是与单斗式挖泥船最显著的区别，如图1-29所示。

2. 助航船

它是在航道上测量水深、勘探险滩暗礁和敷设航行标识的船舶。

图 1 - 28 铲扬式挖泥船

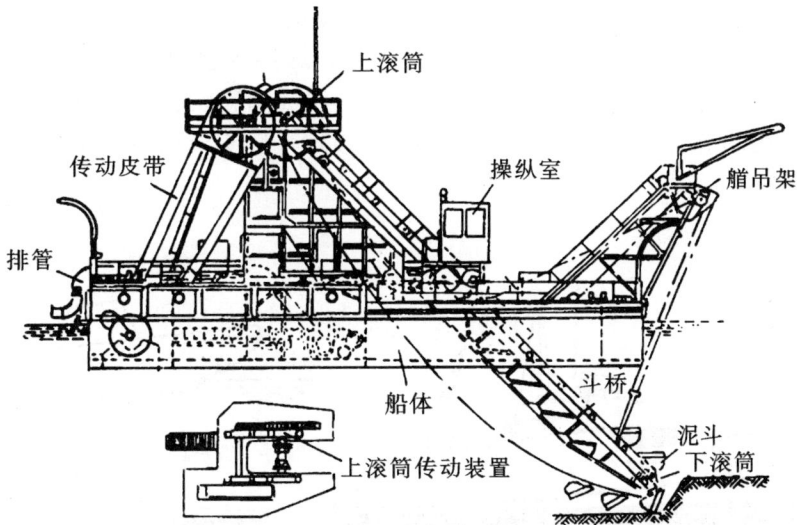

图 1 - 29 链斗式挖泥船

（1）测量船

它是测量航道水深和水底地形的一种船舶。它的外形和海洋调查船有些相似,船上装测探仪器和其他勘测设备;有海图绘制室,可根据测得的数据,随时修正海图上的水深尺度和地形标记,供航行船舶使用。在内河航道上,则常用小型的简易测量艇来进行测量工作。

（2）灯船

设置在不便于修筑灯塔的地方,并常年停泊在无法安放灯标的海峡或海口上,是给航行中的船指示航向的一种船舶。船上设有灯台,在夜晚能定时闪光,以显示灯船的位置,如图 1 - 30 所示。

（3）航标船

它是用于定期巡视和检查各处灯塔、灯船和航标情况,并担负在港口、航道或海域中设置航行标识(浮标)任务的专用船舶。它的外形好似小型货船,在艏部设有货舱及宽敞的甲板,用来储放大型航标。它多用于长江和其他内河上。图1-31为长江航标船。

图1-30　灯船

图1-31　长江航标船

3.破冰船

严寒地区的港口或航道,在冬季常因水结冰而使航道封闭,为了使船舶出入港口和航行,就必须把冰破碎,开出一定宽度的航道。破冰船就是一种专门用来破碎冰层开辟航道的船舶。

破冰船的外形与拖船相似,只是艏端水线以下切成倾斜状,船体结构坚固。它的破冰层方法通常采用调节船内前后、左右水舱的水位,以增加船头及两舷的压重,使冰层挤压破碎,如图1-32所示。

图1-32　破冰船与破冰方法

4.打捞船

为了保证航道的畅通及航行安全,必须及时清除航道中的沉船和其他物体。打捞船就是专门完成该项任务的船舶。船上配备有潜水、电焊、切割、加工机床、水泵、空压机、拖绞、起重等设备。

(三)专业工程船

这种船舶的专业性很强,种类较多,下面介绍几种有显著船型特征的专业工程船。

1.起重船

起重船又名浮吊,有两种形式:一种是固定式,俗称扒杆式(图1-33);另一种是旋转式(图1-34)。它们通常在一个结构坚固的长方形船体上安装高大的起重架、钢臂和起重机械,多数不能自航,依靠拖船拖到作业区水域。起重机为固定式的起重船,其吊杆不能转动,需拖船帮助转动船身来转动吊杆,因而适用于打捞沉船以及钻井平台和大型水下工程施工等。起重机为旋转式的起重船,则可以自由转动和改变吊幅,适用于港口装卸、修造船时搬运和安装大型机械等。

图1-33 固定式起重船

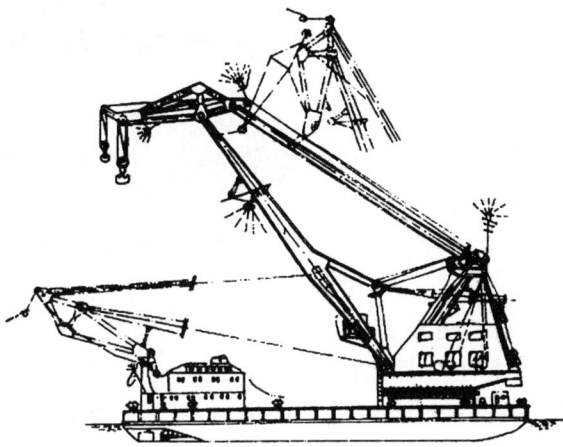

图1-34 旋转式起重船

2. 浮船坞

它是一种能将整艘船舶举浮出水面的修船设备。通常船舶水下部分的壳板更换、污物清除、壳板油漆以及螺旋桨、舵或其他装置的拆换修理等工程均需在船厂的陆上干船坞内进行,而浮船坞实际是可以在水面上移动的船坞。与干船坞相比,它具有机动性好和初始投资少的优点。图1-35为"衡山"号10万吨浮船坞。

图1-35 "衡山"号10万吨浮船坞

3. 修理船

它就是水上修船厂,如图1-36所示。浮船坞无动力装置而不能自航;修理船能自航但不能将被修船抬出水面。将修理船和浮船坞配套,可组成半流动性的修船基地,特别适合海军的需要。

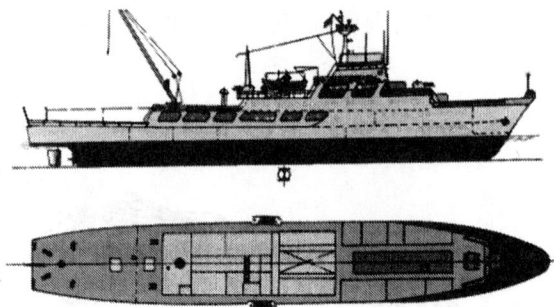

图1-36 修理船示意图

4. 水上水厂船

它是江河湖滨水域的现代化流动水厂。因取水方便,它比在陆地上建造一座相当规模的水厂投资费用节省2/3。目前,长江上就有几艘水上水厂船。

5. 打桩船

它在港口、桥梁工程,以及其他临水建筑工程中是必不可少的。

打桩船与起重船相类似,多使用箱形船体,且多为非自航船舶。打桩船最重要的设备是高大的桩架,通常建在艏部。打桩时,桩架作为桩的导轨,重锤沿桩架升落。

打桩船的桩架有固定式与全回转式之分。前者只能在艏部打桩作业;后者既可在艏端打桩作业,又可在艏部的左右两舷打桩作业。

6. 海底敷管船及布缆船

(1)海底敷管船

海上开采的石油除用油船输送外,还可用海底输油管道输送。这种海底输油管道靠敷船来敷设。根据不同的敷管方法,敷管船有以下几种形式。

①漂浮式敷管船(1-37(a))

它是一种传统式的敷管船。船上有许多浮筒,浮筒有单球形、双球形、圆柱形等,浮力可调节。在焊接好的待敷管子上每隔一段距离系上一个可变浮力筒。下敷时浮筒可控制管子弯曲度,在强度允许范围内,管子敷到海底后,浮筒由工作艇回收到敷管船上。

②卷筒式敷管船(图1-37(b))

这种船上有一个大直径的管筒,敷管前将油管硬卷在鼓筒上,施工时,一边将管子松开逐渐存放于海底,一边使船缓慢前移。此船主尺度较小,设备简单,所敷设的油管直径较小。

③垂直式敷管船(图1-37(c))

这种船在中部设有直立的塔架。先把管子直立于塔架,拴紧,夹住,焊接。每焊好一根管子便从船中底部开口处逐节下敷,同时船逐段前移。此法适于较深海区的敷管工程,可减小管道弯曲与扭曲。

④托管架式敷管船(图1-37(d))

这种船的尾端装有下水滑道和很长的单杆型或多节型托管架,并可根据管重和水深自动调节托管架的浮力,以不断改变托管架的曲率半径,使管线能在最佳受力状态下敷设到海底;船只一边敷管一边前进。它是应用最广的敷管船。

⑤新型敷管船——半潜式大型起重敷管船(图1-37(e))

这种船的主要尺度和排水量都较大(几万吨级),工作甲板面积大,有宽阔的管子堆场、大型张紧装置、大型固定回转式起重机等。它不仅能敷设大口径管子,而且能敷设24 m长的双节管(一般敷设船仅能敷设12 m长的单节管),效率高。

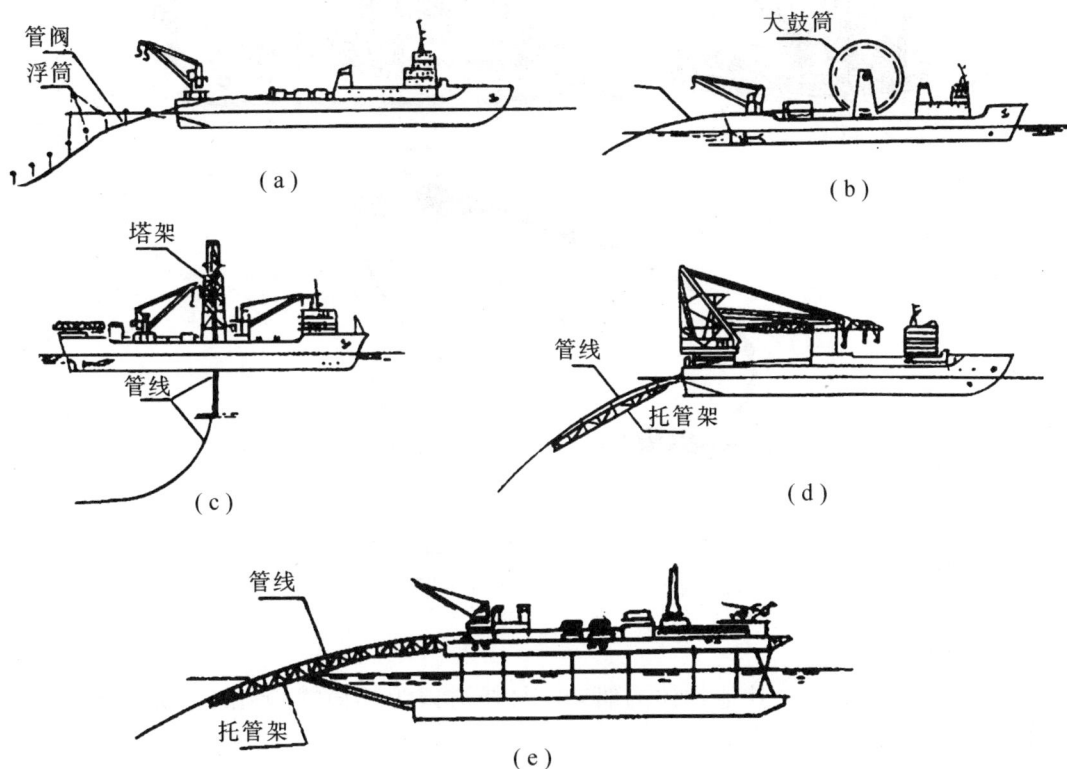

图1-37 海底敷管图

(a)漂浮式敷管船;(b)卷筒式敷管船;(c)垂直式敷管船;
(d)托管架式敷管船;(e)新型敷管船——半潜式大型起重敷管船

(2)海底布缆船

在没有通信卫星的过去和未普及卫星通信的今天,被大洋阻隔着的两国或两地间的通信靠海底电缆来完成。然而海底电缆的布设就像海底输油管一样,需要专门的工程船舶——海底布缆船来进行。图1-38(a)为我国自行设计建造的"邮电1号"布缆船,它的任务就是敷设和修理海底电缆工程。

布缆船的船首端部向前显著突出,在突出的艏部安装有放缆和捞缆用的吊架与滑轮。放在电缆舱里的电缆卷绕在电缆盘上,电缆布放是通过布缆机从船首或船尾的滑轮上放入水中,依靠电缆本身的自重沉入水底,由船尾投放的埋设犁将电缆埋入海底。布缆时,船舶必须根据测力计所显示的电缆张力大小,来调节船的航速,如图1-38(b)所示。

"邮电1号"的排水量为1 300 t,总长71.4 m,船宽10 m,吃水3.6 m,电缆装载量是400 t/100 km。

7.海洋救助打捞船

它是对遇难船舶进行施救和打捞沉船用的工程船。为了能迅速赶到现场,要求有较高的航速。

（a）

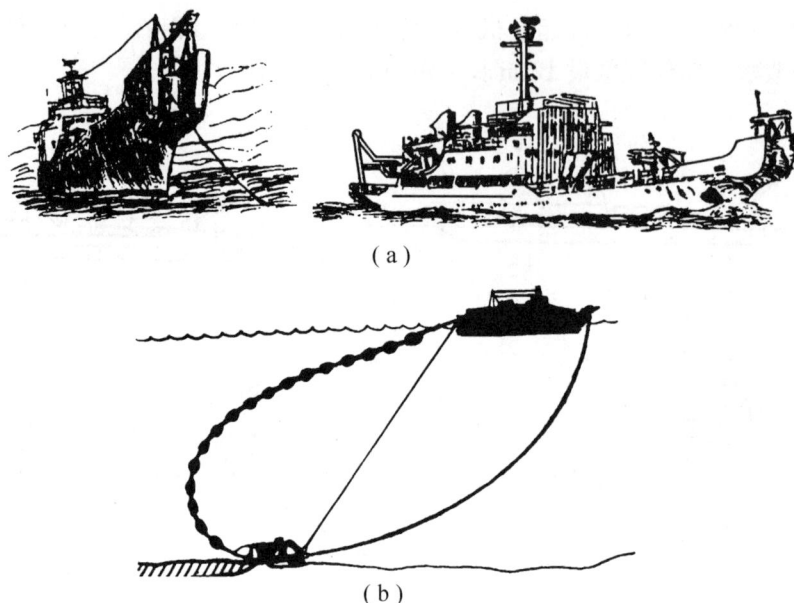

（b）

图 1 − 38　海底布缆船

（a）"邮电 1 号"；（b）布缆船敷设电缆示意图

（1）打捞船

它是用于打捞沉船和其他物体的船舶。打捞方式为浮筒式、起吊式、充塑式和金属筒式。

（2）救助拖船

它应具有良好的稳性和耐波性，能保证在恶劣的气候和海况下出航抢险；航速要高，并具有大功率的拖曳能力和可靠的拖带设备。为了扑灭失事船舶的火灾，还应具有较强的消防能力，通常设有泡沫灭火装置和液态氨舱。海洋救助拖船如图 1 − 39 所示。

图 1 − 39　海洋救助拖船

（3）潜水工作船

不仅在打捞工作中，而且在水下工程建设、海洋资源开发、海底调查等许多领域中，都要进行大量的水下作业。潜水工作船则是专门为潜水作业服务的工程船。

潜水工作船要有一定的航速，良好的稳性和耐波性；要有海上定位设备，采用多锚系泊或动力定位；要配备潜水员用具以及供气、配气设备（为潜水员输送空气、氧气、氦气、氮气、氖气等），设防治深潜病的加压舱；配备水下焊接、气割用的装具等。新型的大型潜水工作船还备有深潜器，如图1-40所示。

图1-40 深潜器

四、工作船舶

工作船舶系指港务工作船。从广义上讲，工程船舶也具有工作船的性质，但通常认为工作船舶是指为港口业务服务的专业工作船。

（一）引航船

它又称领港船，其任务是接送港口引航员上下外国船舶，并引导外国船舶安全进出港口。通常外国船舶进入领海水域或港口时，先在指定锚地停泊等待，接受海关边防人员和检疫人员的指挥与检查，然后由引航员负责指挥外轮安全进港；出港时也由引航员引导送往公海水域。所有进入我国领海和港口的外国船舶，都必须在其船桅上升起我国国旗，并接受检查和听从引航员的指挥，这是国际惯例。

（二）交通船

它是用作港内水上接送船员或港务人员登陆与登船的小型工作船。有许多船舶到港口后不一定都靠码头停泊，因为码头要经常使用，这些船舶便停泊在水上锚地或用浮筒系泊，船舶离岸有一定距离，船员需要上岸或回船，港务人员有公务需要登陆工作或回港，就要用交通船搭载。

（三）供应船

许多国内和国外的船舶到港后均需要添加淡水、燃料、食品等，供应船就是为此服务的。按照供应品的不同有各种各样的供应船，例如供水船、供油船、供煤船和食品供应船等。图1-41为近海供应船示意图。

图1-41 近海供应船示意图

（四）消防船

它是执行对港内船舶、码头、油田和岸边建筑物进行消防灭火的专业工作船。消防船的船型很像一般的拖船,船身漆成红色,非常容易识别。船上设置高压水泵和喷射水枪。消防水枪设在离水面很高的消防塔上,有的则设在加粗的船桅顶上,如图1-42所示。

图1-42　港口消防船

（五）港作拖船

它的任务主要是拖曳其他船舶进出港,协助大型船舶靠离码头,拖带修造船舶进出船坞,拖带工程船舶移动位置,以及进行船队编队、救生和消防等工作。

（六）综合性垃圾处理船

它主要处理在锚地停泊和进出港口的船上垃圾、生活污水和油污水,因而具有固体垃圾、生活污水、污油水等处理系统。

（七）医院船

它的使命主要是执行人道主义,及时地抢救和医治战斗中的伤者、病者、遇难者和收集死者。医院船应有明显的特殊标识,即它的外表面一律漆成白色,在船身的两侧及其平面上,应涂漆尽可能大的、最容易被人从空中或海上辨认的一个或多个红十字(或红新月)。一切医院船应悬挂本国国旗,在其大桅杆的最高处还要悬挂白底红十字旗(或白底红新月旗)。医院船上的救生艇、海岸救生艇以及医务部门使用的一切小型船只、设备和用具,包括医务飞机,都应标有同医院船相似的标记。医院船上的宗教、医务、医院工作人员及船员,都应佩带具有特殊标志的臂章和身份证。医院船上的设备除了同其他船舶相同的设备外,还配有与陆上医院相似的各种医疗设备,并设有手术室、X光室、化验室、血库、急诊室、治疗室、复苏室、看护室、休养室及其足够的病床;开有内科、外科、牙科、传染科和五官科等。医院船就是一座水上医院。

大型医院船是现代海军的重要标志之一。目前,世界上共有美国、英国、加拿大、日本、中国等少数国家拥有具有远海医疗救护能力的医院船。

"和平方舟"号医院船是中国专门为海上医疗救护"量身定做"的专业大型医院船,舰名"岱山岛"号,舷号866,2008年年底入列东海舰队。由于美国医疗船为油轮改装,而"和平方舟"号医院船为专门建造的医疗船,因此,称其为世界上第一艘超万吨级大型专业医院船。图1-43为"和平方舟"号。

图 1-43 "和平方舟"号

五、军用船舶

军用船舶是执行战斗任务和军事辅助任务的各类舰船的总称。通常分为战斗舰艇和辅助舰船两大类,前者又有水面战斗舰艇和潜艇之分。按其基本任务的不同又可分为不同的舰种,如航空母舰、巡洋舰、驱逐舰、护卫舰、军用快艇、猎潜艇、布雷舰、反水雷舰艇、登陆舰艇和潜艇等;后者则不具有直接作战能力,专门担负海上军事物资和技术保障任务,如补给船、侦察船、维修供应船、导弹和卫星跟踪测量船、远洋打捞救生船、潜艇救生船、消磁船、捞雷船、训练船、靶船等。

军用船舶要求坚固,有足够的结构强度。为增强防护能力,有的船上外壳有装甲或在要害部位有装甲。军舰对抗沉性要求高,同时还要求有较大的机动性和自给能力,采用大功率的动力装置,并设专门舱存放燃料、淡水、弹药和各种备品。

一般称排水量 500 t 以上的为舰,500 t 以下的为艇。

(一)航空母舰

航空母舰(Aircraft Carrier)是以舰载飞机为主要武器并作为其海上活动基地的大型军舰,是海军的水面战斗舰艇中的最大舰种。自 1918 年世界上第一艘航空母舰在英国问世以来,航空母舰在现代海战中起着越来越重要的作用,代表着现代舰队的实力。它主要用于攻击水面舰艇、潜艇和运输舰船,袭击海岸设施和陆上目标,支援登陆作战,夺取作战海区的制空权和制海权,并担负航母编队的指挥中心。

航空母舰一般不单独活动,它总是由其他舰只陪同,合称为航空母舰编队,又称航空母舰战斗群。整个航母编队可以在航空母舰的整体控制下,对数百公里范围内的敌对目标实施搜索、追踪、锁定和攻击。其编队可同时使用多兵种、多舰种、多机种,能开辟独立的海上战场,真正做到全天候、大范围、高强度、长时间的连续战斗,实现中远海的一体化联合作战。航母战斗群,一般由一艘旗舰,两艘防空巡洋舰,4~6 艘防空反潜驱逐舰,1~2 艘攻击型核潜艇,1 艘补给舰组成。

一般来说,航空母舰主要有以下类型:按担负的任务,可分为攻击航母、反潜航母、护航航母和多用途航母;按舰载机种类,可分为固定翼飞机航母和直升机航母;按吨位,可分为超级航母(标准排水量 8 万吨及以上)、大型航母(标准排水量 6 万吨至 8 万吨)、中型航母(标准排水量3万吨至6万吨)和小型航母(排水量3万吨以下)；按动力,可分为常规动力航母和核动力航母。航母一般配有预警机、战斗机、攻击机及反潜直升机等多层次的作战用机。

航空母舰有供飞机起落的飞行甲板,以及弹射器、阻拦装置和升降机等。弹射器用于帮助飞机起飞；阻拦装置保证飞机安全着舰和停止；升降机把飞机从机库升运至飞行甲板上。机库设在飞行甲板下面,上层建筑设在中部右侧,形成岛形建筑。航空母舰一般以舰载机为主,还装备有导弹、火炮、反潜等武器,以及供驾驶航空母舰和指挥作战飞机使用的十分完善的电子设备。

1991年苏联解体,冷战结束后,现今世界上拥有航母的国家分成自制和购入航母的国家,前者包括美国、英国、法国、西班牙、意大利和俄罗斯,后者包括巴西、印度、泰国和中国。现今世界上航母兵力绝大多数隶属美国海军,且皆为核动力推进,并部署于世界各区,共10个航空母舰战斗群。

中国首艘航空母舰"辽宁"号,是中国人民解放军海军第一艘可以搭载固定翼飞机的航空母舰,前身是苏联海军的库兹涅佐夫元帅级航空母舰2号舰"瓦良格"号。20世纪80年代中后期,"瓦良格"号于乌克兰建造时遭逢苏联解体建造工程中断,完成率为68%。但在苏联解体后,发生过严重火灾。并且在出售前,乌克兰已经拆毁上面大部分武器系统。1999年,中国购买了"瓦良格"号,于2002年3月4日抵达大连港,2005年4月26日开始由中国海军继续建造改进。在总体设计上沿袭了原来的设计特点,其舰型特点、尺寸、排水量、动力装置等都与库兹涅佐夫元帅级基本相同,在上层建筑、防空武器、电子设备、舰载机配备等方面均做了较大改进。解放军的目标是对此艘未完成建造的航空母舰进行更改制造,将其用于科研、实验及训练用途。2012年9月25日,正式更名为"辽宁"号,并交付予中国人民解放军海军使用。

辽宁舰的编制等级为正师级,编制员额2 000余人。首批舰员中,具有本科以上学历的军官达到98%以上,其中具有硕士和博士的有50余人。与其他国家的航空母舰一样,辽宁舰上有5%为女性人员。

辽宁舰长304 m、水线281 m；舰宽70.5 m、吃水10.5 m；飞行甲板长300 m、宽70 m；机库长152 m、宽26 m、高7.2 m；排水量57 000 t(标准),67 500 t(满载)；动力为4台蒸汽轮机、4轴、200 000马力；航速29~32 kn；续航力8 000 n mile/18 kn,3 850 n mile/32 kn,舰员1 960+626(航空人员)。图1-44为"辽宁"号。

图1-44 中国航空母舰"辽宁"号

（二）巡洋舰

它是一种强有力的、多用途的、适于远洋作战的大型水面战舰,其航速高,续航力大,耐波性好,具有相当强的战斗力和指挥功能。在航空母舰编队时用作护卫兵力,在与驱逐舰协同作战中用作旗舰,也可单独执行任务。巡洋舰主要用于海上攻防作战,保卫己方或破坏敌方的海上交通线,支援登陆或反登陆作战,袭击港口基地和岸上目标,掩护己方舰艇扫雷或布雷,以及防空、反潜、警戒、巡逻、为舰载机导航等。巡洋舰装备的武器众多,电子设备完善,同时装有对海、对空和反潜等武器系统,包括导弹、直升机、火炮、鱼雷和反潜火箭等。巡洋舰不仅具备自舰的防御能力,还具备舰队的防御能力,其防御系统主要有两种:一种是依靠装甲进行防御,这种装甲能经受住吨位与自舰大体相同的敌舰主炮的攻击;另一种是通过在舰上划分了若干个隔水舱来防御敌舰的鱼雷攻击。

巡洋舰的排水量通常在 6 000 ~ 15 000 t,最大可达 30 000 t,航速 30 ~ 34 kn。图 1 -45 为苏联基洛夫级核动力巡洋舰。

图 1 -45　苏联基洛夫级核动力巡洋舰

应该指出,1991 年以来,由于 40 年冷战的结束,世界形势出现了裁军的趋势,巡洋舰又面临一次大的考验。人们发现,两三万吨的大型巡洋舰和几千吨级的驱逐舰所用武器相差不大,都是导弹、舰炮和直升机,所不同的只是携载数量的多少而已。所以,人们对于是否还有必要继续建造新的巡洋舰提出质疑。美国现役所有核动力巡洋舰在 2000 年前全部退役,同时将停止建造新的巡洋舰。俄罗斯海军也只保留基洛夫级,其他巡洋舰将全部退役,而且不会再建造新的巡洋舰。其他国家的巡洋舰已经基本退役完毕,今后也不打算建造新的巡洋舰。这样一来,到 21 世纪初期,世界上只有美国和俄罗斯海军各拥有一个级别(分别为提康德罗加级和基洛夫级)的巡洋舰。到 2030 年之后,预计巡洋舰这个舰种将全部退出军事舞台。

（三）驱逐舰

驱逐舰(Destroyer),是一种多用途的军舰,自 1893 年英国建造世界上第一艘驱逐舰以来,至今有百余年历史,是当今各国海军重要的舰种之一。现代驱逐舰装备有防空、反潜、对海等多种武器,既能在海军舰艇编队担任进攻性的突击任务,又能承担作战编队的防空、反潜护卫任务,还可在登陆、抗登陆作战中担任支援兵力,以及担任巡逻、警戒、侦察、海上封锁和海上救援等任务,它是海军舰队中突击力较强的中型军舰之一,主要职责包括攻击潜艇和水面舰船,舰队防空,以及护航,侦察巡逻警戒,布雷,袭击岸上目标等,广泛的作战职能使得驱逐舰成为现代海军舰艇中,用途最广、数量最多的舰艇。它的排水量在 2 000 ~

12 000 t 之间,并且还在逐步向大型化、模块化发展,航速通常在 28~38 kn 左右。

中国海军之"中华神盾"驱逐舰目前已发展两代 052C 以及 052D。这是中国经过 20 年消化吸收国外造船技术,结合国内最新科技成果,自主创新制造的一种性能优良的世界级战舰。首舰于 2003 年 4 月 29 日下水。该级驱逐舰均已交付中国海军,170("兰州"号,2005 年 9 月服役)、171("海口"号,2005 年 12 月服役)属于南海舰队,150("长春"号,2013 年 1 月服役)、151("郑州"号,2013 年 12 月服役)属于东海舰队。

该舰长 155 m,宽 17 m,吃水 6.1 m,满载排量约 7 000 t,柴燃动力,最高航速接近 30 kn,续航能力 4 500 n mile/15 kn。2 座 4 联新型反舰导弹发射架,2 组"海红旗 - 9"防空导弹垂直发射系统,1 座 100 mm 单管隐身主炮,2 座国产 7 管 30 mm 近防炮,4 座 3×6 多用途发射器,2 座 3 联 324 mm 鱼雷发射管,搭载 1 架卡 - 28 反潜直升机。

图 1 - 46　"中华神盾"驱逐舰(旅游 II 级)

(四)护卫舰

护卫舰(Frigate)是以导弹、舰炮、深水炸弹及反潜鱼雷为主要武器的轻型水面战斗舰艇。它的主要任务是为舰艇编队担负反潜、护航、巡逻、警戒、侦察及登陆支援作战等任务。

现代护卫舰已经是一种能够在远洋机动作战的中型舰艇,一般护卫舰的标准排水量可达 2 500~4 000 t,航速 20~35 kn,续航能力 2 000~10 000 n mile,主要装备 57~127 mm 舰炮,反舰/防空/反潜导弹,鱼水雷,还配备有多种类型雷达、声呐和自动化指挥系统、武器控制系统。其动力装置一般采用单独采用燃气轮机或者柴油,又或者柴油 - 燃气轮机联合动力装置。

部分护卫舰还装备 1~2 架舰载直升机,可以担负护航、反潜警戒、导弹中继制导等任务。部分国家为了满足 200 n mile 的经济区内护渔护航及巡逻警戒的需求,还发展了一种小型护卫舰,排水量在 1 000 t 左右,武器以火炮和少量反舰导弹为主。图 1 - 47 为中国江湖二级护卫舰。

(五)军用快艇

它是突出以某一种武器为主的军用高速艇。按其所配备的武器不同,可以分为炮艇、鱼雷艇和导弹艇,其航速在 35~50 kn 之间。艇上装有多种电子设备,包括通信、作战指挥情报中心、电子战和控制设备等。军用快艇具有排水量小、航速高、机动灵活、攻击能力强、建造周期短、造价低和不易被敌人发现等优点,因此被各国海军列为重点发展的武器装备之一。但由于吨位小而航海性能差,续航距离短,自卫能力差,军用快艇通常只适用于在飞机和舰队掩护下近海作战。

图1-47 中国江湖二级护卫舰

（六）猎潜艇

猎潜艇上装有对潜艇的搜索器材和多种反潜武器，主要用于在近海和基地附近搜索并歼灭敌人潜艇。

第一次世界大战中，利用深水炸弹装备小艇，当发现敌潜艇后，即可迎上前去投放深水炸弹将潜艇击沉、击伤或吓跑，这就是猎潜艇的前身。第二次世界大战中，出现了声呐器材，可更为有效地发现隐蔽在水下航行的潜艇，这就大大提高了反潜的技术能力，由此形成了专用于攻击潜艇的猎潜艇。此后，一些主要海军国家建造了大批猎潜艇，在对潜作战方面发挥了很大作用。

猎潜艇是一种近海的轻型反潜兵力，排水量为100~900 t，航速为18~35 kn。图1-48为俄罗斯保科-1级猎潜艇。

图1-48 俄罗斯保科-1级猎潜艇

（七）布雷舰艇

水雷是海军重要水中兵器之一，布雷舰是专门布设水雷的舰船，其主要任务是在基地、港口附近、航道、近岸海区以及其他水域布设水雷，也可兼负各种训练、供应、支援及运输等任务。

布雷舰分为远程布雷舰和基地布雷舰，排水量一般为600~6 000 t，航速12~30 kn，舰上中心部位为雷舱，大型布雷舰可装水雷500~800个。布雷舰甲板上设有起雷机、雷轨和布雷操纵台,以进行水雷吊装、转运和布设。目前由于趋向于使用飞机和潜艇布雷,故除少数国家外,世界上已较少有专门制造的布雷舰。

(八)反水雷舰艇

它是专门用于扫除和消灭水雷,开辟雷区航道,保障己方舰船航行安全的各种舰艇的总称,包括扫雷舰艇、猎雷舰艇和破雷舰艇。扫雷舰的排水量一般为 500 ~ 1 000 t。扫雷舰按其使命不同可分为舰队扫雷舰、基地扫雷舰、港湾扫雷舰和扫雷母舰。图 1 - 49 为扫雷艇。

图 1 - 49 扫雷艇

(九)登陆舰艇

它是专门为登陆作战而设计的一种特种舰艇。其主要任务是在登陆作战时迅速地将登陆兵、武备(坦克、火炮等)、车辆、物资等输送到敌方无码头的滩头阵地,以保障登陆作战向纵深发展去争取胜利。在平时可担负运输任务。

登陆作战舰艇由于输送方式的不同可分为两大类:第一类是舰艇自身能直接在无码头的滩头搁滩登陆,一般就称之为登陆舰艇;另一类是舰艇本身没有搁滩登陆的特性,而是通过舰艇的运输工具,如直升机、小型登陆艇、气垫艇等作为换乘器具,这类舰多为大型两栖舰。图 1 - 50 为美国最新突击登陆舰"好人理查德"号。

图 1 - 50 美国最新突击登陆舰"好人理查德"号

(十)潜艇

它又称潜水艇,是一种能潜入水下活动和作战的舰艇。它利用调节压载水舱的水来改变浮力,从而既可在水面又可在水下航行。它主要用于攻击敌方水面舰船和潜艇,袭击敌沿岸主要设施和岸上的重要目标,破坏敌海上交通线,也可用于布雷、侦察等。潜艇具有隐藏性好、机动灵活、自给力与续航力较大、突袭力较强的特点。它能很好地隐蔽自己,出其不意地攻击敌方舰船。

潜艇从它一出现就一直受到各国海军的重视,特别是在第二次世界大战中,德国利用"狼群"潜艇战术使参战的盟国总共损失2 800艘(1 400余万吨)运输船和100艘水面舰艇,严重地破坏了盟国的海上作战和运输,显示了潜艇在现代海战中的威力和作用,也确定了它在现代海军中的重要地位。

潜艇按其武备不同,可分为鱼雷潜艇和导弹潜艇;按其战斗使命不同,可分为战略导弹潜艇和攻击潜艇;按其动力装置不同,可分为常规动力潜艇和核动力潜艇。

1. 常规动力潜艇

它是当潜艇在水面航行时用柴油机作主机推进,并发电给蓄电池充电;当航行在水下时用蓄电池驱动电动机推进。这种潜艇潜行速度慢,续航力低且耗费大。为了提高常规动力潜艇的续航力,各国都在研制柴电潜艇新型混合推进系统,即当潜艇在水下航行时,用燃料电池或闭路循环柴油机系统等作辅助推进,以提高潜艇的水下续航力。

2. 核动力潜艇

核潜艇是核动力潜艇的简称,核潜艇的动力装置是核反应堆。世界上第一艘核潜艇是美国的"鹦鹉螺"号,1954年1月24日首次开始试航,它宣告了核动力潜艇的诞生。目前全世界公开宣称拥有核潜艇的国家有六个,分别为:美国、俄罗斯、英国、法国、中国、印度(印度唯一的"歼敌者"号核潜艇尚未服役)。其中美国和俄罗斯拥有核潜艇最多。核潜艇的出现和核战略导弹的运用,使潜艇发展进入一个新阶段。装有核战略导弹的核潜艇是一支水下威慑的武装力量。

核潜艇按照任务与武器装备的不同,可分以下几类:攻击型核潜艇,它是一种以鱼雷为主要武器的核潜艇,用于攻击敌方的水面舰船、水下潜艇和近岸目标;巡航导弹核潜艇,以巡航导弹为主要武器,用于实施战役、战术攻击;弹道导弹核潜艇,以弹道导弹为主要武器,也装备有自卫用的鱼雷,主要用于攻击战略目标。

094型潜艇是中国人民解放军海军开发的第二代弹道导弹核潜艇,用于取代老旧的092型核潜艇。该艇由中国船舶重工集团公司武汉第二船舶设计研究所(719所)设计,由中国船舶重工集团公司渤海造船重工业公司(渤海造船厂)建造。该型潜艇的第一艘于1999年开始建造,2004年7月完工,至2013年已服役多艘。图1-51为094型核潜艇。

图1-51 094型核潜艇

（十一）军辅船

它又称"勤务舰船"或"辅助舰船"，其主要任务是为战斗舰艇提供各种战勤保障和技术服务，排水量几十吨至数万吨不等；船上配备有与其用途相适应的各种设备及自卫武器，虽不直接参加战斗，却是海军中一支不可缺少的重要力量。

1. 补给船

它的基本使命是在海上为航行中的战斗舰艇补充各种消耗品，从而延长其航程和自持力，扩大其活动范围和作战半径，使舰队能在远离基地处活动。补给船是军辅船中最大和最重要的一类。图1-52为补给船示意图。

图1-52 补给船示意图

2. 侦察船

它是一种装有多种侦察技术设备、专门在海上从事侦察活动的舰船。

电子技术侦察船是能对敌方舰载雷达、机载雷达、海岸雷达、通信和声呐设备的技术参数、战术运用、部署情况等实施电子技术侦察的特种辅助船。这种长期在海上执行侦察任务的船舶，一般续航力较大，超过10 000 n mile，自持力为2~3个月以上，其排水量为5 000 t左右。

3. 维修供应船

它是海上供应基地，可以与战斗舰艇一起活动，不断及时地向战斗舰艇提供维修和补给服务，以免战斗舰艇经常往返岸上基地去进行维修和补给，因此维修供应船有时又被称为"母舰"或"供应舰"。

4. 导弹、卫星跟踪测量船

它是20世纪60年代产生的新舰种，世界上仅美国、法国、中国和俄罗斯拥有。图1-53为"远望4"号航天测量船。

5. 远洋打捞救生船

它是多用途的新型船舶，主要使命是在导弹试验时，测量弹头落点，打捞数据舱。

6. 潜艇救生船

它用于营救失事潜艇的艇员。救生分干救和湿救两种。干救时在救生船上放下圆筒形救生钟，救生钟上有专门与潜艇应急逃口相配合的舱口，对准位置后，把舱口盖打开，潜艇中人员即可进入救生钟内，再吊到救生船上。这种救生方法较安全，但对口是关键，如果潜艇在海底倾斜的太厉害，就无法对口。湿救是在无法用干救的情况下，潜艇艇员穿好救生服，离开潜艇，在有压力的海水中进入救生船上放下的潜水钟内，到达救生船后立即送入加压舱进行治疗。

图 1－53　"远望 4"号航天测量船

7. 消磁船

它是对舰船进行磁性检测、消磁处理的船只。

8. 捞雷船

因为鱼雷、水雷的价格昂贵,所以世界各国都用不装填炸药的操雷进行训练。鱼雷的操雷发射后能自动充气,使操雷浮于水面,水雷的操雷布放后有浮标自动上升至水面。捞雷船就是一种专门打捞回收操雷的军辅船。

9. 训练船

它的任务主要是为海军培养指挥员和专业人员提供教学及训练场所。

六、特种船舶

特种船舶是指相对于浮行船舶(排水船)的船型、航速、材料、结构、动力等某个方面有显著不同的船舶,以及一些新型船舶。

(一)滑行船

滑行船的特点是在水面航行时,仅部分船底与水面接触,同时静水浮力几乎完全被水动力取代,使船身抬起。滑行船的底部有一定的纵倾角,与滑行方向构成适当的角度(冲角),船上装有大功率主机,使船体能以较高的速度航行,从而产生水动力,支撑船重。滑行船开始航行时同浮行船一样慢速行驶,随着主机功率的加大,航速的提高,船体便逐渐被水动力抬起,抬到一定高度后,滑行船便在水面上滑行了。滑行船航速高,每小时可达40~50 n mile,甚至 60 n mile;稳性好,摇摆不大,航向稳定。它多用作交通艇、巡逻艇、运动艇、鱼雷快艇、导弹快艇、炮艇等。

(二)水翼船

滑行船的继续发展便是船体可以完全跃出水面的水翼船。顾名思义,水翼船就是一种装有水翼的航行船舶。船底的首尾部水下部分,各有一个断面与飞机机翼相类似的水翼。航行时由于水翼的作用,船身便被托出水面,因而阻力大减,航速锐增。水翼船按水翼形式不同可分为以下几种。

1. 割划式水翼船

如图 1－54 所示,水翼形状呈 U 形,航行时 U 形水翼的上部翼端露出水面,在两舷将水面划开,故称割划式,而中部水翼浸没于水中。它的优点是简单可靠;缺点是在风浪中航速会急剧下降,所以割划式水翼船一般用于内河、湖泊或沿海区域航行。

图 1-54　割划式水翼船

2. 全浸式水翼船

如图 1-55 所示,水翼全部浸入水中,由电子操纵系统控制,受波浪影响小,性能好,失速也小,但其结构和控制系统比较复杂,造价高,因此仅用于海洋军用水翼船上。

图 1-55　全浸式水翼船

3. 浅浸式水翼船

如图 1-56 所示,这种水翼由两个一前一后的主水平翼组成,左右两舷的水面处还设有辅助平面水翼。其特点是吃水浅,阻力小,结构简单,无需自动控制系统。浅浸式水翼船用于内河、运河和内海的客艇上。

（三）气垫船

它是一种依靠气垫作用离开水面腾空航行的新型船舶。船上的升力风扇把压缩空气打入船底,在船底形成一个有一定厚度的空气层——气垫（静态气垫）,用以支撑船体。气垫船通常分为全垫升气垫船和侧壁气垫船两种。

1. 全垫升气垫船

如图 1-57 所示,在船底四周装有柔性围裙,以免气垫中的空气大量外逸。气流从升力风扇向下沿四周由船底部喷口向内侧倾斜地高速喷出（图 1-57（b）），形成气垫。全垫升

图1-56　浅浸式水翼船

气垫船的船体完全离开水面,采用空气螺旋桨或喷气推进器推进。这种气垫船既可在水面上航行,又可在沼泽、浅滩、冰雪、沙漠等陆地上运行,还具有一定的越障爬坡能力,是一般车辆、船舶所望尘莫及的水陆两用船舶。

（a）

（b）

图1-57　全垫升气垫船

（a）全浮式气垫船;（b）气垫船的工作原理

2. 侧壁气垫船

如图1-58所示,它的船舷两侧有刚性侧壁插入水中,艏艉端用封闭装置封住气垫,由螺旋桨或喷水推进器推进。托起船体的气垫,也是由升力风扇鼓风,经气道进入船底而形成的。侧壁气垫船可在浅水、急流中航行,经济性优于全垫升气垫船,并可向大型化发展。因为刚性侧壁的缘故,所以不能上陆。

图1-58　侧壁气垫船

气垫船不仅可作为气垫客船、渡船、交通船而用于交通运输,还可作为军用舰艇使用。近几年来,和其他高速新型船舶混合,又派生出来了一些新船型,如气垫滑行艇、气垫水翼艇等。

（四）垫气船

垫气船与气垫船从字面上看三个字完全一样,只是次序不同,而且都是向船底打入空气,形成气垫,然而它们在原理上却有很大不同。垫气船上的鼓风机功率很小,仅用于充填气室,它形成的气垫不能支撑船重,其船重仍由浮力来支撑,船有一定的吃水深度。垫气船的气垫存在于水中,因为船底有许多凹方格气室(图1-59),气垫周围是隔板和水,所以气室内的气垫只有少量空气间断逸出,其空气补充量少,风机功率消耗自然也小。垫气船的船底虽不能支撑船重,但却能使船底不直接与水接触,从而减少了船体湿表面积,并利用空气润滑原理,降低了船底的摩擦阻力,使总阻力有较大幅度地下降。在低速航行时,垫气船与相同主尺度和相同排水量的普通船相比,可以减少水阻力30% ~ 40%,具有明显的节能效果,所以垫气船是一种新型低速节能船舶。

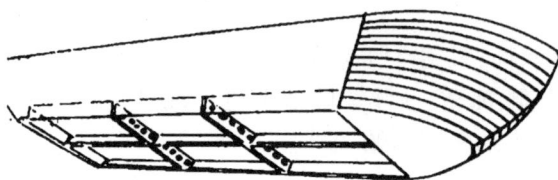

图1-59　垫气船底

（五）地效翼艇

地效翼艇在航行时,能使船体及附体全部升离水面,不受水的阻力,就像飞机似的只受空气阻力。水翼船和气垫船只能使船体抬出水面,但水翼、侧壁或围裙则不离水,航行时仍受一部分水阻力。地效翼艇的飞行高度为0.3 ~ 0.8 m,属特超低空,这是与飞机的根本区别,而且它又能在水面或码头停泊,仍具有船的特征。它的航速介于飞机和船舶之间,可达到100 ~ 300 n mile/h,是当今航速最快的船。地效翼艇分为冲翼艇和气翼艇两种。

1. 冲翼艇

它有些像飞机,在艇体的两侧装有机翼(地效翼),其艉缘和两翼端的端板触水,使气流在地效翼下表面完成阻塞,造成机翼升力而腾空航行,如图1-60所示。通常两翼端的端板由浮舟代替,以便在停泊时提供静浮力,而起飞滑跑时,产生水动力帮助起飞。

2. 气翼艇

它的特点是把艇体外形制成机翼剖面形,成了翼化身(图1-61),利用艇体本身在高速航行时产生的升力,使艇体升离水面或地面。

图1-60　冲翼艇

图1-61　气翼艇

如何达到腾空航行呢? 气垫船是靠风扇把空气压缩后,经过气道压入船底,形成静态气垫而使船升起,船被支撑在空气垫上。地效翼艇的外形有些像飞机。艇的两侧有巨大的艇翼,有的甚至连船身也做成翼的形状。当地效翼艇高速航行时,流经艇翼和艇身下表面的高速气流进入艇翼和水面之间的狭小空间,被强烈地阻滞,使翼面下的压力增高,形成动态气垫,产生向上的升力,这股向上的升力能将艇体和附体全部抬离水面,腾空而行。

地效翼艇有许多优点,第一航速为船舶中最高者;第二飞行高度为特超低空,是雷达的盲区,故在军事上有其特殊的使用价值;第三它的使用范围广,可以在水面、陆地以及冰雪地面上起飞和降落;第四比飞机经济。

此外,还有双体(或多体)型船舶、半潜型船舶、全潜型船舶、新型帆船、全自动化船舶、超导电力(或电磁)推进船舶等等新型船舶。

2011年挪威船级社(Det Norske Veritas,DNV)发布"2020年世界技术展望",其中在海事部分重点介绍了未来新型船舶的打造。要求新建船舶更加环保、安全和具备保安的性能。未来新型船舶包括:低能耗船舶、绿色燃料船舶、综合了多种可再生能源的混合型电动船、广泛采用E-航行解决方案的数字船舶、瞄准北极航道的极地级船舶等等。

第二章　船型和性能

船舶是一种浮动的水上工程建筑物,它航行在水中,经常会遇到狂风骇浪或急流险滩,因此要求船舶坚固耐用、性能良好、造型美观、经济合理,在江河湖泊中能高速、平稳、安全地航行。船舶的航行性能是指船舶在水中平衡和运动的规律,它包括浮性、稳性、抗沉性、快速性、操纵性和耐波性。船舶的航行性能与其形状和尺度有关,特别与船舶水下部分的线型密切相关。本章将在简要介绍船型与尺度之后,分别概略地叙述各项航行性能。

第一节　船型与尺度

船舶的航行性能与船体形状及尺度大小密切相关,因此在介绍船舶各项航行性能之前,先了解一下船体线型及其有关内容。

一、船体线型

为了使船舶航行时所受到的阻力最小,船体的表面都做成流线型的光滑曲面,两头尖瘦中间肥大,因此仅仅用长、宽、高三个尺度并不能表示出船舶的真实形状和大小,它是通过称为船体外型线图的图样来表示的。型线图在三个相互垂直的投影面上,以船体外形表面的截交线、投影线和外廓线表示船体外形的图样,如图 2-1 所示。型线图上所表示的船体形状包括外板型表面的形状和甲板型表面的形状。型线图的视图是由纵剖线图（V 面投影）、横剖线图（W 面投影）和半宽水线图（H 面投影）三个视图所组成。

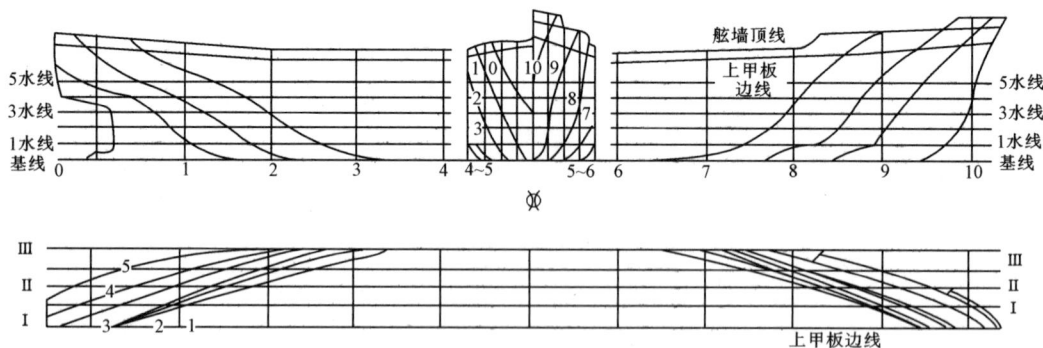

图 2-1　船体型线图

（一）三个相互垂直平面及三条交线

三个相互垂直平面为中线面、设计水线面和中站面,如图 2-2 所示。这三个相互垂直的平面相当于三视图中的 V,H,W 三个投影面。

1. 中线面及中纵剖线

中线面是一个垂直于基面（与船底相切的面）的船体左右对称平面,自船尾向船首看,左手的一侧为左舷,右手的一侧为右舷。中线面与船体型表面的交线为中纵剖线,它反映了船舶的侧面形状,包括甲板中心线、龙骨线及艏艉外形轮廓线。

甲板线是甲板中心线和四板边线的统称。甲板中心线有直线和带脊弧的曲线两种;甲板边线也有直线和带舷弧的曲线两种,如图 2-3 所

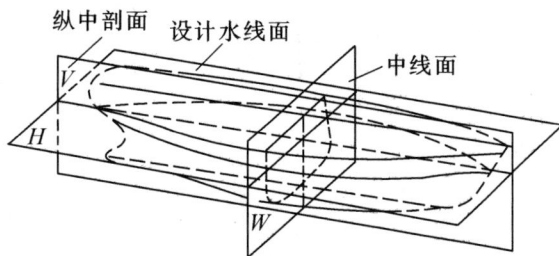

图 2-2 三个相互垂直的平面

示。大多数船舶甲板都带有脊弧和舷弧。所谓脊弧是指甲板中线在船体中部稍低,向艏艉两端逐步升高的曲线形状;同时,甲板边线也呈现艏艉翘起,中部较低的舷弧。舷弧可减少艏艉上浪,也可增加艏艉的储备浮力。有些内河船舶为简化结构和便于施工也用水平的甲板线。

龙骨线有水平直线、倾斜直线、曲线或断折曲线几种形式,如图 2-3 所示。水平直线式使用最广,便于制造和进坞修理。倾斜直线式一般均为艉倾,这往往是因艉吃水受到限制,或是为了放置较大直径的螺旋桨,如登陆艇、拖船、渔船、快艇等。机帆船及滑行快艇等特殊船型的龙骨线则为曲线或断折曲线式。

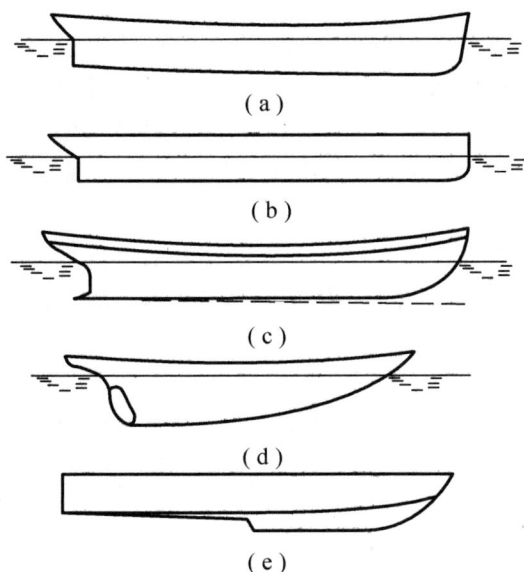

图 2-3 甲板线和龙骨线的形状

(a)海船:水平龙骨线,甲板线有舷弧;(b)内河船:水平龙骨线,甲板线无舷弧;(c)艉倾的龙骨线;(d)帆艇:有曲线形状的龙骨线;(e)单断级快艇

艏部轮廓形状常用的如图 2-4 所示的几种形式。一般船舶多采用直线倾斜或水线以上略带曲线倾斜式船首,如图 2-4(a),(b)。它既美观大方,又可增加甲板面积,还可减少航行时甲板上浪,军船采用直线倾斜式。目前很多大型运输船在水线以下都采用球鼻艏,如图 2-4(c)所示,它可减少兴波阻力,提高航速。破冰船的首部在水下部分具有较大的倾斜度,以便冲上冰层,如图 2-4(d)所示。图 2-4(e),(f)是大型货船的椭圆形和圆柱形船首形状。

艉部轮廓形状:一般有椭圆形艉、巡洋舰艉和方艉三种,如图 2-5 所示。椭圆形艉现已不采用,目前应用较多的是巡洋舰艉,其特点是可以增加水线长度,对船的快速性和螺旋桨、舵的保护有利,但制造工艺比较复杂,如图 2-5(b)所示。方艉的尾部为一垂直或斜平面所切割,通常用于高速船舶,它可以增大艉部甲板面积,减少船舶在高速航行时艉部的下沉程度,如图 2-5(c),(d)所示。

2. 设计水线面及设计水线

设计水线面是通过船舶设计水线的一个水平面,把船舶分为水上与水下两部分。设计水线面与中线面垂直,它与船体型表面的交线称为设计水线。

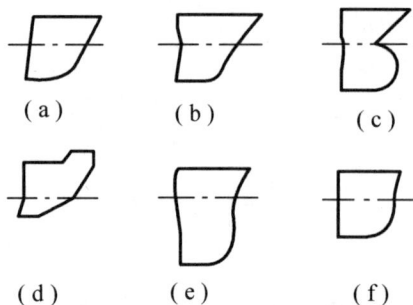

图 2 - 4　艏部轮廓形状

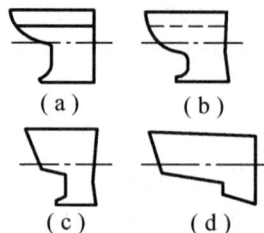

图 2 - 5　艉部轮廓形状

设计水线艏艉形状对船舶快速性等航行性能有重要的影响。水线面形状一般有平行中体式、无平行中体式和方艉式三种，如图 2 - 6 所示。平行中体式是在船长中部附近一段的宽度不变，且与船体中心线平行。这种形式的船体施工简便、舱室方整，但仅适用于低速货船。无平行中体式的水线是光滑的曲线，适用于中速船。方艉式则适用于高速舰艇。

3. 中站面及中横剖线

中站面是通过船长中点处的一个横向垂直平面，它把船体分成前体和后体两部分。中站面与船体型表面的交线称为中横剖线。它大体反映了船体的正面形状，包括甲板梁拱线、舭部和舷侧线。

（1）梁拱线

一般为抛物线，中间高出舷侧的部分称为梁拱，其高度一般取为船宽的1/100～1/50，它的主要作用是便于甲板排水。为了便于建造，有的船把梁拱线改为折线。还有的船为了在甲板上装货或行车，同时也为了简化建造工艺，采用水平直线。

（2）舭部

船底线与舷侧线的连接处称为舭部。舭部有圆舭和尖舭两种。一般船舶多采用圆舭型，高速快艇为便于建造，有采用尖舭型的。船底线有水平直线和向两舷斜升的。吃水受限制的内河船或大型运输船都采用平底，军舰多采用斜升底。

（3）舷侧线

有直舷式、外倾式和内倾式。外倾可提高船的稳性，内倾可减少船在靠岸时甲板被碰坏的几率。图 2 - 7 所示为中横剖面的几种形式。

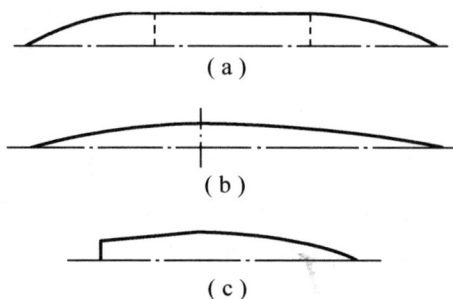

图 2 - 6　水线面形状

（a）平行中体式；（b）无平行中体式；（c）方艉式

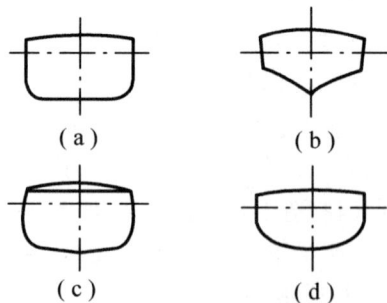

图 2 - 7　中横剖面的几种形式

（a）平底，直舷；（b）尖底，外倾；
（c）船体斜升，内倾；（d）船底斜升，直舷

（二）三组截交线

上面介绍的船体三个相互垂直的平面与船体的交线大致反映了船体的形状,但不能表达船体各部分曲面的变化情况,还需用若干同上述三个基本投影面相平行的、等距离的三组辅助平面来截切船体表面,得到三组截交线来表示船体外形的变化,如图2-8所示。

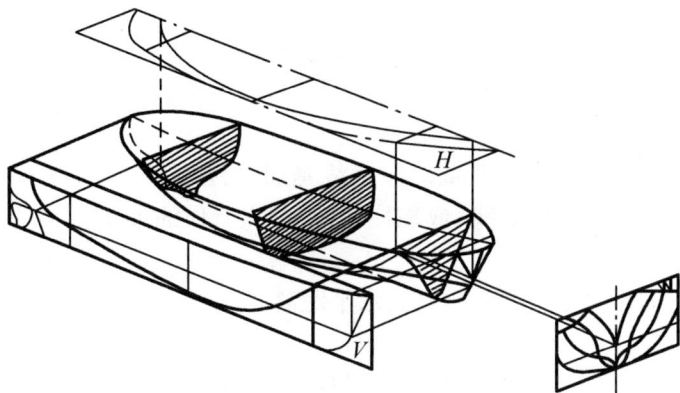

图2-8 三个互相垂直的平面

1. 纵剖线

纵剖线是与中线面平行的辅助平面与船体型表面的截交线。将其绘在中线面上称为纵剖线图。在纵剖线图中纵剖线为真实形状,而在另外两个投影面上为直线。

2. 横剖线

横剖线是与中站面平行的辅助平面与船体型表面的截交线。将其绘在中站面上称为横剖线图。由于船体表面左右对称,所以一般在横剖线图的右半边绘船首横剖线,而左半部分绘船尾横剖线。图上横剖线为真实形状,而在另外两个投影上为直线。

3. 水线

水线是与设计水线面平行的辅助平面与船体表面的截交线。将其绘在设计水线面上称为半宽水线图,这是因为船体是左右对称的,只要画出一半就足够了。半宽水线图上的水线为真实形状,而在另外两个投影面上为直线。

除此之外,在三个投影面上还要画出甲板边线(甲板与外板的交线)、外板顶线和舷墙顶线的投影,这样就构成了完整的船体型线图。型线图能够精确地表示出船体的形状,作为计算船舶性能和实船建造时的依据。

二、船体主尺度和船型系数

在绘制表示船体形状的型线图之前,设计者必须决定船体主尺度和船型系数。

（一）船体主尺度

船体主尺度是度量船体外形大小的基本量度,通常有以下几项(图2-9)。

1. 总长 L_{OA}

船体型表面(包括两端上层建筑在内)最前端和最后端之间的水平距离。

2. 设计水线长 L_{WL}

设计水线面与船体型表面艏艉交点之间的水平距离。

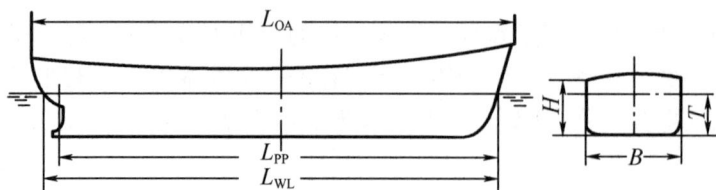

图 2-9　船体主尺度

3. 垂线间长 L_{PP}

艏垂线与艉垂线之间的水平距离。艏垂线是通过设计水线船首端点所作的垂线。艉垂线是通过设计水线与舵杆中心线（或舵柱后缘）交点所作的垂线。

4. 型宽 B

船体型表面之间垂直于中线面的最大水平距离。

5. 型深 H

通常指在中横剖面处，自龙骨线量至上甲板边线间的垂直距离。

6. 吃水 T

通常指在中横剖面处，自龙骨线量至设计水线的垂直距离。如果船纵向倾斜，则艏吃水是自艏垂线上龙骨线的延长线量到设计水线的垂直高度；艉吃水是自艉垂线与龙骨线的交点量至设计水线的垂直高度。中横剖面处的吃水为平均吃水。

7. 干舷 F

型深 H 与吃水 T 的差值，即 $F = H - T$。

船舶的主尺度比值，既标志船舶的形状，也在一定程度上表明了船舶的航行和使用性能。如 L/B 同船的快速性有关，L/H 同船的纵强度有关，H/T 同船的抗沉性有关，B/T 同船的稳性有关，L/T 同船的操纵性有关。

（二）船型系数

船型系数是表示船体水下形状、肥瘦程度的无因次系数，它们都与船舶航行性能有密切关系，在设计时要根据船的用途、航区和速度的不同而适当选取。

1. 方形系数 C_B

方形系数又称排水量系数，它是设计水线以下的船体体积 V 与长方形体积 $L_{WL} \cdot B \cdot T$ 的比值（图 2-10），即

$$C_B = \frac{V}{L_{WL}BT}$$

C_B 值的大小反映了船体水下部分总的肥瘦程度。C_B 大，表示船的水下型线较为饱满；C_B 小，船的水下型线较为瘦削。货船的 C_B 较大，客船小于货船，而军舰最小。

2. 棱形系数 C_P

棱形系数又称纵向棱形系数，它是设计水线下的船体体积 V 与纵向棱柱体

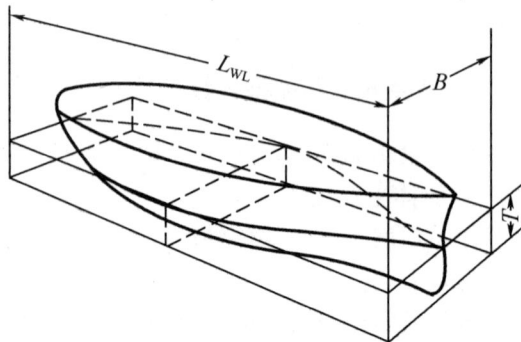

图 2-10　方形系数

积 $L_{WL} \cdot A_M$ 的比值,A_M 为中站面面积(图 2-11),即

$$C_p = \frac{V}{A_M \times L_{WL}}$$

C_p 值的大小反映了船体水下部分的体积沿船长的分布情况。如果两船的船长和水下排水体积皆相同,C_p 值大,表示排水体积沿船长分布比较均匀;C_p 值小,则表示船体水下形状中部饱满而两端瘦削。C_p 值与船舶快速性有密切关系,高速船的 C_p 较大。

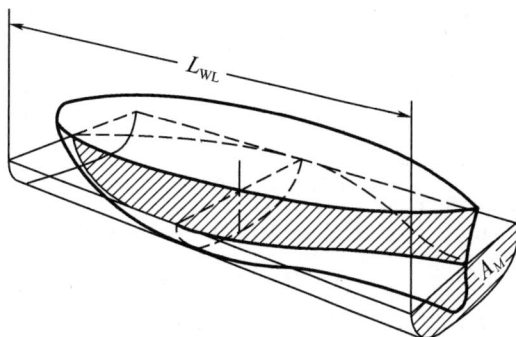

图 2-11 棱形系数

3. 水线面系数 C_{WP}

它是设计水线面面积 A_M 与长方形面积 $L_{WL} \cdot B$ 的比值(图 2-12),即

$$C_{WP} = \frac{A_M}{L_{WL} B}$$

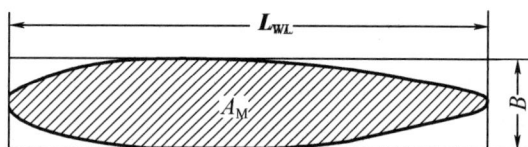

图 2-12 水线面系数

C_{WP} 值的大小反映了设计水面两端的尖削程度,它与船舶的快速性及稳性有关。客船和军舰的两端比较尖削,其 C_{WP} 值也较小;货船、油船的两端较丰满,其 C_{WP} 值就较大。

4. 中横剖面系数 C_M

它是设计水线以下的中横剖面面积 A_M 与长方形面积 $B \cdot T$ 的比值(图 2-13),即

$$C_M = \frac{A_M}{BT}$$

C_M 值的大小反映了中横剖面的饱满程度。通常低速的大型货船的中横剖面比较丰满,其 C_M 值较大;而高速的军船、客船及渔船等的 C_M 值就较小。

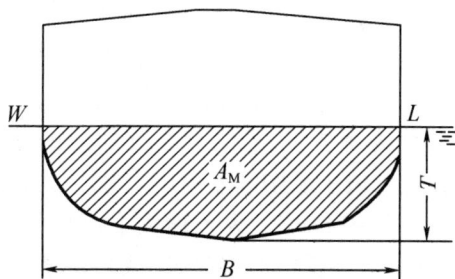

图 2-13 中横剖面系数

上述诸系数一般皆指船在设计水线时的值,随着吃水的不同,诸系数值也就发生了变化。

船舶的主尺度,仅仅表示船的大小,而船型系数则能更好地表示出船体水下部分的形状(肥瘦程度和排水体积分布情况),而最完整的表示出船体形状的则为船体型线图。船舶的主尺度和船型系数,对船的航行性能影响极大,因此必须根据不同船舶的用途、性能、航速等因素,参考有关资料合理选取。表 2-1 为一些不同类型船舶的各系数参考值。

表 2 - 1   船舶类型参考值

系数、比值	远洋客船	远洋货船	拖 船	油 船	驱逐舰	鱼雷快艇
C_{WP}	0.75 ~ 0.82	0.80 ~ 0.85	0.72 ~ 0.80	0.73 ~ 0.87	0.70 ~ 0.78	—
C_M	0.95 ~ 0.96	0.95 ~ 0.98	0.79 ~ 0.90	0.98 ~ 0.99	0.76 ~ 0.86	—
C_B	0.57 ~ 0.71	0.70 ~ 0.78	0.46 ~ 0.60	0.63 ~ 0.83	0.40 ~ 0.54	0.3 ~ 0.4
L/B	8 ~ 10	6 ~ 8	6 ~ 6.5	4.8 ~ 7.5	9 ~ 12	5 ~ 6.5
B/T	2.4 ~ 2.8	2.0 ~ 2.4	2.0 ~ 2.7	2.1 ~ 3.4	2.8 ~ 4.5	2.5 ~ 4.5
H/T	1.6 ~ 1.8	1.1 ~ 1.5	1.2 ~ 1.6	1.1 ~ 1.5	1.7 ~ 2.0	—

三、船舶外形

船舶的外形和布局应当给人以美感，要简洁美观，实用大方，又有其特征。

船舶的外形包括艏、艉部分形状，上层建筑形式，机舱位置的安排以及烟囱，桅杆等上部舾装件的形状和布置等。

船首、尾轮廓的形状如图 2 - 4 和图 2 - 5 所示。

船体最上面一层的连续甲板，一般称为上甲板。在上甲板以上的船体结构统称为上层建筑。通常，上层建筑结构的两侧是伸向两舷并同船舷连在一起的。如果两侧不同船舷相连而缩进一定的距离（大于 0.04 倍船宽），形成两边走道的结构，则称为甲板室。位于船首部分的上层建筑称为艏楼，位于船中和船尾的分别称为桥楼和艉楼，见图 2 - 14(a)。为了增大上层建筑空间，有的船将艏楼与桥楼连接起来，或将桥楼与艉楼连接起来，甚至把三者全部连接起来，见图 2 - 14 (b)、(c)、(d)。

上层建筑的形式与机舱位置有一定的关系。图 2 - 15 所示为按机舱位置在艉部、舯部和舯后部的货船外形图。分别称为艉机型船、舯机型船和舯后机型船。中机型船具有视野宽广、操作方

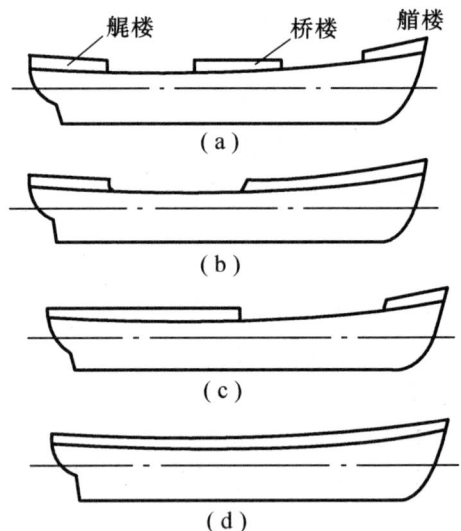

图 2 - 14   各种上层建筑形式

便和空载时纵倾小等优点。艉机型船具有尾轴长度短、尾轴不穿过货舱、增加装载货物的空间等优点，一般油船、散货船都采用此型，并对防火有利。舯后机型船的优点介于前述两种机型之间，其货舱布置得到改善，纵倾调整较艉机型船有利，现在杂货船多为这种形式。客船和客货船要求舱室多、空间大，采用全通上层建筑及多层甲板，以满足载客的需要。

船舶作为一种水上工程建筑物，上层建筑的层数、大小和造型对其外观有着直接的影响，船舶设计者除了满足船舶的性能和使用要求外，还应把主体上层建筑，以及烟囱、桅杆、雷达柱的位置同外形、舷墙、栏杆、门窗和船壳的配合，救生设备的安排布置等，从总体外观

的协调上给予考虑,使不同用途的船舶在造型上各有特点,给人以美感。如货船的简洁朴实,客船的平稳轻快等。

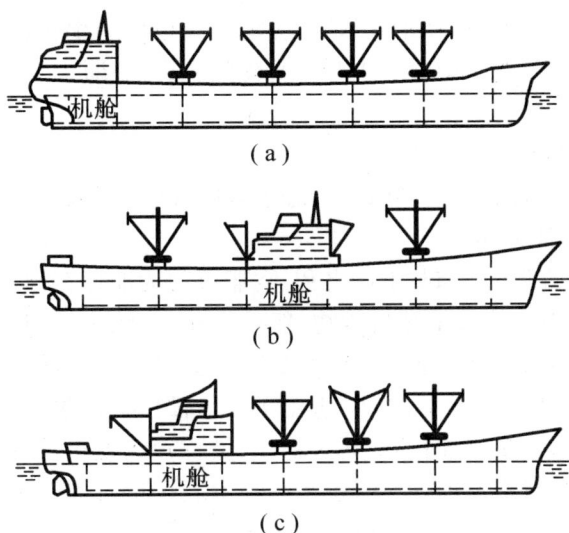

（a）

（b）

（c）

图 2 – 15　货船的机舱位置

第二节　船　舶　浮　性

船舶浮性是指船舶具有一定重力时能漂浮于水面一定位置的能力。

一、船舶的平衡

船舶在水中受到重力和浮力的作用。重力即为船舶所受到的地球的引力,其各部分所受重力的合力的作用点称为重心,以 G 表示,重力的方向垂直向下。浮力即为水对船舶表面作用的静水压力的合力,按阿基米德原理,它的数值等于船舶所排开的水所受到的重力(通常称为排水量),其作用称为浮力,以 B 表示,浮力方向垂直向上。如图 2 – 16 所示,如果重力和浮力在数量上相等,且作用在同一铅垂线上,则船就得到了平衡而

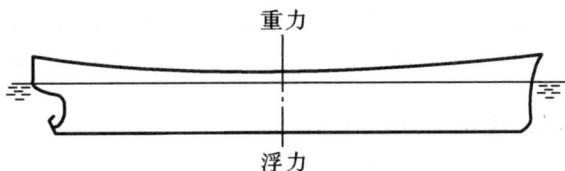

图 2 – 16　船的平衡

浮在水面上。当船内载重量减小时,则重力小于浮力,船即上浮,吃水减小,直至其浮力减小并达到新的平衡为止;相反,当船内载重量增加时,重力超过浮力,船就下沉,吃水增大,使船的排水体积增加,直至浮力与重力达到新的平衡。

船舶在航行时,由于本身兴波和外界干扰,浮力与重力经常是不等的。为取得平衡,就处于不断地升降运动之中,由不平衡到平衡,从平衡至不平衡,循环往复,以至无穷。

二、船舶的重力和容积量度

（一）船舶的重力

船舶的重力习惯上以吨力为计量单位，法定计算单位为牛顿，常以排水量和载重量来表示。排水量是指船舶浮在水中时所排开水所受到的重力，即

$$\Delta = \omega V$$

式中　Δ——船的排水量，t；

　　　ω——水的密度（淡水 = 1.000 t/m^3，海水 = 1.025 t/m^3），t/m^3；

　　　V——船舶排水体积，m^3。

船舶的排水量是空船重力和载重量之和，空船重力为船体钢料、船上木作舾装、机电设备以及武备等所受重力。载重量是指货物、船员及旅客、淡水、燃料、润滑油及弹药等物所受重力。船舶由于装载情况的不同，使排水量发生变化，而引起船舶性能也发生变化。对民用船舶来说，典型的装载情况下，排水量可分为空载和满载两种。空载排水量是指船在完全建成后交船时的排水量，此时船上无货物、人员、淡水、燃料及各种消耗品，即船自身的重力或空船重力。满载排水量即为空载排水量加上载重量时的排水量，这是正常情况下船舶的最大装载情况，这时船舶吃水处于设计（满载）水线上。我们通常所说的万吨货轮是指它在满载时约装万吨左右的货物。

（二）容积量度

在运输船中，计算船上空间容积大小的单位叫作吨位，也称登记吨位，一个"登记吨"相当于 2.832 m^3。这是表示容积的吨位，与载重吨概念不同。登记吨位分为总吨位和净吨位两种。

总吨位是指船上所有封闭的舱室根据一定的丈量规则丈量而得的容积总和，用公制量得的除以 2.832 m^3，所得结果为该船总吨位。总吨位可用来表明船舶的大小，并作为国家统计船舶吨位之用，另外还作为计算净吨位的基础，以及作为海事赔偿之基准。

净吨位是指从总吨位中减去不能装载旅客、货物的舱室容积而得出的吨位。净吨位可用来作为向有关港口交纳各种费用和税收的计算基准及计算港口停泊和拖带、领港等费用的依据，另外还作为船舶买卖或租赁的计算基准。

除此以外，如果船舶要通过运河（如苏伊士运河、巴拿马运河等），还要按其特定的丈量方法计算船舶吨位，作为通过运河交付费用的依据。

三、储备浮力载重线标志

（一）储备浮力

船舶在水面的漂浮能力是由储备浮力来保证的。储备浮力是指水线以上船舶主体的水密容积。如果船舶由于某种原因而发生下沉，使吃水增加，那么这部分水密体积就能够继续提供浮力，使船舶仍能漂浮于某一水线面而不致继续下沉或没顶，即这部分水密体积所提供的浮力是储备用的。储备浮力是确保船舶安全的一个重要指标。

储备浮力通常以满载排水量的百分比来表示，视船舶类型、航区、货运种类而定，内河驳船约为其满载排水量的 10% ~ 15%，海船为 20% ~ 50%，军舰则为 100% 以上。储备浮力的大小可用干舷的尺度来衡量，干舷越大，则船舶的储备浮力也越大。

（二）载重线标志

载重线标志是指船舶在不同季节和不同航区的最大吃水标志。它是在保证船舶水上航行安全的情况下所规定的船舶安全装载极限,即船舶航行时的实际吃水不能超过规定的载重线,以此保证船舶安全航行所需的最小储备浮力。图 2－17 为海船载重线标志。

载重线标志由一外径 300 mm,内径为 250 mm 的圆盘和若干长 230 mm、宽 25 mm 的水平线组成。该圆盘称为载重线圆盘,圆盘上的水平线与夏季载重线平齐,两端的 ZC 符号为中华人民共和国船舶检验局

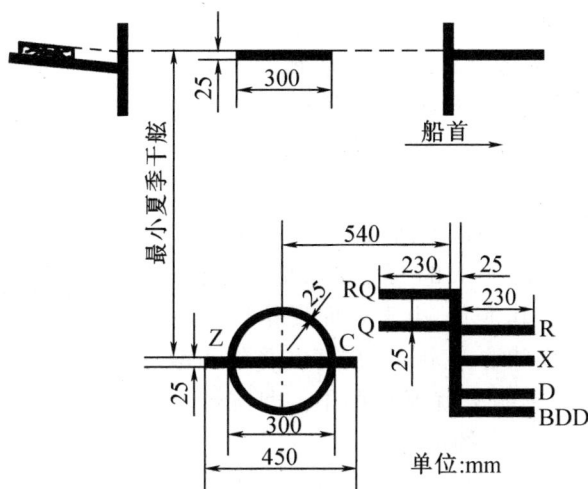

图 2－17　海船载重线标志

的缩写,表示勘定干舷的主管机关。图中字母为汉语拼音,括号内为英文缩写,其含义:RQ(TF)为热带淡水载重线;Q(F)为淡水区载重线;R(T)为热带载重线;X(S)为夏季载重线;D(W)为冬季载重线;BDD(WNA)为北大西洋冬季载重线。

我国的船舶检验局还规定了国内航行的海船、长江船舶和内河船舶的"载重线规范",各类船舶都必须按规范勘绘载重线,以保证船舶的航行安全。

第三节　船舶稳性

船舶稳性是指船舶受到外力(如风、浪等)的作用而偏离原平衡位置发生倾侧,当外力消除后能自行恢复到原来平衡位置的能力。

稳性是保证船舶安全的一项重要性能,稳性不好会导致船舶倾覆的严重事故。我国船检部门总结了过去各类船舶的安全航行经验,并借鉴国外各船级社制定的"规范",结合一定理论计算制定了我国各种船舶的稳性规范。其中海船稳性规范规定了各类船舶应具备的稳性标准,所有的民用船舶必须达到规定的指标要求。

根据船舶倾斜角度的大小,船舶的稳性可分两类:①初稳性(或称小倾角稳性),指船舶倾斜角小于 10°～15°,或上甲板边缘开始入水前的稳性;②大倾角稳性,指船舶倾斜角大于 10°～15°,或上甲板边缘开始入水后的稳性。

船舶的倾侧分为横向倾侧和纵向倾侧,因此船舶必须具有横稳性和纵稳性。由于民用船舶纵倾一般属于小角度倾斜,纵稳性总是够的,故本节只讨论船舶的横向稳性,并限于横倾角度在 15° 以下的小倾角稳性。

一、物体的平衡状态

我们以日常见到的不倒翁、皮球和铅笔为例来说明物体的三种平衡状态,如图 2－18 所示。

（一）稳定平衡状态

见图 2 - 18（a），不倒翁的重心很低，当它倾斜时，不倒翁的重力与桌面反作用力组成的力偶，使不倒翁恢复到原来的正立位置。这说明不倒翁具有良好的稳性。

（二）中性平衡状态

见图 2 - 18（b），皮球是一球体，重心位于其中心，由于桌面反作用力总是通过皮球重心，因此，皮球在受外力滚动后，滚到哪里就停在哪里。即皮球不能恢复到原来的位置。

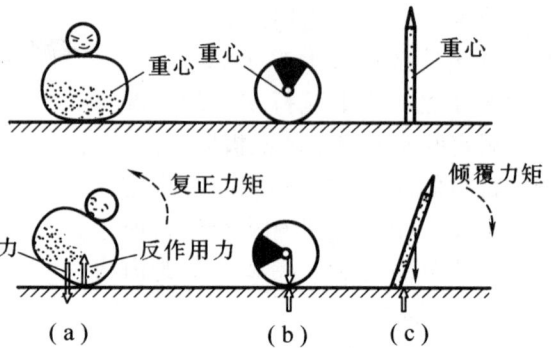

图 2 - 18　物体的三种平衡状态

（三）不稳定的平衡状态

见图 2 - 18（c），铅笔的重心位置较高，当铅笔倾斜时，它的重力与桌面的反作用力组成的力偶，使铅笔继续倾斜，直至倾倒。这说明铅笔的稳性不好。

二、船舶的平衡状态

船舶同样有三种不同的平衡状态，如图 2 - 19 所示。

船舶正浮于水面上时，船重 W 与浮力 N 大小相等，方向相反，并作用在同一垂直线上，重心和浮心位置分别为 G 和 B。当外力作用在船体上，使船产生小角度 θ 的横倾时，由于排水体积改变，导致浮心移动至 B_1，使重力和浮力作用线不在同一垂直线上。船舶倾斜前后二浮力作用线的交点 M 称为稳心，在小角度倾斜时，可以把它看作是一个固定点。重心 G 点与稳心 M 点之间的距离 $\overline{GM}$ 称为稳心高度，它是衡量小倾角稳性的重要指标。

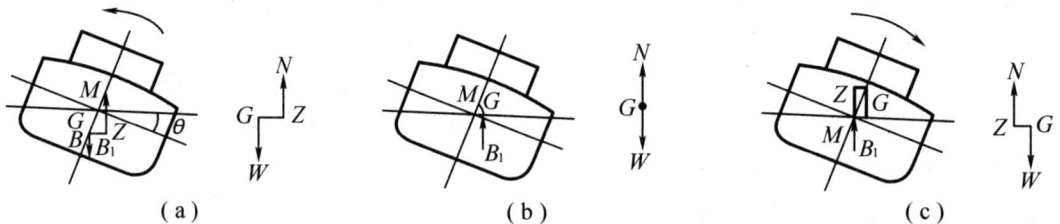

图 2 - 19　船舶的三种平衡状态

（一）船舶的稳定平衡

如图 2 - 19（a）所示，当船舶受外力作用而横向倾侧至 θ 角时，若船舶重心 G 较低，在稳心 M 之下，重力 W 与浮力 N 形成的力偶矩与船舶横倾的方向相反，使船舶向原来（正浮）位置复原，我们称此力矩为复原力矩，即

$$复原力矩 = W \cdot \overline{GZ} = W \cdot \overline{GM} \cdot \sin\theta = \Delta \cdot \overline{GM} \cdot \sin\theta$$

式中，Δ 为船舶排水量。

（二）船舶的中性平衡

如图 2 - 19（b）所示，若船舶重心 G 与稳心 M 两点重合，船舶倾侧后重力 W 与浮力 N

恰好作用于同一铅垂线上,力矩为零。船舶将保持在其倾斜位置,但不具有复原能力,这种平衡称为中性平衡。

(三)船舶的不稳定平衡

如图 2 - 19(c)所示,当船舶受外力作用而横向倾侧至 θ 角时,若船舶重心 G 较高,在稳心 M 之上,致使重力 W 与浮力 N 形成的力偶与船舶横倾的方向相同,这时它能使船舶继续倾斜直至倾覆,这个力矩称为倾覆力矩,其大小为

$$倾覆力矩 = \Delta \cdot \overline{GM} \cdot \sin\theta$$

由上述可知,稳定平衡的船舶其 M 点在 G 点之上,产生的力矩为复原力矩;中性平衡的船舶,M 点和 G 点重合,力矩为零;不稳定平衡的船舶,M 点在 G 点之下,产生的力矩为倾覆力矩。后两种情况在船舶设计与建造过程中是不允许出现的。

由复原力矩公式可知,复原力矩的大小是与 $\overline{GM}$ 值成正比的。通常认为,$\overline{GM}$ 值大,船的稳性就好。若船在倾斜过程中,$\overline{GM}$ 值始终为负值,则该船就不具备稳性,因此横稳心高度 $\overline{GM}$ 是衡量船舶初稳性的主要指标,设计和使用部门常利用适宜的 $\overline{GM}$ 值来控制船舶的初稳性,船舶检验部门也制定相应的规范,如《海船的稳性规范》,规定船舶的初稳性高度值,并以此来检验船舶的优劣。但是 $\overline{GM}$ 值不是越大越好,因为 $\overline{GM}$ 值过大,船的复原能力就过强,稍有倾斜,很快就复原,船会发生剧烈的摇摆,所以在设计船舶时,根据船的航区和用途,选一个恰当的 $\overline{GM}$ 数值,使之既能保证船的稳性,又能使船的摇摆比较缓和。由此得出,横稳心高度 $\overline{GM}$ 也是决定船舶横摇的一个重要参数。

现将各有关船舶满载时 $\overline{GM}$ 值的常用范围列于表 2 - 2 中。

表 2 - 2　$\overline{GM}$ 值的常用范围

船型	客船	干货船	油轮	拖轮	驱逐舰	鱼雷快艇
$\overline{GM}$/m	0.3 ~ 1.5	0.3 ~ 1.0	1.5 ~ 2.5	0.5 ~ 0.8	0.7 ~ 1.2	0.5 ~ 0.8

三、提高船舶稳性的措施

为了使船舶具有良好的稳性,必须保证具有正的 $\overline{GM}$ 值,随着 $\overline{GM}$ 值的增大,复原力矩也增大,则稳性也就提高。提高船舶稳性,一般要用如下措施。

(一)降低重心

降低船舶重心是改善稳性的根本措施。应尽量设法降低船舶的重心位置,使船在倾侧时,由于重力与浮力的作用而产生复原力矩。大型船舶可设置双层底,并注入压载水以降低重心;或在船底设置固定压载;或在装卸货物时,将货物放在船舶的底部;上层建筑采用铝合金材料,减轻质量,以降低船舶重心。

(二)提高稳心

提高横稳心 M 点的高度,使 $\overline{GM}$ 增大,也可改善船舶的稳性。船的稳心高度主要与船宽、吃水比 B/T 及水线面系数 C_{WP} 有关。B/T 及 C_{WP} 值大,则稳性好。但过分增加船宽和水线面系数或使重心降低太多都会使船产生剧烈摇摆,并影响船的快速性,所以在船舶设计

初期就应合理地进行布置,并选择好的 B,T,C_{wp}值。

（三）减少、受风面积

尽量减小上层建筑的受风面积,即减小上层建筑的长度和高度,以相应减小由于风压而引起的倾覆力矩。

第四节　船舶抗沉性

船舶抗沉性是指船舶在一舱或数舱进水后,仍能保持一定的浮性和稳性的能力。

对于各类船舶,根据其破损的概率、船舶本身的重要性、船上人员的多寡等因素,对抗沉性的要求也不相同,军舰的抗沉性要求最高,客船次之,货船又次之。我国《海船抗沉性规范》对此都有明确规定。

一、抗沉性基本原理

船舶遭受破损的原因很多,诸如碰撞、触礁及军船遭受敌方鱼雷、水雷的攻击等,因此在碰到此类意外事故时,要求船舶不致沉没而继续保持生命力,就需要采取一定的措施。一方面要求船舶具有一定储备浮力,即储备的水密空间,使由于舱室进水而损失的浮力可由储备浮力来补偿;另一方面必须在舱室甲板下用水密舱壁将船体分隔成若干水密舱室,这样可使船在一部分舱破损进水后不至漫及全船。但是水密舱壁设置得越多,相应的舱室容积就减小和受限制,对于货物的装载、旅客和船员的居住条件及机械设备和装置的安置,都会带来困难和不便。另外,舱壁过密,相邻舱室同时破损进水的可能性就增大,抗沉性就恶化,因此要全面考虑,合理地设置水密舱壁。

分舱制中的一舱制是指在正常情况下,一舱进了水,船仍能保持不沉;二舱制是相邻两个舱进水后,船仍能保持不沉;三舱制是三个相邻的舱进水后,船仍能保持不沉。一般的客船和货船通常达到一舱制要求,而对大型客船和定期的班船,有两舱制和三舱制的。

二、海损影响与安全限界线

船舶破损进水后,一般要发生下沉,使船的平均吃水增加,随着破损部位不同,还会使船产生纵倾或横倾,见图 2-20。船舶下沉及倾斜后,储备浮力减小,同时还会使船的稳性变坏,造成沉没和倾覆的危险。

在船舶遭受海损后,其吃水线不能超过水密甲板或舱壁甲板。国际海上安全公约规定:在船侧舱壁甲板边线下 76 mm 处绘一平行于甲板边线的曲线称为安全限界线。舱内进水后,船舶吃水只要不超过限界线则认为船

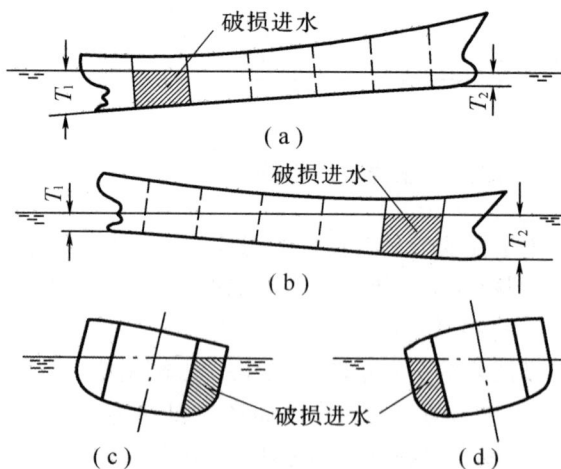

图 2-20　船舶进水后的纵倾和横倾

(a)艉纵倾($T_1 > T_2$);

(b)艏纵倾($T_2 > T_1$);

(c)右倾;(d)左倾

是安全的,如图 2 – 21 所示。

三、可浸长度及许可舱长

为保证船舶破舱进水后的水线不超过限界线,就必须对船舱长度加以限制,要计算可浸长度。可浸长度是沿船长各点处舱室破损后水线达到安全限界线的

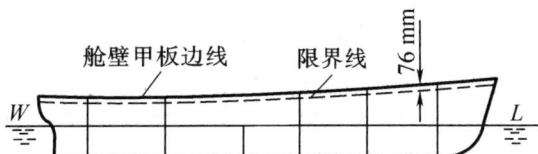

图 2 – 21　安全限界线

最大长度。表示破舱进水后的水线正好与限界线相切,符合安全的要求。

许可舱长为船长各点处实际允许的水密隔舱长度。船舶舱室的分隔,水密横隔壁的设置是根据船舶的实际需要决定的,它必须满足抗沉性规范的规定。许可舱长等于可浸长度乘以分舱因数 F。

船舶破损以后浮态发生变化,会产生纵倾或横倾,因此抗沉性规范中对破损状态下倾角大小及稳性都做了规定,要求初稳心高度为正值。

四、提高抗沉性的措施

要提高船舶的抗沉性,一是采取分舱方法,另外可以增加储备浮力,即:

(1)增加干舷可增大型深或将水密舱壁延伸到更高一层甲板;

(2)减小吃水,当型深不变时,就相当于增加了干舷;

(3)增大舷弧以及使横剖面外倾,均可增大储备浮力。

应该指出,以上所说的抗沉性是船舶设计时就给予的抗沉能力。事实上船舶一旦发生海损事故,是否会沉没或倾覆在一定程度上还与船上人员采取的措施有关,如果沉着指挥抢险、堵漏、抽水、抛掉船上的负荷,调整船的倾斜,将会对船的浮态及稳性产生积极的效果。

第五节　船舶快速性

船舶快速性是指船舶消耗较小的功率而获得较高航速的能力。

船在水中航行时,主要受到水阻力 R 的作用,为了使船以一定速度向前航行,必须对船舶提供推力 T,以克服水阻力。

船舶行驶的运动方程式为

$$F_x = T - R = m_x \cdot a_x$$

当 $T > R$ 时,船舶做加速行驶运动;当 $T = R$ 时,船舶做等减速行驶运动;当 $T < R$ 时,船舶做减速行驶运动。

船的推力是由船上安装的主机提供动力,带动船尾部的推进器而产生的。为了提高快速性,一方面应尽可能提高推进器的推力,另一方面则应尽力降低船舶的阻力。因此,船舶快速性包括船舶阻力和船舶推进。

一、船在水中航行时的阻力

船在水中的航行阻力由三部分组成,即摩擦阻力、兴波阻力和漩涡阻力。

（一）摩擦阻力

水是有黏性的液体。船体与水接触,就会有一部分的水黏附在船体上。当船航行时,船体表面与水摩擦形成摩擦阻力。

摩擦阻力的大小除与水的黏性有关外,还与船体水下湿表面积的大小、表面的光滑程度以及航速有关。船舶水下表面积越大,则黏附的水越多,摩擦阻力越大;船体表面的光滑程度对摩擦阻力的影响较大,焊缝、铆钉头,以及建造时造成的表面皱褶等使粗糙度增加,因而摩擦阻力也增大。船舶航行久了,船壳上常附有贝壳、牡蛎、海草等寄生物,造成表面不平,增加摩擦阻力,通常称为污底阻力。

摩擦阻力的计算实际上采用光滑平板的摩擦阻力公式,然后再考虑粗糙度的影响,称为粗糙度补贴。弗劳德假定:船体的摩擦阻力等于同速度、同长度、同湿表面积的光滑平板摩擦阻力。这样船的摩擦阻力就可通过实验得出的平板摩擦阻力的资料求出,其表达式为

$$R_f = (C_f + \Delta C_f)\frac{1}{2}\rho S v^2$$

式中 R_f——摩擦阻力,N;

       C_f——摩擦阻力系数(光滑平板),它是雷诺数 $Re = \dfrac{vL}{\nu}$ 的函数,其中 v 为船舶航速,m/s;

       ν 为水的运动黏性系数,m^2/s;L 为船舶水线长,m;

       ΔC_f——贴补系数,对一般船舶,我国取 $\Delta C_f = 0.004\ 1$;

       ρ——水的密度(海水为104,淡水为102),$N \cdot s^2/m^4$;

       S——湿表面积,m^2;

       v——速度,m/s。

摩擦阻力系数 C_f 的公式一般由试验而得,可参考有关的资料和手册,我国现用的公式为

$$C_f = \frac{0.075}{(\tan Re - 2)^2}$$

对于低速船,摩擦阻力占总阻力的比例较大,因此在船舶设计建造时,应从减少船的湿表面积和粗糙度着手。

（二）兴波阻力

船体首尾尖瘦、中间肥大。在水中运动时,周围压力不一样,在艏艉形成两个高压区,使水面升高,而高出平衡位置的水质点在惯性和重力的作用下形成波浪,见图2-22。由于波浪的产生消耗了能量,船舶的航行速度越快,波浪越大,消耗的能量就越多。兴波的波能是由船舶提供的,因而就相当于船遭到了阻力。兴波阻力的形成也可以这样理解,由于船舶运动产生波浪,使周围水对船体的压力发生了变化,这些压力在船长方面的分力的合力就是兴波阻力。

船舶在水中航行时,艏部和艉部各兴起一组波浪,称为艏波系和艉波系。船首波系,在艏柱稍后处产生,这一个波以波峰形成开始,以后发展为艏散波与艏横波;船尾波系,在艉柱稍前处产生,第一个波以波谷形成开始,以后也发展为横波与散波,见图2-23。两波系的散波自船体两侧成斜阶梯形扩散,扩散时清楚地分开,彼此互不干扰。两波系的横波的波峰与航行方向垂直,分布在两侧散波之间,艏艉横波在艉部发生干扰。人们通常看到的是艏艉横波的合成横波,而看不到独立的船尾横波。

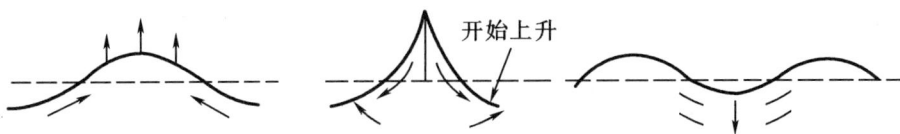

图 2 - 22 波浪的形成

图 2 - 23 横波与散波

根据模型试验和理论分析,兴波阻力应表示成

$$R_{w} = C_{w} \cdot \frac{1}{2} \rho S v^{2}$$

式中,C_{w} 为兴波阻力系数,其余符号与前述相同。

兴波阻力系数 C_{w} 与航速、船长有关,或者与综合性参数 Fr 有关,Fr 称为弗劳德数,其表达式为

$$Fr = \frac{v}{\sqrt{g \cdot L}}$$

式中　v——船速,m/s;

　　　g——重力加速度,m/s^{2};

　　　L——船长,m。

各种不同船型 C_{w} 数值不同,但 $C_{w} = f(Fr)$ 曲线形式有些是大致相同的。如图 2 - 24 所示,兴波阻力系数曲线有明显凸出与凹陷。凸起部分称为波阻峰点,表示阻力较大,这是由于在船尾处船首横波系波谷与船横波系波谷相重合,产生不利干扰所致;凹陷部分称为波阻谷点,表示阻力较小,这是由于在船尾处船首横波系波峰与船尾横波系波谷相遇,产生有利干扰所致。因此,在船舶设计时,要使航速与船长密切配合,使其落至波阻谷点处,以减少兴波阻力。

大型海船中,有些船采用球鼻艏,就是制造有利干扰,减少艏部兴波高度,使兴波阻力减小,见图 2 - 25。其原因是安装球鼻后,航行时球鼻也兴波,若设计合理,即球鼻的大小和位置选择得当,则球鼻兴起的波的波谷和船首波的波峰处于同一位置,两者合成的结果使船首波的波高降低,从而降低兴波阻力。由于低速船兴波阻力较小,故球鼻艏多采用在航

速稍高的船上。

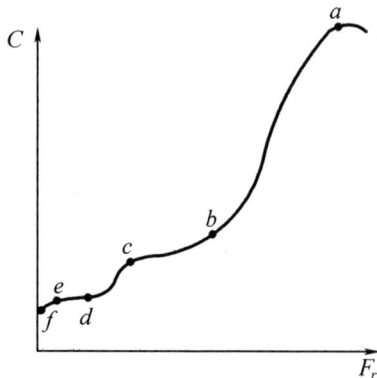

图 2-24 兴波阻力系数曲线

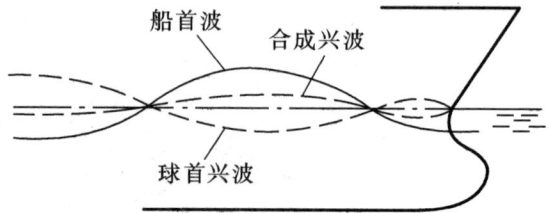

图 2-25 球鼻艏横波的干扰

（三）漩涡阻力

漩涡阻力是因水的黏性引起的。黏性流体流经船体表面时，由于船体曲面的变化而使流体发生减速，至艉部时边界层出现分离现象，形成漩涡，漩涡产生后使艉部压力下降，形成艏艉压力差，称为漩涡阻力。从能量观点来看，漩涡的能量由船供给，相当于船体遭受阻力，即为漩涡阻力。漩涡阻力的大小与航速及船体水下形状，特别是后体形状有关，通常在船速一定时，形状起决定作用，因而又称形状阻力。一般瘦长的船体，由于水流能较顺利地流至艉部，不致产生涡流或产生较小的涡流，因而使漩涡阻力大大减小。艉部横断面作急剧收缩的船舶，所引起的漩涡阻力较为严重。所以在船舶设计时，为减小漩涡阻力，应注意考虑船舶后体形状，特别对低速丰满船型的设计更应充分注意。实践证明，一艘优良船型的漩涡阻力仅占总水阻力的5%左右或更低。

（四）船舶总水阻力

船舶在静水中航行时的总水阻力为摩擦阻力、兴波阻力和漩涡阻力之和，其中兴波阻力和漩涡阻力合称为剩余阻力 R_r。总水阻力表达式为

$$R_{水} = R_f + R_r$$

摩擦阻力 R_f 可由平板摩擦阻力公式求出（前面已经讲过），剩余阻力 R_r 由船模试验确定。船模试验是根据相似理论，将实船按一定的比例缩小制成船模后，在船模试验池中进行的。根据试验结果，采用弗劳德换算法换算成实船的剩余阻力，再将实船摩擦阻力和剩余阻力两者相加，即得出实船的总水阻力。

这里应当指出的是，前述的船舶总水阻力，皆是指船的水下部分主船体受到的水阻力，这叫裸船体阻力。事实上船的水下部分还有各种附体，如舵、舭龙骨、艉轴架等，它们在航行时，也会受到一定的阻力，称为附体阻力。同时船的水上部分还会受到空气阻力，这些也应加入总阻力之中。此外船舶在海洋里航行时，还会受到波涛的影响，使船的阻力增加，航速降低，称为汹涛阻力。这部分阻力由于情况比较复杂，所以一般用增加10%~20%的机器功率储备来解决。附体阻力、空气阻力、汹涛阻力这三种阻力合称附加阻力。所以实际上船在航行时所遭受的总阻力为裸船体阻力与附加阻力之和。

船舶设计时，应根据其对快速性的要求而选择阻力较小的船型。

二、船舶推进器

船舶推进器就是将主机发出的功率转化为推动船舶前进的推力的设备。

要使船舶克服水的阻力快速前进,除由装在船上的主机提供动力外,还要有产生较大推力的推进工具,即推进器。

设船舶在航速为 $v(\mathrm{m/s})$ 时所受到的阻力为 $R(\mathrm{N})$,则克服阻力所消耗的功率(有效功率)为

$$P_{\mathrm{E}} = Rv \ (\mathrm{W})$$

船舶主机发出的功率经过主轴传递到达螺旋桨,其间有多种消耗,主机的功率应大于船的有效功率。有效功率 P_{E} 与主机所产生的功率 P_{S} 之比称为推进系数 η ,即

$$\eta = \frac{P_{\mathrm{E}}}{P_{\mathrm{S}}}$$

它是各种效率相乘的综合之称,这个数值越大,则表示船舶的推进性能越好。通常这些效率有机械效率、传动系统效率、轴系效率、推进效率。

从上面的分析可知,要改善船舶的快速性,除了设计阻力最小的优良船型外,还必须配置性能好、效率高的推进器。

推进器目前主要有明轮、螺旋桨、平旋轮、喷水器等,现代推进器以螺旋桨为主(详见第四章动力装置)。

第六节　船舶操纵性

船舶操纵性是指船舶能根据驾驶者的意图保持或改变航速、航向和位置的性能。主要包括航向稳定性、回转性和转艏性。

一、航向稳定性

船向稳定性是指船舶保持既定航向直线航行的性能,亦即要求船舶在直线航行中,不能出现偏离航向的现象。众所周知船航向偏离后,如果不予操舵,它再回到原来的航向是不可能的,所以要保持既定的航向,驾驶者必须不断地操舵。通常,如果平均操舵频率每分钟不大于 4~6 次,平均转舵角不超过 3°~5°,可认为这艘船的航向稳定性是符合要求的。

二、回转性

回转性是指船舶改变原航向做圆弧运动的性能。舵是剖面为机翼形的装置,装在船尾中纵剖面的位置上,它垂直地浸没在水中,并能绕舵轴转动。根据机翼理论,当水流以某一角度流向机翼时,就产生一个升力,所以当船以一定航速前进而转动一个舵角 α 后,在舵上会产生一个升力 P (图2-26),它垂直作用于舵面上。压力 P 的纵向分力 $P\sin\alpha$ 起

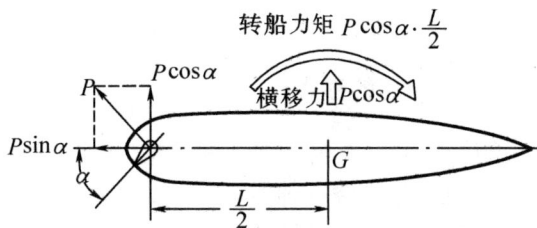

图 2-26　舵的回转作用

着船的阻力作用而使船减速;压力 P 的横向分力 $P\cos\alpha$ 远离船的重心 G,形成一个转船力矩,促使船舶回转,并使船舶横移。

船舶做回转运动大致可分为三个阶段,即转舵阶段、过渡阶段和稳定回转阶段。船舶回转时会产生横倾角,它是由舵力、离心力及水动力不是作用在船上同一高度而造成的。横倾角过大,甚至会使船倾覆。我国海船稳性规范中要求计算客船全速回转时的外倾角。

图 2 – 27 中的稳定回转时直径 D 称为船舶的回转直径,一般用以表示船舶回转性的好坏,通常为 4 ~ 7 倍船长。D 小则回转性能好。

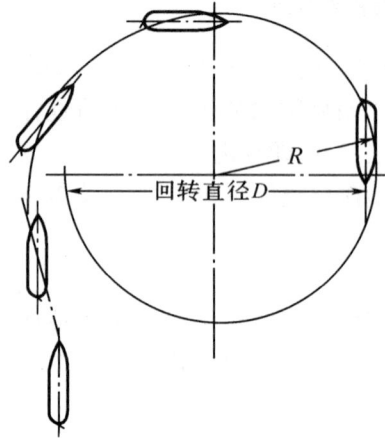

图 2 – 27　船舶的回转

三、转艏性

转艏性是指船舶回转初期对舵的反应能力。转艏性好,则船在驾驶者操舵后能较快地进入新的航向,或者船偏离航向经操舵后能很快回到原来航向上来。转艏性和回转性是有区别的,有的船转艏快,回转直径小,但有的船转艏快,回转直径不一定小。而我们要求船舶既要转艏快,又要回转直径小,这对于在狭小河港内调头及紧急避让都有重要意义。

船舶操纵性中航向稳定性和回转性是互相制约的,所以在船舶设计时,应根据船舶的用途以及航行区域对船舶操纵性的要求而定。对于从事远洋航行而变更航向、靠港、系泊以及起航次数少的船舶,主要是保证船舶具有良好的航向稳定性,以便减少操舵次数,不使航道弯弯曲曲,从而节约燃料。而从事内河航行、短途航行或在狭窄、弯曲、急流和航道中航行的船舶,或在航次中频繁变动航向、靠港、系泊的船舶,则应保证它们具有极其良好的回转性,可减少来往船舶的碰撞机会,增加安全性。船舶操纵性与船的主尺度和船体线型有关,但主要靠舵来保证。

第七节　船舶耐波性

船舶耐波性是指船舶在风浪中遭受由于外力干扰所产生的各种摇荡运动,以及砰击上浪、失速飞车和波浪弯矩等,仍具有足够的稳性和船体结构强度,并能保持一定的航速安全航行的性能。耐波性中船舶的摇荡是主要的,其他现象主要是由摇荡引起的。

一、船舶摇荡的形式

船舶的摇荡主要有下列六种形式(图 2 – 28):

(1)横摇,船舶绕纵轴 GX 的往复摇动;

(2)纵摇,船舶绕横轴 GY 的往复摇动;

(3)艏摇,船舶绕竖轴 GZ 的往复摇动;

(4)垂荡,船舶沿 GZ 轴的上下往复运动;

（5）横荡,船舶沿 GY 轴的左右往复运动;

（6）纵荡,船舶沿 GX 轴的前后往复运动。

在这六种形式运动中,横摇、纵摇和垂荡对船舶航行的影响最大。

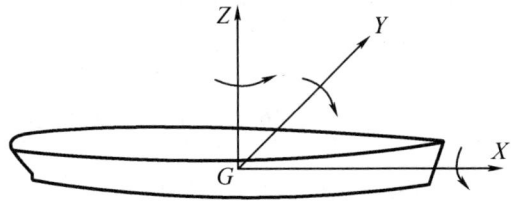

图 2 – 28　船舶的摇荡

二、船舶摇荡引起的不良后果

（1）剧烈的横摇会使船舶横倾过大而丧失稳性,以致倾覆。

（2）使船体结构的负荷增加,造成结构和设备的损坏,并使固定不良或散装货物移动危及船的安全。

（3）由于波浪引起水阻力增加,推进器工作条件变坏,使航行速度降低,从而增加燃料的消耗。

（4）使甲板淹水造成工作困难,影响机器设备的正常运转。

（5）使船上的居住条件变坏,影响船舶工作人员操作和引起旅客呕吐、晕船。

（6）影响军舰上武器的正常使用。

由此可见,船舶的摇荡运动对船舶的航行性能和使用性能均有影响,因此在现代船舶设计中已引起人们的重视。

三、海洋中的风浪形成

船舶产生摇荡主要原因是受风浪作用。风浪是由于受风压力和风与水面摩擦力而产生的水波。它经过长距离的传播以后就会成为涌(或由于当地风力急剧下降,风向改变,或风平息后所形成的波浪)。为了表示风浪的大小,国际上一般将风的速度用蒲福风级来表示,分为 0 ~ 12 共 13 个等级,见表 2 – 3。对于浪的分级,各国差别很大,表 2 – 4 所示为我国国家海洋局浪级表,分为 0 ~ 9 共 10 个等级。表 2 – 4 中 $H_{1/3}$ 称为三一平均波高,即 1/3 最大浪高的平均值,是在海区测量波高所得值按大小依次排列,将最大的 1/3 个波高加以平均所得之值,也称有义波高,是表示风浪大小的一个参数。

表 2 – 3　蒲福风级表

风级	名称	风 速		海 面 征 状	参考浪高/m
		n mile/h	m/s		
0	无风	<1	0.0 ~ 0.2	海面如镜	—
1	软风	1 ~ 3	0.3 ~ 1.5	鱼鳞状涟漪,没有浪花	0.1(0.1)
2	轻风	4 ~ 6	1.6 ~ 3.3	小波,尚短,但波形显著,波峰呈玻璃色,未破碎	0.2(0.3)
3	微风	7 ~ 10	3.4 ~ 5.4	较大的小波,波峰开始破碎,出现玻璃色,浪花间有稀疏白浪	0.6(1.0)

表 2-3（续）

风级	名称	风速 n mile/h	风速 m/s	海面征状	参考浪高/m
4	和风	11~16	5.5~7.9	小浪,波长变化,白浪成群出现	1.0(1.5)
5	清劲风	17~21	3.0~10.7	中浪,具有较显著的长波形状,许多白浪形成(偶有飞沫)	2.0(2.5)
6	强风	22~27	10.8~13.8	大浪开始形成,带有白色浪花的波峰触目皆是(可能有些飞沫)	3.0(4.0)
7	疾风	28~33	13.9~17.1	大浪,碎浪的白色浪花开始沿风向被吹成带状	4.0(5.5)
8	大风	34~40	17.2~20.7	较长的中长浪,浪峰边缘开始破碎成浪花,沿风向形成很显著的带状	5.4(7.5)
9	烈风	41~47	20.8~24.4	狂浪,沿风向出现密集的白浪花带,波峰开始摇动翻浪,飞沫可影响能见度	7.0(10.0)
10	狂风	48~55	24.5~28.4	狂涛,波峰长而翻转,白色浪花大片地被风削去,沿风向形成条条密集的白带,整个海面呈白色,海面翻滚动荡更加猛烈,影响能见度	9.0(12.5)
11	暴风	56~63	28.5~32.6	异常狂涛,沿风向伸展的大片白浪花完全覆盖海面,所及浪峰边缘被吹到空中,影响能见度	11.5(16.0)
12	飓风	>64	>32.6	空中充满了白色的浪花和飞沫,被风驱赶的飞沫使海面完全呈白色,严重影响能见度	14.0

注:括号内是浪高极值。

表 2-4 我国国家海洋局浪级表

浪级	名称	浪高/m
0	无浪	0
1	微浪	<0.1
2	小浪	$0.1 < H_{1/3} < 0.5$
3	轻浪	$0.5 < H_{1/3} < 1.25$
4	中浪	$1.25 < H_{1/3} < 2.5$
5	大浪	$2.5 < H_{1/3} < 4.5$
6	巨浪	$4.0 < H_{1/3} < 6.5$
7	狂浪	$6.0 < H_{1/3} < 9.0$
8	狂涛	$9.0 < H_{1/3} < 14.0$
9	怒涛	$H_{1/3} \geqslant 14.0$

四、摇荡幅值和摇荡周期

表征船舶摇荡程度的主要参数是摇荡幅值和摇荡周期。摇荡幅值是每个摇荡循环的最大摇荡角或位移,见图 2 - 29。摇荡周期是每一摇荡循环所经过的时间间隔。

摇荡分为自由摇荡和强制摇荡。自由摇荡是船舶在静水中,当产生初始摇荡的外力消失后,由于惯性作用而产生的摇荡。开始时,摇荡的幅值等于外力作用时的摇荡角,以后由于水的阻尼作用,摇荡幅值逐渐减小,最后消失。自由摇荡的周期在整个摇荡过程中不变,取决于船舶的质量分布和船体的形状,与外力无关,所以称为船舶固有摇荡周期。

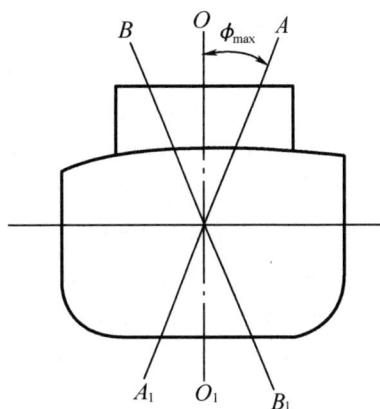

图 2 - 29 船的横摇角

由于船舶在风浪中航行时,横摇最易发生,故以横摇为例。船舶的横摇固有周期可用近似公式计算,即

$$T_\phi = 0.58 \sqrt{\frac{B^2 + 4Z_g^2}{\overline{GM}}}$$

式中　T_ϕ——横摇固有周期,s;

　　　B——船宽,m;

　　　Z_g——船的重心垂向坐标,m;

　　　$\overline{GM}$——初稳心高度,m。

由上式可以看出,横摇固有周期与船的初稳心高度有关,$\overline{GM}$值小则横摇周期大,横摇较缓和;反之横摇则剧烈。因此,船舶的固有摇荡周期,特别是横摇固有周期是评论船舶耐波性的一个重要因素。然而,$\overline{GM}$值小船舶稳性则不好,所以耐波性与稳性之间存在一定的矛盾。在船舶设计时,应根据船舶的用途和航区的情况,兼顾稳性和摇荡。全面考虑问题,使船舶具有足够的稳性,又能使船在航行时避免剧烈的摇荡。通常是在满足船舶稳性要求后,尽可能增大横摇固有的周期。

强制摇荡是由于周期性的外力(如风浪)作用到船舶使其产生的摇荡。强制摇荡周期等于外力的周期,而其幅值大小取决于外力大小、阻尼、外力周期与固有周期之比。当外力周期与固有周期相等时,则摇荡幅值达到最大值,从而导致严重后果,这种现象称为谐摇或共振。

五、耐波性的改善

为了改善船舶的耐波性,首先应注意选择适宜的主尺度和注意船体内载荷的分布,以便在不影响其他性能的条件下,尽可能增大横摇固有周期。在船舶设计时,要使船的固有周期避开其航行海区的风浪周期,如我国北方海域的风浪,波长约60 m,波浪周期约6 s,那么船舶的固有周期就要大于6 s,最好大于8.1 s(大于波浪周期的 1.3 倍),所以一般货船的横摇固有周期为 7 ~ 12 s,大型客船 10 ~ 15 s,护卫舰 6 ~ 8 s,小船 3 ~ 5 s。其次要注意船型的设计,使其对运动的阻力以及甲板上浪、船底砰击产生有利的影响。此外,还采用一些减速摇装置来减小摇荡幅度。常用的装置有下列几种。

（一）舭龙骨

这是一种最简单有效的减摇装置。它装在船中两舷舭部外侧，是与舭部外板垂直的长条形板材结构。舭龙骨长度约为船长的 20% ~ 60%，宽度约为船宽的 3% ~ 5%。当船舶横摇时，舭龙骨将产生同横摇相反的阻力，形成减摇力矩，从而减小船的横摇幅值，如图 2 - 30 所示。舭龙骨结构简单、造价低、效能高，且不需要经常维修，损坏后易更换，因此在船舶上得到广泛的应用。

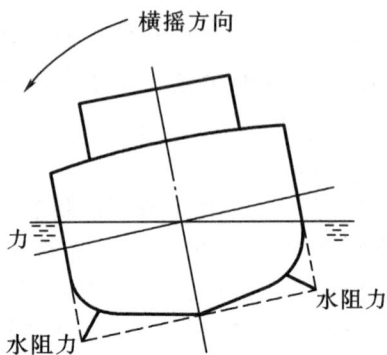

图 2 - 30　舭龙骨减摇

（二）减摇水舱

减摇水舱分为主动式和被动式两种。它是设在船体内部左右舷连通的 U 形或槽形水舱，两边水舱中的水保持水平，在水舱上面有空气管相通，空气管中设置调节阀。调节阀的作用是当船倾侧到一边时，防止水流得太快，要让水慢慢流动，使它在船舶开始反向摇摆时，正好灌满倾侧边的水舱。因此，减摇水舱的减摇原理是当船舶侧倾时，使水舱内的水柱振荡滞后于波浪振荡 180° 相位角，水舱内水柱所造成减摇力矩与波浪的倾侧力矩方向总是相反的，如图 2 - 31 所示，这就对船舶的继续摇荡起到了阻止和减小的作用。减摇效果与水舱形状、水量、位置有关。缺点是占用船舶较大的容积，并增大了排水量。

（三）减摇鳍

它是减摇效果最好的减摇装置，装在船中两舷舭部，剖面为机翼形，又称侧舵。使用时可通过船内的操纵机构将它转动，以调整角度，使水流在鳍上产生作用力，从而形成减摇力矩，减小摇摆幅值，如图 2 - 32 所示。这种设备的减摇效果取决于航速，航速越高，效果越好。减摇鳍不用时可收入船内。该设备结构复杂，造价高，故多用于高速船上，中、低速船不用。

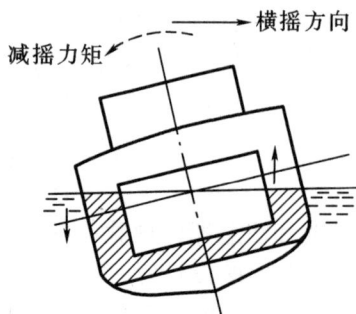

图 2 - 31　减摇水舱减摇

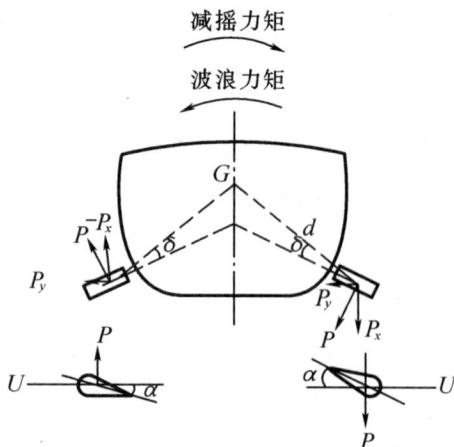

图 2 - 32　减摇鳍减摇

第三章　船体基本结构

第一节　全船构造概述

一、概述

船舶好比是一座水上浮动的城市,而船舶实现其功能的前提是要有安全作为保证。在诸多安全因素里面,结构安全性是最为重要的。从以往的海损事故来看,许多案例都是结构上出的问题,也正因为如此,各国海事部门都相继出台了关于船舶结构安全的规范。

船体结构的形式随船舶类型的不同而不同,就钢质船舶而言,全船结构可以分为主船体和上层建筑两大部分。主船体部分包括艏部、舯部和艉部;上层建筑部分包括艏楼、桥楼、艉楼以及各种围壁建筑。

二、船体钢材

船舶在风浪中航行受到各种各样的外力作用,单纯依靠增加钢板的厚度和钢材的尺寸来取得良好的安全效果往往是不可取的,因为这样不仅增加了船舶的自重,降低有效的载货量,同时从实际效果来看,单纯增加构件和钢板的厚度,对增加船舶的结构强度也收效甚微。

在实际的船舶中,钢材往往被加工成各种形状,制成各种型钢,这样就大大增加了结构的强度、刚性和稳定性,以相对较小的尺寸获得较大的结构强度,既有效地减少了钢材的用量,节约了建造成本,同时也降低了船舶的自重,提高了载货量。常用的船用型钢如图 3 - 1 所示。

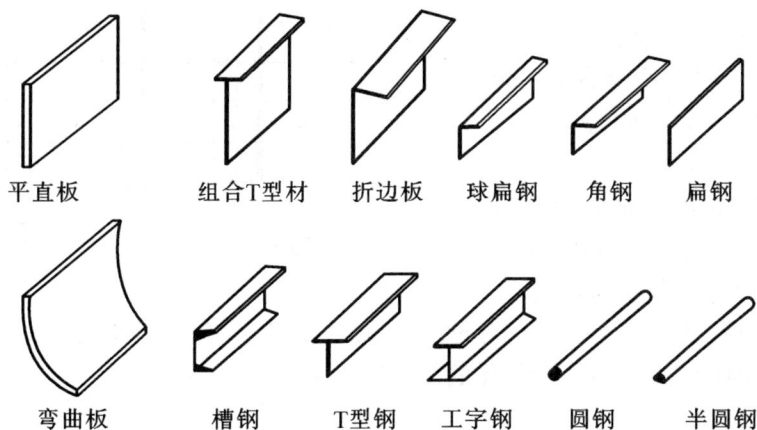

| 平直板 | 组合T型材 | 折边板 | 球扁钢 | 角钢 | 扁钢 |

| 弯曲板 | 槽钢 | T型钢 | 工字钢 | 圆钢 | 半圆钢 |

图 3 - 1　船用型钢

在船用型钢中,有些型钢可以由钢材生产厂家直接轧制,如球扁钢、槽钢、圆钢等,这样可以提高船厂的生产效率。而有些型钢则要由船厂根据需要自行组合制造,像一些形状相对比较复杂的组合型材、尺寸比较独特的异型材料等,如 T 型材、折边板等。

三、船体骨架形式

(一)船体骨架

为提高船舶的结构强度,同时尽可能地减少钢材用量,由型钢组成的船舶骨架总是构成一定的形状,让这些型钢联合起来,在一定程度上形成一个整体,以获得较好的承力效果。

船体是由钢板包裹,内部由骨架支撑的刚性空腔,巨大的空腔可以排开大量的水,获得巨大的浮力。空腔内部的空间又为货物的装载提供了必要的空间。

(二)板架结构

由钢板和骨架构成的结构称为板架结构(图3-2),再由各种相应的板架组成整个船体。

船体板架中,骨材一般沿着船长和船宽方向布置,形成纵横交错的方格。沿某一方向布置数量多的一组骨材,在结构术语中称为主向梁,而与之垂直的另一个方向上的骨材成为交叉构件。一般情况下,交叉构件的尺寸都要比主向梁的尺寸大,所以也称主向梁为次要构件,交叉构件为主要构件。

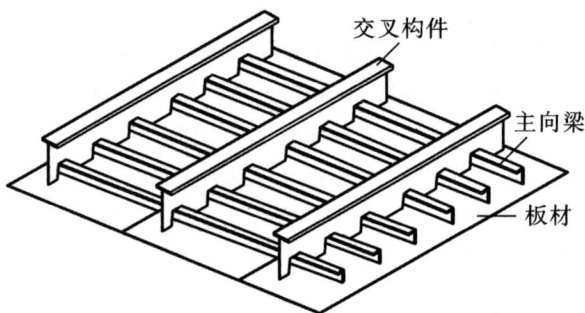

图3-2 板架结构

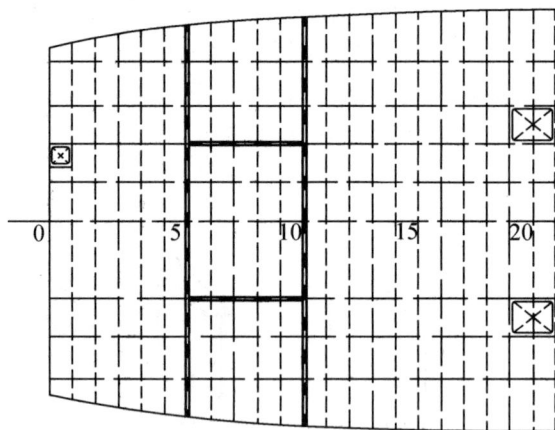

图3-3 横骨架式板架结构

(三)板架结构的形式

船体的板架结构,按主向梁布置的方向一般可以分成三种形式。

1. 横骨架式

主向梁沿船宽方向布置,由主向梁和交叉构件所形成的方格的短边指向两舷,如图3-3所示。这种骨架形式横向骨架密集,具有较好的横向强度,并且施工方便,一般应用于对横向强度要求较高的小型船舶、内河船舶和一些大型船舶的艏艉段。

2. 纵骨架式

主向梁沿船长方向布置,由主向梁和交叉构件所形成的方格的短边指向艏艉。这种骨架形式纵向骨架密集,具有较好的纵向强度,一般应用于对总纵强度要求较高的大型船舶。目前许多内河船舶也采用这种骨架形式。一般在船舶的中部采用图3-4所示的纵骨架式。

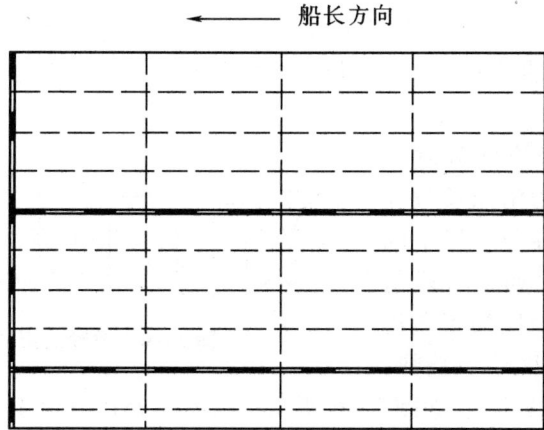

图 3 - 4   纵骨架式板架结构

3.混合骨架式

船上的结构部分采用横骨架式,部分采用纵骨架式。这个骨架形式根据需要设置主向梁,综合了上述两种骨架形式的优点,一般在一些大型的干货船中使用。

第二节   船体强度概述

船体强度是指船体结构抵抗各种外力的能力。研究船体强度,就是要保证所设计船舶在经常遇到或可能遇到的各种外力作用下,能够满足设计要求的总强度和局部强度,并使船舶有较经济的结构重力和较好的施工性。

理论上把船体视作一空心的箱形梁,它所受到的力包括总纵弯曲力、横向力和局部力三大部分,所对应的船舶强度也就包括总纵强度、横向强度和局部强度。

一、总纵强度

船体结构抵抗总纵弯曲,不使其整体遭受破坏或严重变形的能力称为总纵强度。

当船舶处在静水中时,总体上看,重力和浮力大小相等,方向相反,作用在同一条直线上,形成一对平衡力,所以船舶可以保持静止,如图 3 - 5 所示。

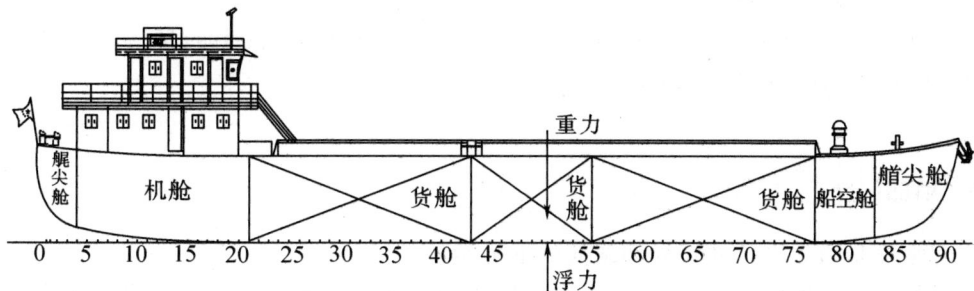

图 3 - 5   船舶的受力

但是船体的重力沿船长方向并不是均匀分布，同时船舶形状是两端尖瘦，舯部肥大，在同样的长度上，两端排开水的体积小于舯部排开水的体积，这样就导致在同样的长度上，两端的浮力小于中间部分的浮力。由于沿着船长的方向重力与浮力分布不均匀，导致总纵弯曲力的产生。

假设将船体沿船长方向分割成若干段，由于重力和浮力沿船长方向分布不一致，所以作用在每一段上的重力和浮力并不相等。如果将段与段之间的约束解除，每一段为了获得平衡，必然会产生上下移动的趋势，

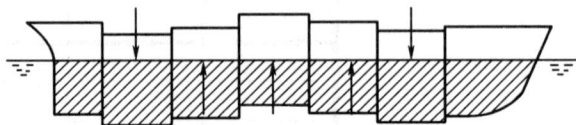

图3-6　解除约束的船舶受力

这样就产生了船舶的总纵弯曲，如图3-6所示。当船舶处在波浪中时，其受到的总纵弯曲会更大。当波峰处在船中时，会加大中拱弯曲；当波谷在船中时，会加大中垂弯曲；如果波浪的波长等于船长，则上述情况会更加剧烈，这也是船舶在航行中最危险的情况之一，如图3-7、图3-8所示。

分析船舶的总纵弯曲，把船体视作一空心梁，则舯部所受到的弯矩较大，两端所受到的弯矩较小，所以这种情况下，船舶中部是最危险的区域之一。

二、横向强度

横向强度是指横向构件抵抗横向载荷的能力。

船舶处在水中，除了受到总纵弯曲力的作用外，其横向也受到水的压力和波浪的冲击力。随着水深的增加，水对船舶的压力也逐渐增大，所以船舶下部的横行强度要求更高些，如图3-9所示。

船舶在停靠码头或与其他船舶靠近时，经常会发生碰撞，为了保证船舶的结构安全，船舶的水线以上的舷侧部分的结构强度也有较高的要求。

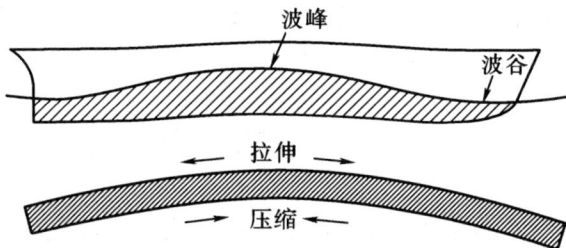

图3-7　中拱弯曲

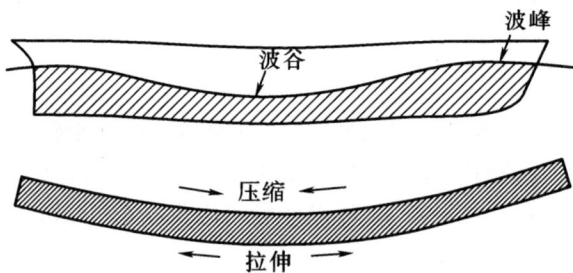

图3-8　中垂弯曲

三、局部强度

局部强度是指个别构件对局部载荷的抵抗能力。

船舶的总体强度固然重要，但是个别构件的局部强度也不容忽视。有些时候恰恰是因为个别构件遭受破坏，致使船舶的强度或稳性不堪重负，从而铸成大错。如船舶的锚穴处、系缆桩与甲板的连接处等，这些位置有强大的外力或应力，为了保证此处的强度，一般都要

对其进行局部强度的加强,如图 3-10 所示。

在进行船舶设计和建造时,除了要求船舶满足各种总强度外,还要对一些比较重要的局部构件进行局部强度的校核。

四、船舶刚度

除了强度外,船体上的板和骨架还应保证有一定的刚度。在船舶受到压力时不会丧失稳性,不至于产生褶皱。一旦船舶的外板或结构产生褶皱或失稳,会导致船舶变形,使船舶的结构发生变化,从而导致船舶强度遭到破坏。

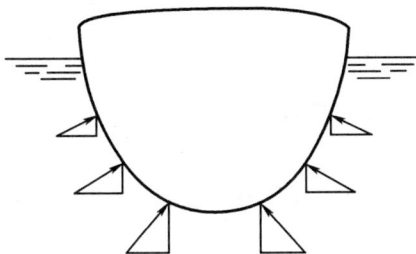

图 3-9　船舶的横向水压力

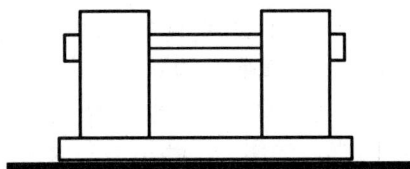

图 3-10　系缆桩处的局部加强

第三节　主船体结构

主船体是由船舶外板和连续的上甲板包围起来的水密空心结构。在船舶结构力学中,一般把主船体抽象成一个空心的薄壁梁。

一、船体外板

为了保证船舶能够在水上漂浮,船体的表面覆有一层水密的外板。外板保证船体水密,使船舶具有漂浮及运载能力,它与船底骨架及舷侧骨架一起共同保证船体的强度和刚度。

船体外板由许多块钢板拼合焊接而成。钢板长边通常沿船长方向布置,形成船长方向的一长列,称为列板。各列板根据其所处的位置不同而有不同的名称:在船底中心线处的一列板称为 K 列板;由船底向舷侧过渡的各列板依次记作 A 列板、B 列板、C 列板……到了舷侧顶部最上面的一列板称为 S 列板,如图 3-11 所示。

这些列板在船舶建造中还有专门的术语:K 行板称为平板龙骨;由船底向舷侧过渡的部位称为舭部,与之相对应的一列板称为舭列板;平板龙

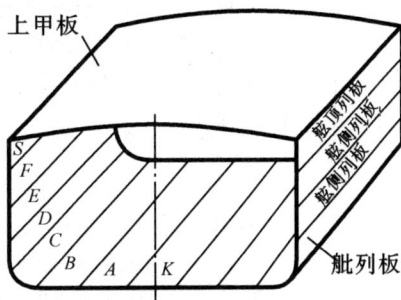

图 3-11　列板

骨与舭列板之间的列板统称为船底板;船体舷侧部分在上甲板以下的那一列板称为舷顶列板(S 行板);舭列板以上,舷顶列板以下的各列板统称为舷侧列板,如图 3-11 所示。

二、船底结构

船舶的外板能够保证船舶的水密性，但是为了保证船舶的结构强度，只有外板还是远远不够的，还需要内部强有力的骨架。

船底是船舶的基础，它是保证船体总强度的重要组成部分。在结构力学中将船体视为一空心薄壁梁，船底是这一薄壁梁的底面，承受了巨大的弯矩。同时，船底直接承受水的压力、各种机械设备、货物、主辅机的重力，以及螺旋桨的振动和装卸货物的冲击力。当船舶搁浅或坐墩时，船底承受了全船的重力。

船底结构可以分为单底结构和双层底结构。按其骨架形式又可以分为横骨架式和纵骨架式。

（一）单底结构

单底结构按照骨架形式有横骨架式单层底和纵骨架式单层底两种。

1. 横骨架式单底结构

这种单底结构主要由肋板、中内龙骨和旁内龙骨组成。其结构形式简单，施工方便，主要适用于拖船、渔船和一些小型的内河船舶。

（1）横骨架式单底的主要构件

①肋板

横骨架式单底结构每挡肋位都设置肋板，肋板一般采用折边板，也有的采用 T 型材，肋板的主要作用是承担船舶的横向强度，见图 3 – 12 中的 14。肋板在中线面处间断并与中内龙骨（图 3 – 12 中的 6）焊接。

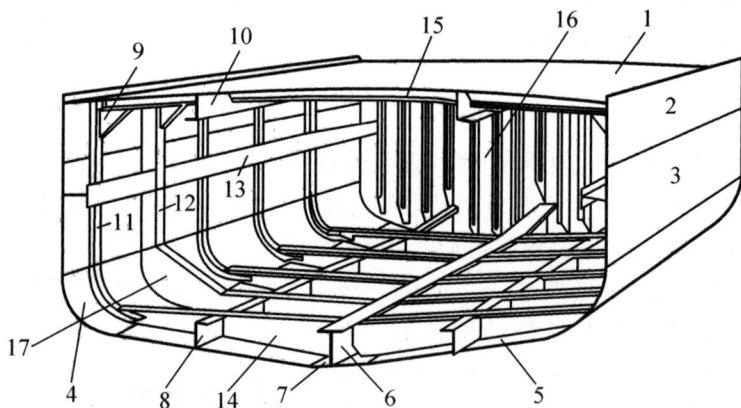

图 3 – 12　横骨架式单层底

1—甲板板；2—舷顶列板；3—舷侧外板；4—舭列板；5—船底板；6—中内龙骨；
7—平板龙骨；8—旁内龙骨；9—肘板；10—甲板纵桁；11—普通肋骨；
12—强肋骨；13—舷侧纵桁；14—肋板；15—甲板横梁；16—横舱壁板；17—舭肘板

②中内龙骨

位于船舶的中线面，并焊接在平板龙骨上，一般是用钢板焊接组合成的 T 形钢材。它一般与肋板高度相同，是一个纵向连续构件，除艏艉端外不准有开孔，见图 3 – 12 中的 6。中内龙骨的作用是承担总纵弯曲、船底局部强度及建造和维修时墩木的反作用力等。

③旁内龙骨

位于中内龙骨的两侧对称布置的纵向构件,见图 3 - 12 中的 8。根据船宽的不同,每侧可以设置一道或若干道,高度一般与肋板相同,并焊接在肋板上,其作用是承担总纵弯曲强度,以及船底的局部强度。

④舭肘板

为了保证船舶的横行强度,船舶的横向骨架要保证连续性,舭侧的肋骨与船底的肋板要很好地连接在一起,这里一般设置舭肘板,见图 3 - 12 中的 17。它用来连接肋骨下端和肋板,以加强此处的连接强度。

目前,许多内河小型船舶为了降低工艺难度,往往不使用舭肘板,而是直接将肋骨与肋板搭接,肋骨在舭部弯制成舭圆弧形状,如图 3 - 13 所示。

(2)构件之间的连接特点

①中内龙骨

横骨架式单层底结构纵向构件比较少,为了保证船舶的总纵强度,中内龙骨采用纵向连续的强构件,一

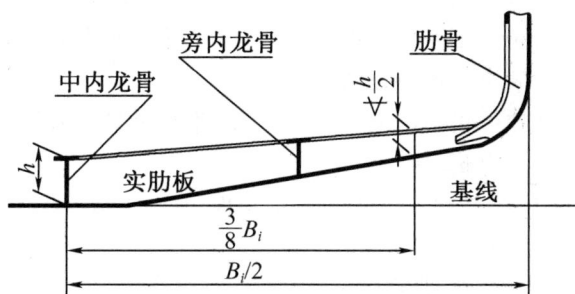

图 3 - 13 不设舭肘板的肋骨与肋板的连接

般都是尺寸较大的 T 型材,它沿船长方向不允许间断,除非遇到横舱壁。为了保证纵向强度中内龙骨在横舱壁处需进行特殊处理,一般采用如下三种方式:

a. 将中内龙骨腹板在一个肋距内逐渐升高至原高度的 1.5 倍,中内龙骨的面板应延伸至舱壁并与舱壁焊接,见图 3 - 14(a)。

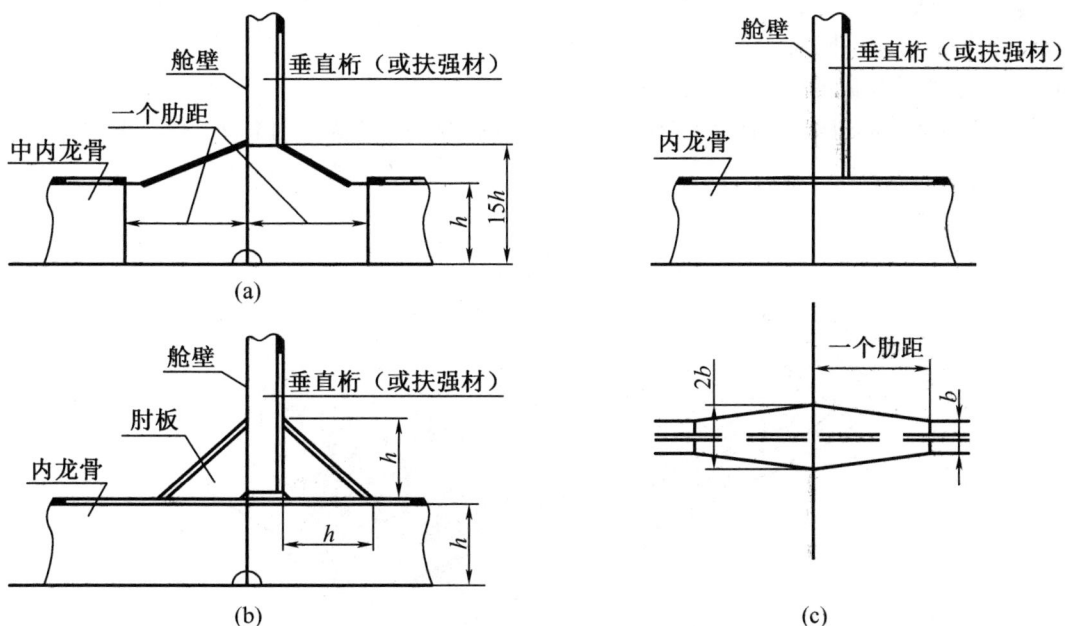

图 3 - 14 中内龙骨在横舱壁处的处理

b.用有面板或折边的肘板与舱壁或垂直桁(或扶强材)连接,肘板的直角边长应等于中内龙骨的高度,肘板的厚度及面板(或折边)尺寸与中内龙骨相同,见图3-14(b)。

c.将中内龙骨面板的宽度在一个肋距内逐渐放宽,至舱壁处为原宽度的2倍,并与舱壁焊接,见图3-14(c)。

②旁内龙骨

盘内龙骨也是纵向强构件,尺寸相对中内龙骨要小,一般采用T型材或折边板。旁内龙骨沿船长方向不是连续的,当与肋板、横舱壁相遇时,旁内龙骨间断。

③肋板

横骨架式单底结构在每个肋位上都设置肋板,一般采用折边板,有的也采用T型材。与中内龙骨相遇时肋板间断,与旁内龙骨相遇时肋板通过,旁内龙骨间断。

2.纵骨架式单底结构

这种单底结构主要由内龙骨、船底纵骨、肋板组成。其结构形式纵向强度好,主要用于一些小型舰艇。

(1)纵骨架式单底的主要构件

①中内龙骨

它是位于船舶中心线上的一个纵向构件,沿纵向可以间断也可以连续,一般采用T型材或折边板,见图3-15中的2。它的主要作用是承担总纵弯曲、船底局部强度及建造和维修时墩木的反作用力等。

②旁内龙骨

位于单底的中内龙骨两侧对称分布,根据船宽的不同可以设置若干道,沿纵向可以间断也可以连续,一

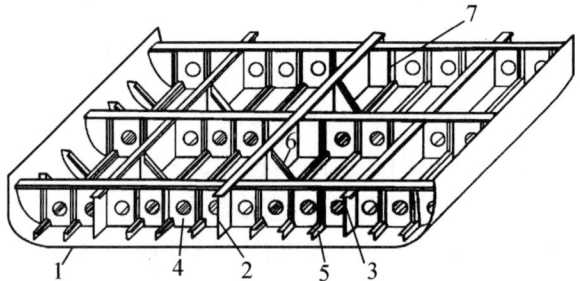

图3-15 纵骨架式单层底

1—船底板;2—中内龙骨;3—旁内龙骨;4—肋板;
5—船底纵骨;6—防倾肘板;7—加强筋

般采用T型材或折边板,见图3-16中的3。它的主要作用是承担总纵弯曲、船底局部强度等。

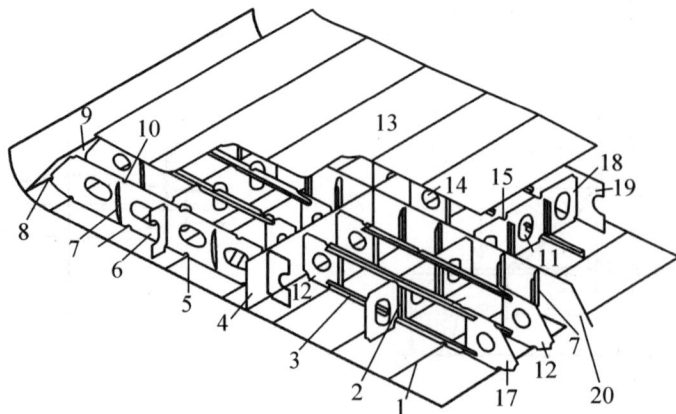

图3-16 横骨架式双层底

③船底纵骨

纵骨架式单底船舶在底部设置大量船底纵骨,这些纵骨尺寸一般都比较小,多采用角钢或折边板,见图3－15中的5。它的主要作用是承担船舶的总纵强度。

④肋板

与横骨架式单底结构不同,纵骨架式单底结构每隔几挡肋位才设置一道肋板,由于横向的肋板数量较少,其尺寸一般都比较大,往往采用腹板较高的T型材,见图3－15中的5。它的主要作用是承担船舶的横向强度和局部强度,并作为纵向构件的支点。

⑤防倾肘板

由于纵骨架式单层底每隔几挡肋位才设置一道肋板,为了保证内龙骨的稳性,在两个肋板之间往往设置防倾肘板,见图3－15中的6。它的主要作用是作为内龙骨的支点,保证内龙骨的稳性。

(2)构件之间的连接特点

①中内龙骨

对于一些对总纵强度要求较高的船舶,其中内龙骨一般保持连续,与肋板相遇时肋板间断。对于总纵强度要求不太高而对横向强度有较高要求的船舶,其中内龙骨与肋板相遇时,一般保持肋板连续而中内龙骨间断。

②旁内龙骨

一般与中内龙骨相同。

③船底纵骨

船底纵骨沿船长方向一般保持连续。与肋板等相遇时,在肋板上开孔让其穿过。

④肋板

每隔几挡肋位设一道肋板,这些肋板负责船舶的横向强度,所以其尺寸一般都比较大,高度可以与内龙骨高度相同,也可以不同,一般其腹板高度大于内龙骨的腹板高度。

(3)纵骨架式单底与横骨架式单底的主要区别

①横骨架式单底在每个肋位上都设置肋板,而纵骨架式单底每隔几挡肋位才设置一道肋板,且尺寸较大。

②纵骨架式单底设置大量船底纵骨,而横骨架式单底只设置少数几道内龙骨,且尺寸较大。

③相同尺度条件下纵骨架式单底的船底板比横骨架单底的船底板可以适当薄一些。

(二)双层底结构

1. 横骨架式双层底结构

双层底结构是指由船底板、内底板、内底边板、舭列板及其骨架组成的底部结构。

(1)横骨架式双层底的主要构件

①底纵桁

它是在双层底内沿着船长方向布置的与双层底等高的纵向大型构件,见图3－16中的4。一般采用较厚的钢板制成,上下两边分别与船舶的内、外底板焊接。其作用是承担总纵弯曲强度、局部强度及修造时墩木的反作用力。按照底纵桁所处的位置不同可以分为以下几种类型。

a. 中底桁

位于船舶中线面处的底纵桁,它是一个沿着船长方向连续的构件,见图3－16中的4。它与平板龙骨、中内底板组成工字形纵向强力构件,一般要求在船中0.75L范围内不准开任何孔。尽量向艏艉延伸并应在舯部 0.75L 区域内保持连续。

b. 旁底桁

位于中底桁两侧对称布置的底纵桁,根据船宽的不同,每侧布置若干道。它不是一个纵向连续构件,在肋板处间断,并焊接在肋板上,可以开设人孔、减轻孔、流水孔、通气孔等,见图 3 - 16 中的 2。

c. 箱形中底桁

位于双层底中线面两侧,一般间距 2 m 左右,对称设置两道水密的底纵桁和内底板,使其与船底板及相应的骨架一起构成一个水密的箱形结构。箱形中底桁可以提供较大的总纵强度,同时箱体内部还可以作为油舱、压载水舱或管路、电路的通道。

②肋板

布置在双层底内每个肋位上的横向构件,其作用是承担横向强度。按其结构的不同可以分为以下几种。

a. 主肋板

也称实肋板,它与双层底等高,间断于中底桁,并焊接在中底桁上。主肋板上开有人孔、减轻孔、流水孔、通气孔、通焊孔等,见图 3 - 16 中的 19。有些内河船舶为了降低工艺难度,不开人孔、减轻孔等。根据结构强度的需要,以往船舶货舱区内每隔 2 ~ 4 挡肋位设置一道主肋板,目前大部分船舶在每个肋位上都设置主肋板。主肋板一般采用钢板制成,其作用是保证船舶的横向强度。

b. 水密肋板和油密肋板

在规定的压力下能保证不透水的肋板称为水密肋板;在规定的压力下能保证不透油的肋板称为油密肋板。在双层底中设置水密肋板和油密肋板是用来分割不同的舱室,如不同的压载水舱、油舱等。水密肋板上不仅不允许开任何的孔,还要求焊缝达到要求,在规定的压力下不能透水;油密的肋板则要求更高。见图 3 - 16 中的 19。

c. 框架肋板

为了减轻船重,节约原材料,由内底横骨、船底肋骨及连接肘板等组成框架式结构肋板。每隔一道实肋板设置 2 ~ 4 道框架肋板,这样在基本不损失结构情况的强度下,一定程度地减轻了船舶的结构质量。但是,这种肋板需要焊接,工艺复杂,减轻的质量也不大,目前已很少采用,而是全部采用主肋板,如图 3 - 17 所示。

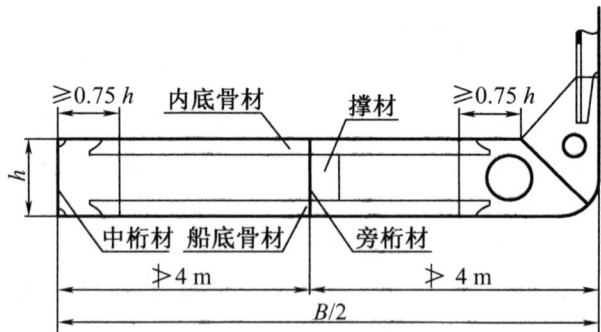

图 3 - 17 框架肋板

(2) 构件之间的连接特点

横骨架式双层底中,中底桁一般都要保持纵向连续性。当遇到肋板时,中底桁保持连续,肋板间断,并焊接在中底桁上。当中底桁遇到横舱壁时,中底桁间断,并采取必要的加强措施焊接在横舱壁上。旁底桁遇到实肋板和水密肋板时,旁底桁间断,并采用必要的加强措施焊接在一起。

2. 纵骨架式双层底结构

一些大型船舶由于船长较长,在航行过程中受到的总纵弯矩很大,为了提高船舶抵抗总纵弯曲的能力,这种船舶往往采用纵向骨架密集的船底结构。

(1)纵骨架式双层底的主要构件

①中底桁

位于船舶中线面处的中纵桁,它是一个沿着船长方向连续的构件,其作用是承担总纵弯曲强度、局部强度及修造时墩木的反作用力,见图3-18中的10。

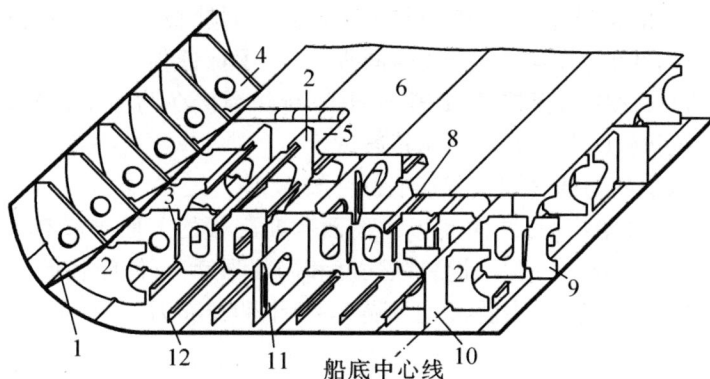

图3-18　纵骨架式双层底

②旁底桁

位于中底桁两侧对称布置的底纵桁,根据船宽的不同,每侧布置若干道,其上下两边分别与船舶的内底板、船底板焊接在一起。它不是一个纵向连续构件,在肋板处间断,并焊接在肋板上。它和中底桁一起承担船舶的总纵强度和一些局部强度,见图3-18中的11。

③船底纵骨

纵骨架双层底结构在双层底内纵向布置的构件较密,而横向布置的构件较稀。在船底板上各列底纵桁之间还密集布置着一些尺寸相对较小的骨材,称为船底纵骨。船底纵骨一般采用角钢制成,在双层底范围内一般保持连续。与肋板等横向构件相遇时,在肋板上开孔让船底纵骨通过。当横向构件要求水密时,在开孔两侧焊接补板进行水密处理,见图3-18中的12。

④内底纵骨

在内底板下面除了有底纵桁等大型构件外,在各列底纵桁之间还布置一些纵向骨材,称为内底纵骨。内底纵骨和船底纵骨对应,在同一个平面内,一般也是采用角钢制成,其连接形式与船底纵骨相同,见图3-18中的8。

⑤肋板

纵骨架式双层底结构不是每个肋位上都有肋板,而是每隔3~4挡肋位设置一道肋板,见图3-18中的9。

⑥肘板

纵骨架式双层底的舷部无实肋板的肋位上应设置与实肋板厚度相同的肘板,并延伸与邻近的船底纵骨和内底纵骨(图3-18中的2),如图3-19所示。

图 3 - 19　舭部无实肋板的肋位的肘板

（2）构件之间的连接特点

一般保持中底桁的全船连续性，肋板与中底桁相遇时肋板间断，并焊接在中底桁上；纵骨架式双层底横向构件少，承担了主要的横向强度，为了保证强度，要尽可能保持连续。当肋板与旁底桁相遇时，保持肋板连续，让旁底桁间断并焊接在肋板上；当船底纵骨、内底纵骨与肋板相遇时，在肋板的上下面开孔让其通过。

（3）纵骨架式双层底与横骨架式双层底的主要区别

①纵骨架式双层底结构中，在内底板的下面和船底板的上面布置有大量的纵骨，这些纵骨与船底纵桁、内外底板等一起承担总纵强度和局部强度，可使船底板减薄。

②纵骨架式双层底结构中，主肋板是每隔 3~4 个肋位布置一道，而在主肋板之间不设框架肋板。

三、舷侧结构

舷侧结构是连接船底和甲板的侧壁，它直接受到舷外水压力、碰撞力、波浪冲击力、冰块的冲击力和挤压力等作用。

一般船舶的舷侧只有一层外板，即单层壳舷侧，但具有纵通长大舱口的船舶，例如集装箱船和内河分节驳、深舱驳等，常采用双层壳结构，也称双层舷侧结构。舷侧结构也分为纵骨架式和横骨架式两种结构形式。

（一）横骨架式舷侧结构

一般船舶的舷侧只有一层外板，即单层壳舷侧，但具有纵通长大舱口的船舶，例如集装箱船和内河分节驳、深舱驳等，常采用双层壳结构，也称双层舷侧结构。

1. 单层舷侧结构

（1）单一肋骨形式

为了避免高腹板的舷侧构件占去过多的舱容，在货舱区域的舷侧全部采用尺寸相同的肋骨，这种肋骨称为主肋骨，如图 3 - 20 所示。

（2）由强肋骨、舷侧纵桁与主肋骨组成的形式

除了设置主肋骨外，还每隔若干挡肋距加装强肋骨，并设置舷侧纵桁。这种结构主要用于舷侧需要加强的部位，如图 3 - 21 所示。

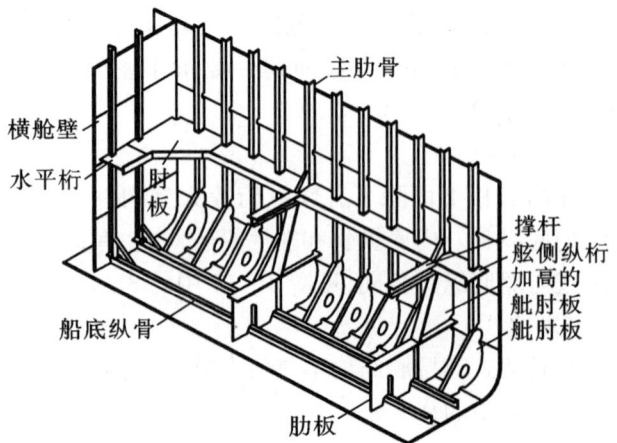

图 3 - 20　横骨架式舷侧结构

2. 双层舷侧结构

当货舱口宽度相当大时,为了增加抗扭强度,并有力地支撑肋骨,有些船采用了双层壳的舷侧结构,如集装箱船舶、内河深舱驳船等,如图 3-22 所示。

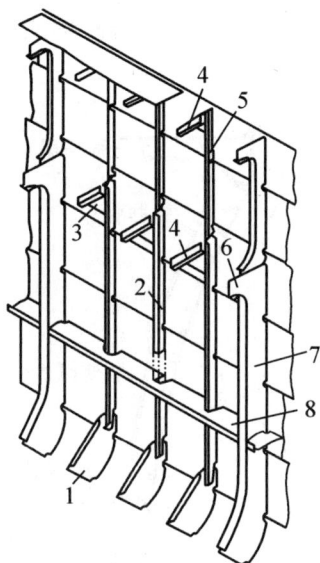

图 3-21　单一肋骨制舷侧结构

1—舭肘板;2—主肋骨;3—梁肘板;
4—横梁;5—甲板间肋骨;6—强横梁;
7—强肋骨;8—舷侧纵桁

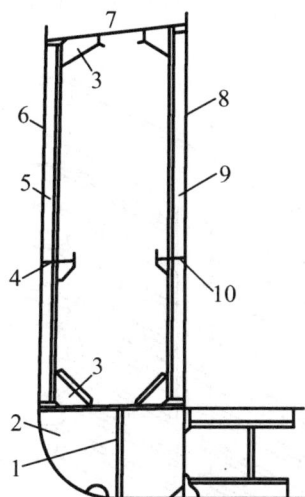

图 3-22　双层舷侧结构

1—加强筋;2—肋板;3—肘板;4—舷侧纵桁;
5—主肋骨;6—舷侧外板;7—甲板;8—纵舱壁;
9—扶强材;10—水平桁

在民用船舶中,除油船及大型运输船舶外,大多采用横骨架式。

(二)纵骨架式舷侧结构

此结构常用于舰艇或某些油船及大型货船。舷侧采用与甲板和底板相同的纵骨架式,其优点是全船骨架形式一致,在总纵强度和外板稳定性方面比横骨架式有利,但施工较困难,尤其在艏、艉线型变化较大的部位。纵骨架式舷侧有两种结构形式。

1. 由纵骨与强肋骨组成的形式

这种结构只有舷侧纵骨,而没有舷侧纵桁,沿着纵向布置较多的纵向骨材,每隔若干挡肋位布置一道强肋骨。从连接形式上看,它是在强肋骨的腹板底部开孔让舷侧纵骨穿过。这种形式主要用于中小型舰艇,如图 3-23 所示。

2. 由纵骨、舷侧纵桁和强肋骨组成的形式

这种结构比上述结构多设若干道舷侧纵桁,在机舱区域的舷侧较为多见。

纵骨架式舷侧结构的横向强度由强肋骨保证,

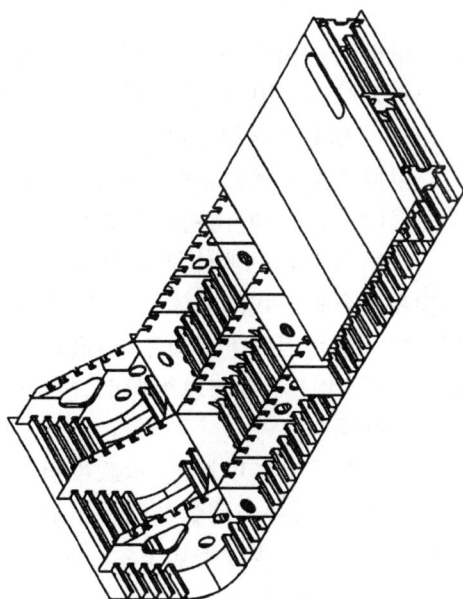

图 3-23　内河深舱驳舷侧结构

强肋骨还作为纵骨的支点,从而减小纵骨的剖面尺寸。舷侧纵骨是纵向连续构件,通常采用角钢或折边板。它除参与总纵弯曲和保证外板稳定性外,还要承受水压力,故沿舷部的不同高度其尺寸并不相同,例如船底附近的舷侧纵骨对总纵强度的作用较大,而且承受的横向载荷较大,所以纵骨的尺寸也较大。

舷侧纵桁联系横向肋骨,分担了一部分舷侧载荷,和强肋骨相互支撑,形成舷侧板架。其尺度通常和强肋骨相同,并间断于强肋骨,如图 3 - 24 所示。

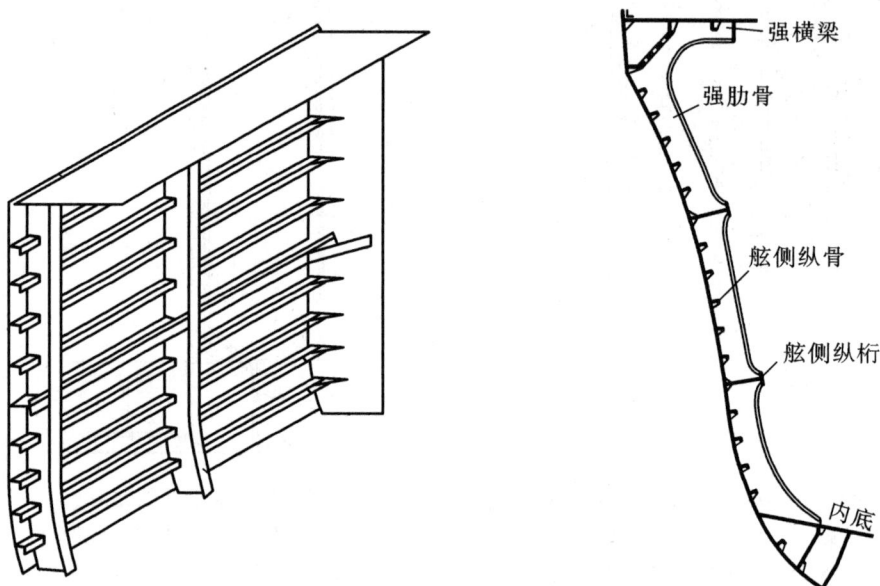

图 3 - 24　由舷侧纵骨、舷侧纵桁和强肋骨组成的舷侧结构

四、甲板结构

甲板结构由甲板板和甲板骨架组成,甲板板在前面已作了详细介绍,这里着重介绍甲板的骨架结构。甲板结构也分为横骨架式和纵骨架式两种。

（一）横骨架式甲板结构

甲板骨架中横向布置的构件较密,而纵向布置的构件较少。这种甲板结构施工简单,横向强度较好,一些内河船舶和小型船舶采用这种甲板形式。

在横骨架式的船体结构中,各层甲板均采用横骨架式甲板结构;而在纵骨架式的船体结构和混合骨架式的船体结构中,除了强力甲板以外的各层下甲板,也均采用横骨架式甲板结构。这是因为下甲板距中轴较近,承担总纵弯曲强度较小的缘故。强力甲板的舱口之间的甲板,由于不参与总纵弯曲,故也采用横骨架式甲板结构。

1. 横梁

横梁除了支持甲板板,承载甲板上货物、机器与设备的重力及甲板上浪时水压力外,同时还支撑舷侧,并与肋骨及肋板组成横向框架共同抵抗船体的横向变形。横梁按其设置位置和剖面尺寸大小分类如下:

（1）普通横梁

普通横梁是横骨架式甲板结构中的主要构件,常用不等边角钢或球扁钢制成（见图 3 -

25 中的 12）。它的两端用梁肘板（见图 3 – 25 中的 10）与舷侧主肋骨连接。

（2）半梁

舷侧至舱口边的横梁，半梁的剖面尺寸与横梁相同，它的一端与舱口纵桁用肘板连接，另一端用梁肘板与主肋骨连接（见图 3 – 25 中的 8）。

（3）强横梁

为了加强横向强度，横骨架式甲板结构往往每隔 3～4 挡肋位设置一道强横梁，多采用剖面尺寸较大的 T 型材制成。

（4）舱口端横梁

布置在舱口前后端的强横梁。与强横梁一样采用剖面尺寸较大的 T 型材，但在舱口一端应采用组合角钢（见图 3 – 25 中的 3 和 4）。

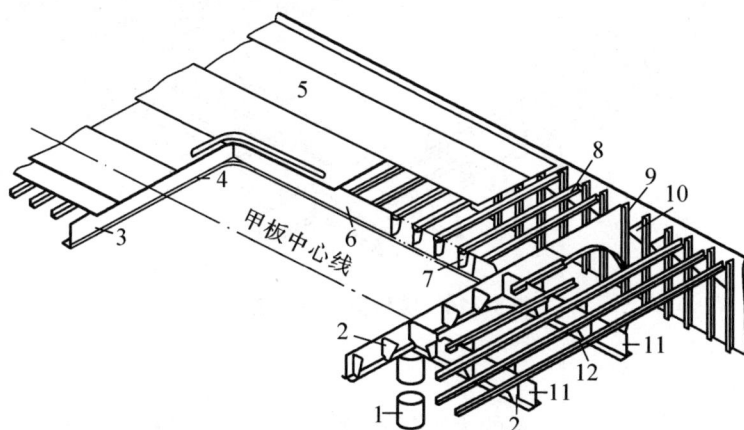

图 3 – 25　横骨架式甲板结构
1—支柱；2—防倾肘板；3—舱口端横梁；4—圆钢；5—甲板板；6—舱口纵桁；
7—肘板；8—半梁；9—主肋骨；10—梁肘板；11—甲板纵桁；12—横梁

2. 甲板纵桁

甲板纵桁是甲板结构中沿纵向布置的强构件，常采用剖面尺寸较大的 T 型材制成。甲板纵桁作为横梁的支点，可以减少横梁的尺寸，同时起到保证甲板纵向强度和力的传递作用（见图 3 – 25 中的 11）。

沿舱口的纵桁称为舱口纵桁，为了避免装卸货物时磨损起货吊索，舱口纵桁通常采用组合角钢，纵桁面板应偏向舷侧一边，并在腹板与面板的交角处焊一圆钢。

（二）纵骨架式甲板结构

在甲板骨架中纵向布置的构件较密，而横向布置的较少。主要布置在纵骨架式船体结构和混合骨架式船体结构中的强力甲板上。这种船舶一般比较长，所承受的总纵弯矩大，而强力甲板处在顶部，所承受的总纵弯矩往往是最大的，所以采用承受总纵弯矩较强的纵骨架式结构。

在甲板结构中，主要的构件如下。

1. 强横梁

它是由组合型材制成的大型横向构件。在甲板下面每隔若干个肋位布置一道，见图 3 – 26 中的 11。它的作用是承担横向强度，支撑甲板纵骨。

2. 甲板纵骨

它是在纵骨架式甲板结构中,沿船长方向布置的尺寸较小的骨材。一般由不等边角钢或球扁钢制成,见图3-26中的10。其主要作用是承担总纵弯曲强度和甲板上的载荷,保证甲板的稳定性。

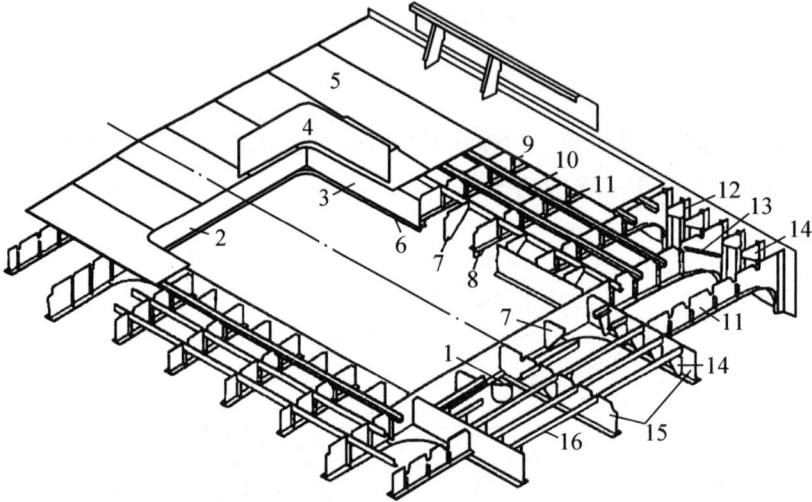

图3-26　纵骨架式甲板结构

3. 甲板纵桁

它在甲板下沿着船长方向布置的大型组合型材。通常在甲板下设有若干道,其中应有2道与舱口边板对齐,兼作舱口纵桁,见图3-26中的15。其作用是参与总纵弯曲,支撑横梁并减少横梁的尺寸,它是甲板结构中的重要构件。

4. 货舱口围板结构

货舱口围板设置在货舱开口的四周,包括纵向围板和横向围板,如图3-27所示。它的主要作用是支撑舱口盖(包括有可能堆放在舱口盖上的甲板货);露天货舱口围板还可防止打上甲板的海水灌进舱内和防止工作人员或货物落入舱内,同时也提高了甲板开口处的强度。

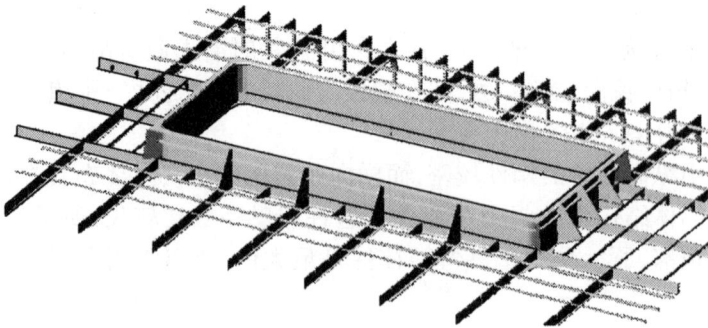

图3-27　货舱口围板

为了保证围板的强度,舱口围板上应设有垂直加强筋和肘板,高度较大的舱口围板上还设有水平加强筋。围板在露天甲板上的高度,视舱口盖需要和载重线公约的要求而定,围板上缘或其附近的水平加强筋还作为舱口滚轮的轨道,在上缘内侧常焊接半圆钢,以防货物损失。如果采用木质舱口盖,水平加强筋还被用来固定盖舱帆部,它一般设置在距上缘适当距离处,并在上缘外侧装焊半圆钢金。垂直加强筋装设在水平加强筋下,如图 3 – 28 所示。

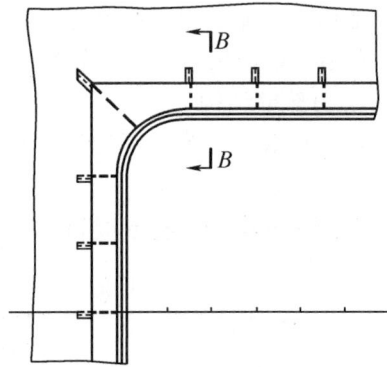

图 3 – 28 货舱口围板顶缘

五、舱壁结构

如图 3 – 29 所示,船上有许多横向和纵向布置的舱壁,它们将船体内部空间分隔成若干用途不同的舱室。同时,舱壁也是保证船舶安全不可缺少的部分。根据船舶抗沉性要求设置水密舱壁,将船体分隔成若干个水密舱室,一旦发生海损事故,船舶不致因破舱进水而沉没。横舱壁对保证船体横向强度和刚性有很大作用,这对纵骨架式的船舶尤为重要。较长的纵向舱壁能增加船的总纵强度,液舱或水舱用纵舱壁分隔,还可以限制液体摇荡,减少自由液面对船舶稳性的不利影响。舱壁也起防火、防毒气蔓延的作用。

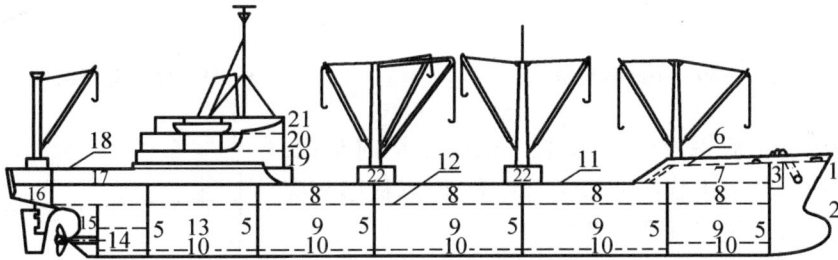

图 3 – 29 船舶舱室划分

(一)舱壁的用途

舱壁按其用途分为水密的、油密的、非水密的、防火的等类型。

1. 水密舱壁

它承担舱壁平面内的压缩力,包括甲板载荷和舷外水压力,在船舶进坞时还受墩木的反力。但它主要是在海损破舱时,承受舱内横向静水压力。

2. 液体舱壁

对于深舱、燃油舱或油舱的舱壁,除了受到上述的一般作用力外,主要承受经常性的舱内液体的静压力和当船舶摇摆时产生的液体晃动载荷。

3. 纵舱壁

除了作为液舱壁承受液体压力外,当纵舱壁的长度很长时,还参与船舶的总纵弯曲。

水密舱壁的数目和间距与船舶的类型有关,根据船长、舱室布置及抗沉性的要求而定。一般来说,抗沉性要求高的,舱壁的数目则多。若船舶破损导致 n 个舱室进水,还能保证船舶漂浮在水面上且具有一定的稳性,则称该船 n 舱不沉或 n 舱制船。客船水密横舱壁的布置也应符合《国际海上人命安全公约》等有关规定。

油船上沿船长方向设置有纵舱壁,一般在整个货油舱内有两道纵舱壁,但船长小于90m时,仅在中线面外设置一道纵舱壁。

（二）舱壁结构

按结构形式分为平面舱壁和槽形舱壁。

1. 平面舱壁

平面舱壁结构由舱壁板和骨架组成,如图3-30、图3-31所示。

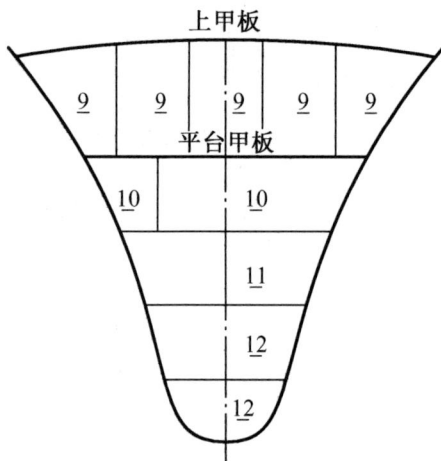

图3-30 平面舱壁板

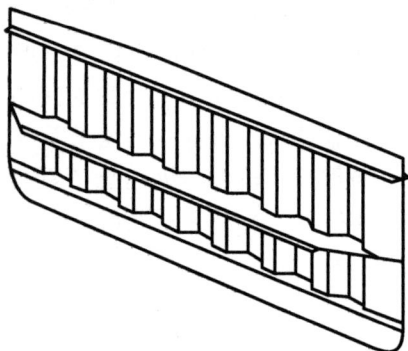

图3-31 槽型舱壁结构

舱壁板由若干块钢板组成,钢板一般要求横向布置,如图3-32所示。由于舱壁下部受力较大,所以板厚相应较厚。沿高度方向板厚逐渐减薄。

骨架有桁材和扶强材两种。

桁材是尺寸较大的骨架,一般由T型材或折边板做成;有些船舶为了增强舱壁的强度,采用槽钢作为桁材。沿竖直方向布置的桁材称为垂直桁;沿水平方向布置的桁材称为水平桁。

扶强材是较小的骨架,一般由折边板或角钢做成。扶强材一般布置在两道桁材的中间,其作用是增强舱壁板的稳性和强度。扶强材通常是垂直布置的,仅对又高又窄的舱壁板才在水平方向布置。

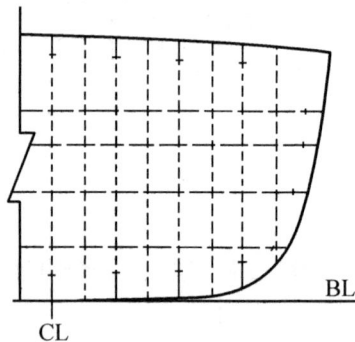

图3-32 平面舱壁

2. 槽形舱壁

除了平面舱壁外,有些船舶还常采用槽形舱壁,如图3-33所示。槽形舱壁是由钢板压制而成的,它的槽形折曲部分起到了扶强材的作用。槽形舱壁的剖面形状一般有三角形、矩形、梯形和弧形几种,其中梯形剖面应用较广,但在大型军舰或油船的槽形舱壁上,也有采用弧形剖面的,如图3-34所示。

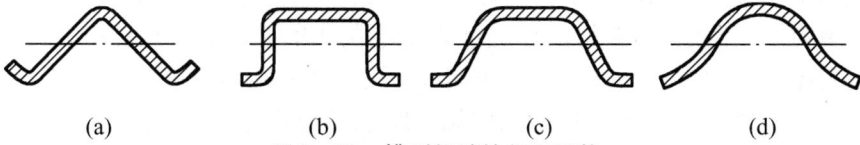

图 3-33 槽型舱壁的剖面形状

(a)三角形;(b)矩形;(c)梯形;(d)弧形

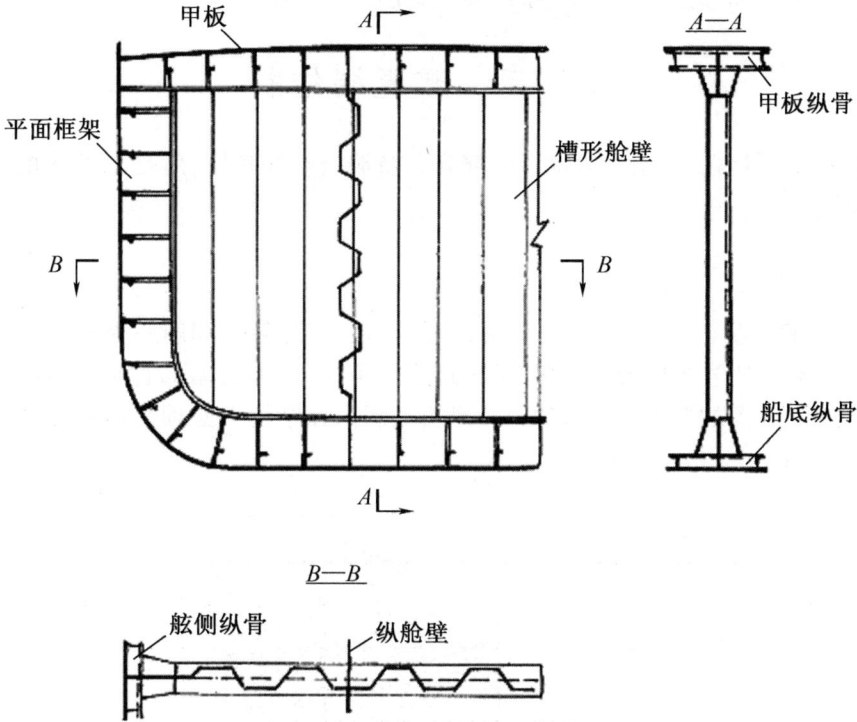

图 3-34 槽型舱壁结构

槽形舱壁与平面舱壁相比,它的优点是在保证同样的强度条件下,可以减轻结构质量,节省钢材,同时,由于取消扶强材及其肘板,从而也减少了配合焊接的工作量,在散货船和油船上,可以有效地增加舱容,便于清舱工作。但槽形舱壁也存在一些缺点,主要是它在垂直于槽形方向上的承压能力较差,所以实用中还要考虑加强。此外,若要保证槽形舱壁的强度,就必须使槽形体具有一定的深度,这对于杂货船的舱容就不利,但对于散货船和油船却无影响,所以槽形舱壁用于散货船和油船居多。至于靠近艏艉的区域,由于位置狭窄,型线变化较大,通常不采用槽形舱壁。

和平面舱壁的扶强材布置一样,槽形舱壁的槽形体也有垂直和水平布置两种。但由于这种舱壁在垂直于和平行于槽形方向的承压能力不同,因此要注意槽形方向的合理布置。横舱壁的槽形体通常采用垂直布置。考虑到装配工艺及水平方向的承压能力较差,所以在靠近舷侧处保留一部分平面舱壁,其上设垂直扶强材,另一面设斜置的加强筋,或在槽形舱壁四周加装平面框架。油船上的纵舱壁因参与总纵弯曲,槽形体常采用纵向水平布置。

在槽形舱壁上必须设与槽形体垂直的水平桁或垂直桁,在水平桁上要安装防倾肘板,如图 3-34 所示。

上层建筑的舱壁多采用轻舱壁。轻舱壁是指只起分隔舱室作用而不承受载荷的舱壁。轻舱壁必须具有一定的刚性，它与前面讲过的舱壁在结构上相似，只是其构件尺寸较小而已。钢质轻舱壁一般用 2~4 mm 的薄钢板制成。为了减轻结构质量，也有用 1.2~3 mm 铝合金板制成的。舱壁板的周界与钢板条用铆钉铆接，钢板条与船体焊接。

通常用压筋板作轻舱壁的，这称为压筋舱壁。压筋舱壁可以省掉扶强材。压筋舱壁上压出的筋（即小槽），可以增强板壁的刚性。采用压筋舱壁可以节省材料，减轻质量，减少变形。为了便于装配和维修，在压筋舱壁周界装有加厚的板条外框。

第四节　艏艉端结构

艏端是指上甲板以下，艏尖舱壁以前部分。艏端与舯部相比，所受总纵弯矩较小，其载荷主要是局部外力。

一、艏端结构

船舶在波浪中航行时发生纵摇、垂荡，艏部甲板上浪，舷侧和船底受到波浪的冲击，波浪产生的动力载荷比静水压力大得多，常会造成严重损害，加之艏部有锚机等设备，因此对艏部结构提出了较高的要求。艏部约 1/4 船长范围内在结构上必须采取必要的加强措施，如图 3-35 所示。

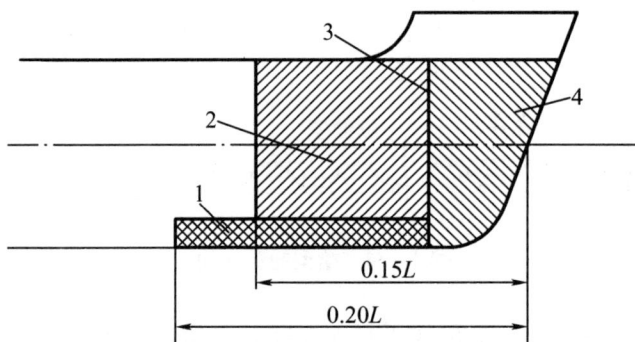

图 3-35　艏端的加强区域
1—底部；2—舷侧；3—防撞舱壁；4—艏尖舱

船首部横剖面大致呈 V 形，船底外板与舷侧外板连在一起，没有明显的舭部。艏部最前端一个舱叫艏尖舱。艏尖舱内设有平台甲板，平台甲板以上多用作锚链舱和储物舱；平台甲板以下多用作压载水舱。艏尖舱一般采用单底结构。

根据受力特点和简化施工的要求，艏端采用横骨架式比较合理。除了某些军舰外，多数船舶首端都采用横骨架式的结构。

艏端结构与船体中部的结构相比，有特殊的要求和结构形式，如强胸结构（包括强胸横梁和舷侧纵桁）、制荡舱壁等，这些结构都设置在防撞舱壁前的艏尖舱内。所有海船在艏端都设有防撞舱壁，它的作用是防止船首部意外受损时海水进入舱内。通常情况下，艏尖舱舱壁也就是防撞舱壁。艏尖舱内的压载水随船体运动而摇晃，这样会对船体产生冲击作用，所以在艏尖舱中心线平面处设有开孔的制荡舱壁或制荡板，如图 3-36、图 3-37 所示。

船首端水下部分结构一般都有加强措施,例如采用升高的肋板,减小肋骨间距,加装舷侧纵桁与强胸横梁。所谓强胸横梁就是上面没有甲板覆盖,起着撑杆作用的结构。在冰区航行的船舶,艏部还应加装中间肋骨。有些狭窄的尖舱底,无法清除积水和进行油漆保养,就用水泥填塞,这样既可以防止锈蚀,又可起到增强作用。

近年来,许多大型货船都采用了球鼻形船首,这在一定条件下可以减小船的航行阻力。但装有球鼻的船首,对抛锚、起锚和船舶停靠码头都有妨碍,并且球鼻突出体使得结构和工艺复杂化。球鼻是艏尖舱向艏部水线以下的延伸部分,突出体受力较大,每挡肋位要求设置

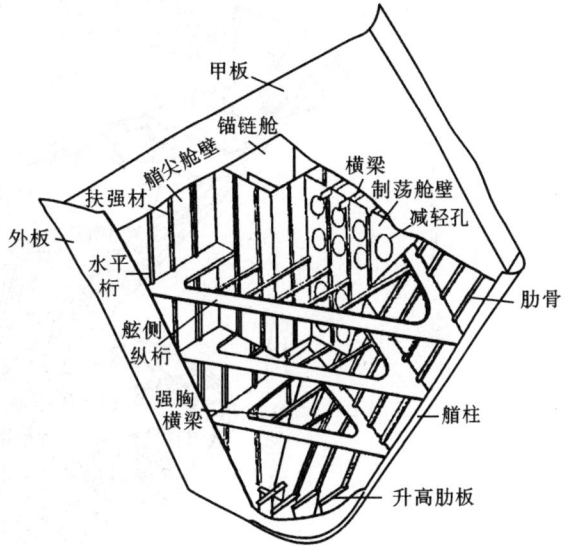

图 3 - 36 艏端结构

肋板,大的球鼻内中线面上必须设制荡舱壁,较小的可不设,但必须装中内龙骨。球鼻内要用纵横交叉的桁板加强。对长而大的球鼻,除中纵制荡舱壁外,还要加装横向制荡舱壁。球鼻外壳板的厚度不小于水线以下艏柱钢板厚度,在锚链可能碰到的地方应局部加强,如图 3 - 38 所示。

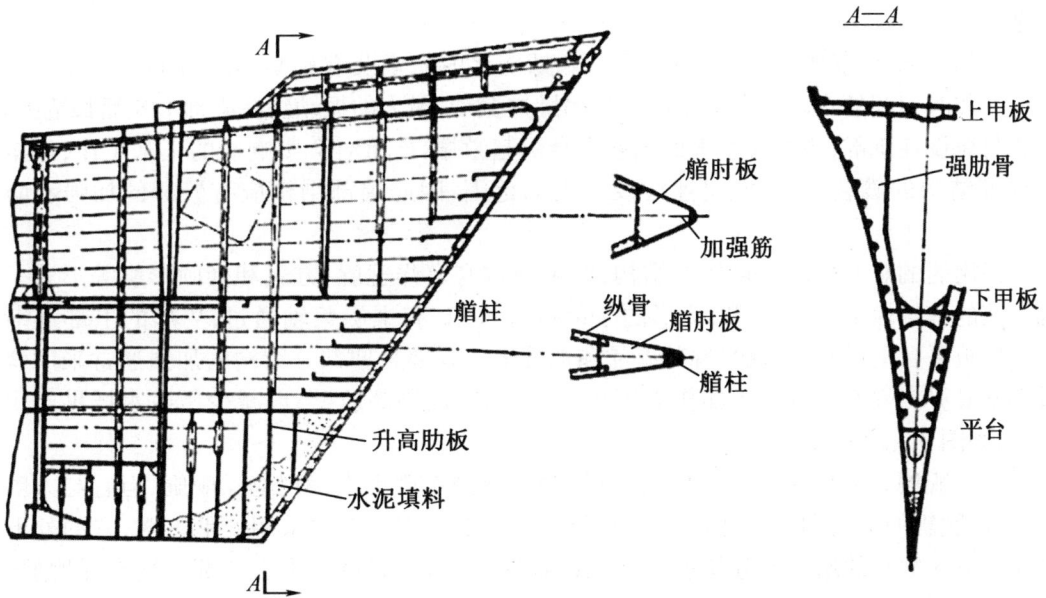

图 3 - 37 纵骨架式艏端结构

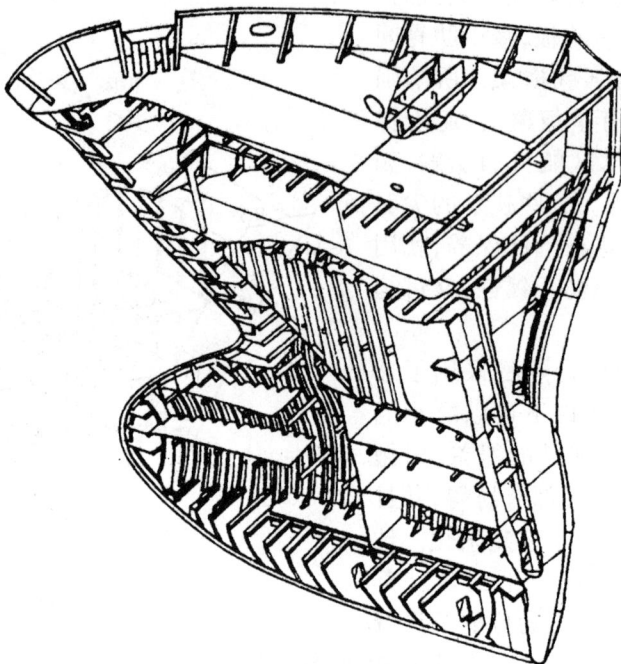

图 3-38　球鼻型艏端结构

二、艉端结构

艉端结构有横骨架式和纵骨架式两种,艉端结构包括艉尖舱和艉部悬伸端,结构比较复杂。

船的尾部,除静水压力外,还承受舵和螺旋桨的质量及螺旋桨运转时的水动压力。螺旋桨工作时引起的水动压力产生周期性的脉冲振动,最大的振动约在艉部 1/8 船长范围内。对于机舱设在艉部,主机功率大的船舶常会引起激振,严重时会影响船的正常工作,甚至造成局部结构的破裂,并可能迅速波及更大的范围,因此艉部结构应有较好的加强和防振措施。

民用船的艉部多用横骨架式结构,船尾通常有巡洋舰艉、方艉和椭圆形艉等形式。单螺旋桨的艉部横剖面呈 V 形,V 形的下部位置狭窄,有螺旋桨轴通过,V 形的上部逐渐宽大。甲板平台上设有舵机舱,艉部有舵和螺旋桨。艉部悬伸部分结构的加强通常采用斜肋骨和斜横梁。艉部平台下如作为压载水舱,则应设制荡舱壁,以减少压载水摇晃产生的冲击,如图 3-39 所示。

巡洋舰艉在客船和货船上用得较广,中低速的军舰也常采用巡洋舰艉,但它与方艉相比,巡洋舰艉的结构和工艺性都较为复杂。现在很多货船上都采用变形方艉,它的外形相当于将巡洋舰艉的扇形部分切去而代之以艉封板,这种艉悬伸出去的部分比巡洋舰艉短,在结构和工艺上大为简化。

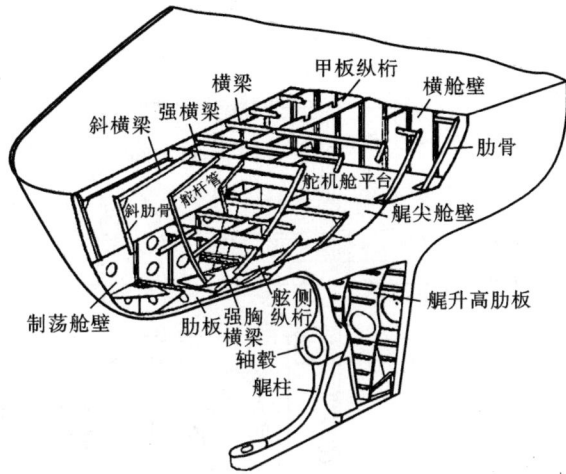

图 3 - 39　艉端结构

第五节　船楼及甲板室结构

　　船舶上层建筑是指位于上甲板以上的各种围蔽建筑物,它包括船楼和甲板室。船楼的两侧伸至船的两舷或距舷边的距离小于船宽的4%,不符合此条件的围蔽建筑即为甲板室。甲板室侧壁与船舷之间的空间为走道。根据所在位置的不同,船楼和甲板室又可分为艏楼、桥楼、艉楼、舯甲板室和艉甲板室等,如图 3 - 40 所示。

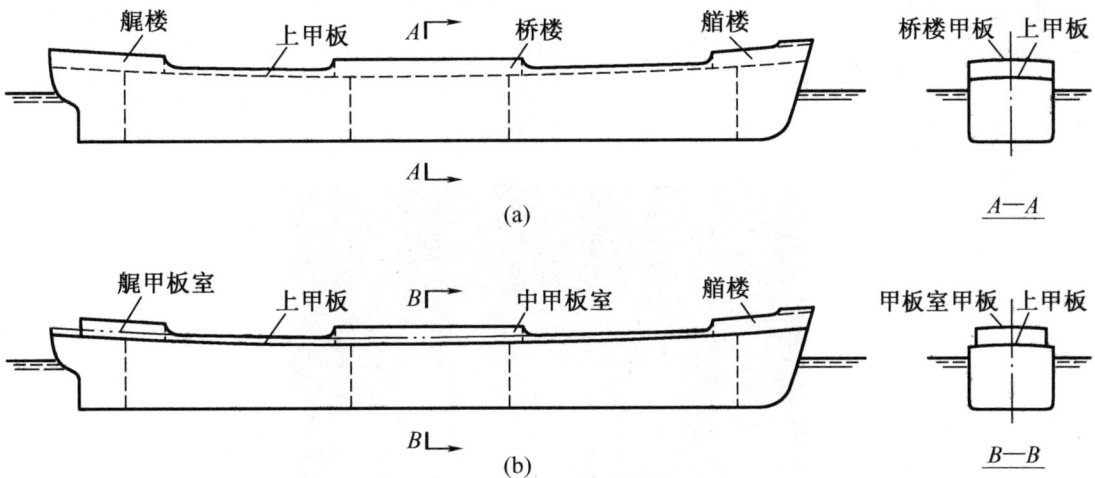

图 3 - 40　船楼和甲板室
(a)船楼;(b)甲板室

　　上层建筑与船舶的航行性能及居住条件密切相关,其内部可设客舱及船员的生活舱室,有的地方(如艏楼的甲板间)还可以作为部分货舱使用,或存放缆绳、灯具和油漆等,如图 3 - 41 所示。

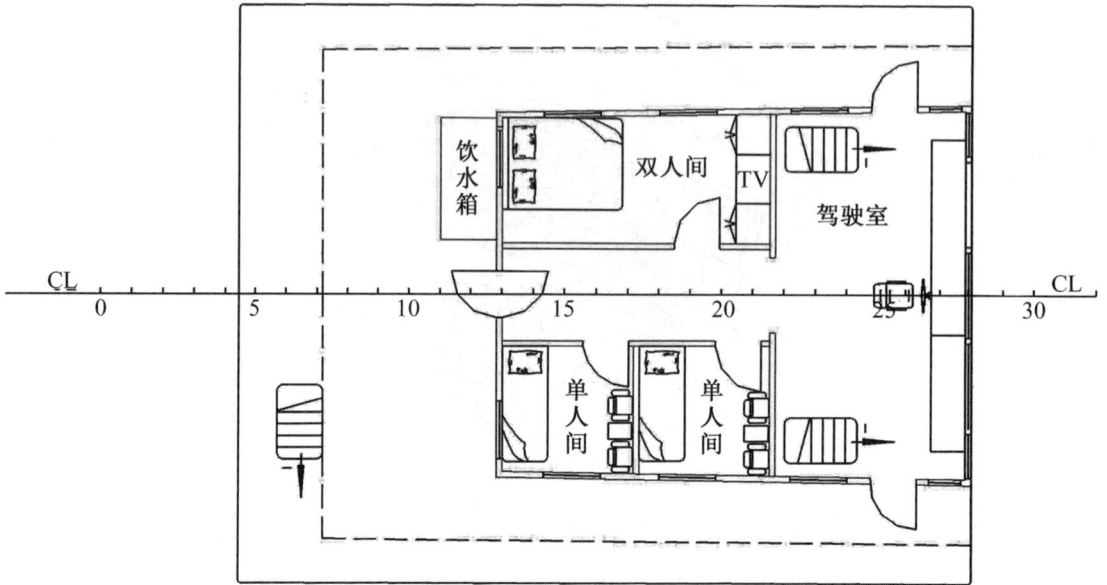

图 3 - 41   上层建筑内部

驾驶室设置在船中部或艉部上层建筑的顶部,有利于扩大驾驶人员的视野。上层建筑还能增加船舶的储备浮力,艏楼可减少甲板上浪。此外,当上层建筑具有足够长度时,它可以全部或部分参与主船体的总纵弯曲,这样可以提高船体的总纵强度。

上层建筑主要承受波浪冲击和总纵弯曲。由于船舶主体沿船长方向是连续的,而上层建筑却是间断的,船体在上层建筑端部附近结构发生突变,当船舶总纵弯曲时,在船中的上层建筑端部将会产生严重的应力集中现象,如果不采取相应的结构措施,船舶航行时就有可能使该处的上甲板、舷顶列板和上层建筑侧壁发生裂缝,这必须引起充分注意。

甲板室与一般房屋建筑一样,由两边侧壁和前后端壁及甲板构成。一般在四周围壁的角隅处做成圆角,以减少这些地方的应力集中,如图 3 - 42 所示。

图 3 - 42   甲板室围壁角隅处理

为减轻质量,围壁和甲板都用较薄的板材,但其上均有骨架加强,如图 3 - 43 所示。

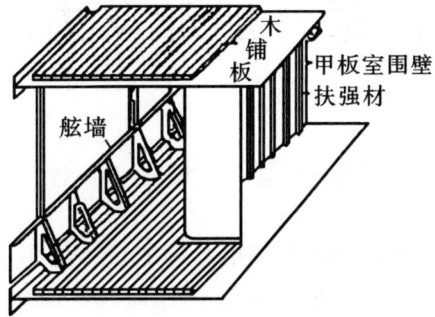

图 3 - 43　甲板室结构

第四章　船舶动力装置

第一节　概　述

船舶动力装置的主要任务是为船舶提供各种能量和使用这些能量,以保证船舶的正常航行与安全;人员的正常生活与安全;完成各种作业等。所以船舶动力装置是各种能量的产生、传递及消耗的全部机械、设备与系统的有机组合体,它是船舶的一个重要组成部分。

船舶动力装置中的机械、设备和系统,包括动力机械、工作机械、传动设备、滤清和储存设备、热交换器以及动力管系、全船管系和机舱自动化设备。

根据动力装置中各种能量的形式和特点,船舶动力装置可分以下几个部分。

一、推进装置

在给定的条件下,保证船舶正常航行所需的推进力的一整套设备,其中有:

(1)主发动机为发出推进动力的原动机,和为主发动机服务的辅助设备与管系等;

(2)主锅炉为蒸汽轮机和蒸汽机提供蒸汽的设备,包括为它服务的辅助设备与管系等;

(3)推进器为发出推动力的工作机,主要有螺旋桨推进器、明轮推进器、直翼推进器和喷水推进器等;

(4)传动设备为将原动机发出的推进动力传递给推进器的设备,包括减速器、离合器、联轴器、轴系、电力推进的专门设备,以及为上述设备服务的管系等。

二、辅助装置

它是指发出除供推进装置以外的各种能量,以供船舶航行、作业和生活的需要,保证上述能量输送和储存的各种设备,包括:

(1)发电机组供应全船所需要的电能,主要有柴油发电机组、汽轮发电机组、轴带发电机组、余热发电机组,以及为它们服务的管系和设备;

(2)辅助锅炉装置产生的蒸汽供应全船加热、取暖等所需的热能,主要有辅助锅炉或余热锅炉,以及为它们服务的管系和设备;

(3)压缩空气系统供应全船所需的压缩空气,以满足作业、启动及船舶用气等需要,主要有空气压缩机、储气瓶、管系及其他设备。

三、机舱自动化设备

保证实现动力装置远距离操纵与集中控制,以改善工作条件,提高工作效率,以及减少维修工作等。主要有自动控制与调节系统,自动操纵系统及集中监测系统。

四、全船系统

保证船舶生命力和安全及船员和旅客正常生活的设备。安全方面有防水、防火、防爆炸、防泄漏、防烫伤及防损坏等系统和设备；生活方面有通风、取暖、空调、照明、供水、卫生、制淡及冷藏等系统和设备。

五、船舶设备

主要指甲板机械，是保证船舶航行和停泊及装卸货物所需的设备，它包括锚及系船设备、舵设备、装卸设备、吊艇设备、特殊设备（如敷设、施放设备等）。

综上所述，船舶动力装置是一个很复杂的能量综合体。然而，根据船舶的用途、形式以及动力装置的复杂程度，上列设备的配备是不相同的。

船舶动力装置的能量形式很多，但从燃料的化学能转化来的只有三

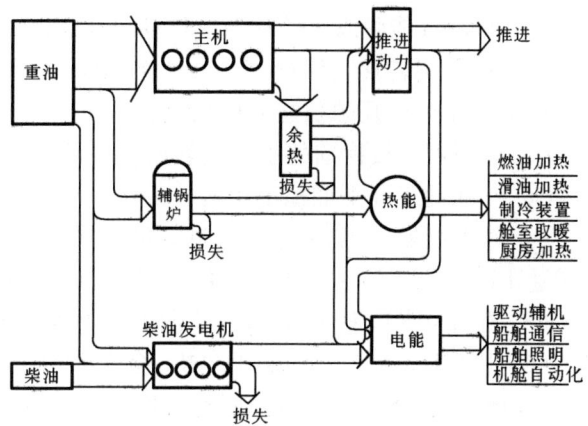

图 4 - 1　典型动力装置能量转换过程

种能量：推进动力、电能和热能。因此，可以通过三种能量的产生、传递和消耗过程来描述船舶动力装置的含义和组成。图 4 - 1 为基本装置形式的能量从产生到消耗的转化过程，是典型的柴油机动力装置，在大中型民用船舶中，这类装置应用较广。

从动力装置在一般船舶中的作用来看，推进动力是决定船舶活动能力的根本依据，所以提供推进动力是动力装置设计的根本任务。而推进动力所消耗的能量占动力装置总消耗能量的绝对多数，如万匹马力以上的柴油机动力装置，其推进装置输入能占总输入能的 90% 以上，因此推进装置技术性能可以代表动力装置的特点。

第二节　船舶柴油机动力装置

一、柴油机在船舶动力装置中的地位和要求

柴油机热效率高，功率范围宽广，具有启动迅速、维修方便、运动安全、使用寿命长等特点，因而得到广泛应用，在国民经济和国防建设中处于重要地位。特别在船舶方面，柴油机作为主机和辅机占有统治地位。虽然柴油机发展历史不长，但在船舶上应用得比蒸汽动力装置更为广泛。在全世界海船总吨位中，柴油机船吨位所占的比例发展很快，1924 年为 4%，1932 年为 14%，1940 年为 24%，而到 1955 年已增至 59%。现在，绝大部分内河及沿海小型船舶中，都以柴油机作为主机和辅机；在远洋船舶中，30 000 t 以下的船舶几乎全部用柴油机作为主机。近年来，随着大型低速二冲程柴油机多机组动力装置的使用，四冲程中速大功率柴油机的迅速发展，两级增压在大型低速二冲程柴油机和大功率四冲程中速柴油机上的逐步推广，使船舶柴油机在大型民用船和舰艇上大量应用，有与蒸汽轮机、燃气轮机以及核动力装置并驾齐驱的可能，例如大连造船厂 1988 年制造的 11.8 万吨油轮就是以柴油机为动力的。

由于船舶是在与一般动力机械不同的条件下工作，所以除了满足使用寿命长、工作可靠、经济性好、维护管理方便和易于实现自动化等一般要求外，还必须满足以下要求。

（1）当转速提高到额定转速的103％时，功率应达到额定功率的110％，并能在此功率下连续运转1 h。

（2）船用柴油机应装有可靠调速器，以防止主机转速超过额定转速的115％。额定功率大于220 kW，且能脱离传动轴系或传动可变螺距螺旋桨的主机，除装有普通的调速器外，还应装有超速限制装置，以防止主机超过额定转速的120％。凡装有超速限制装置的，应有与普通调速器完全分开的独立运行系统。

（3）船用可直接换向的主机倒转时，在动力输出轴上所测得的功率应不小于额定功率的85％，并在此工况下能稳定运转。

（4）作为船舶主机时，应具有良好的低转速工作性能。一般低速柴油机的最低工作稳定转速不高于额定转速的30％，中、高速柴油机不高于额定转速的45％。

（5）船用可直接换向的主机，换向时间不大于15 s（从换向开始到反向工作开始为止）。

（6）用压缩空气启动的船用主机，至少有两个空气瓶。其总容量应在不补充空气的情况下，能冷车、正倒车连续启动所有可换向的主机各不少于12次；能冷车连续启动所有不换向的主机各不少于6次。供启动辅机用的空气瓶容量应在不补充空气的情况下，能冷车连续启动功率最大的一台辅机不少于6次。

（7）供启动用的蓄电池组的总容量应在不补充电的情况下，能冷车连续启动所有柴油机不少于20次（辅机不少于10次）。

（8）救生艇用柴油机应在任何低温情况下都能启动（一般要求在 − 20 ℃以内）。

（9）船用柴油机应能长期在纵倾10°、横倾15°的条件下正常工作，并能在短期内纵倾20°、横倾40°的条件下正常工作。

（10）船用柴油机应具有振动小、噪声低，噪声级一般要求在80 ~ 90 dB 左右，局部位置（如增压器处）可适当放宽至100 ~ 110 dB 左右。

二、四冲程船用柴油机

（一）四冲程柴油机的主要组成部分

柴油机主要由运动部件、固定部件以及一些系统组成，四冲程如图4 − 2所示。

1. 运动部件

运动部件主要包括活塞组件、连杆组件、曲轴组件、飞轮等。连杆小端与活塞销相连，大端与曲轴的曲柄销相连，活塞组件在汽缸中做上下往复运动，构成曲柄连杆机构。

2. 固定部件

固定部件主要包括机座、机体、汽缸盖、汽缸套、主轴承等。机座支撑着柴油机所有部件的重力，并与船体上的基座相固定；汽缸盖、汽缸套及活塞组件三者组成燃烧室和工作空间；机体上装有各种附件，缸体内装有汽缸套，上平面与汽缸盖由螺栓固联在一起；主轴承正置在机座上或倒挂在机体下面或装在机体下部的隧道中用以支撑曲轴的旋转；汽缸盖上装有进排气阀及其传动机构、喷油器、示功阀、空气启动

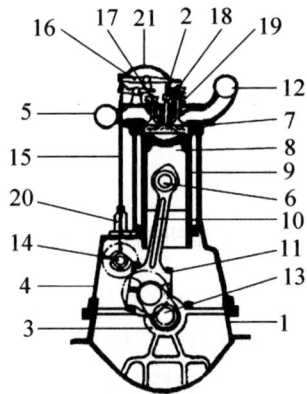

图4 − 2　四冲程柴油机的主要部件

1—机座；2—喷油器；3—主轴承；4—机体；5—进气管；6—汽缸套；7—汽缸盖；8—活塞；9—活塞销；10—连杆；11—连杆螺栓；12—排气管；13—曲轴；14—凸轮轴；15—推杆；16—摇臂；17—进气阀；18—排气阀；19—气阀弹簧；20—高压喷油泵；21—高压油管

阀等。

3.系统

柴油机主要系统有配气系统(由气阀及其传动机构、滤清器、进排气管等组成)、燃油系统(由高压油泵、油管、喷油器、输油泵等组成)、冷却系统、润滑系统,以及启动、调速、换向等系统。

（二）柴油机常用的几何术语(图4-3)

1.上止点

活塞在汽缸中运动离开曲轴中心线最远时的活塞位置叫上止点。

2.下止点

活塞在汽缸中运动离曲轴中心线最近时的活塞位置叫下止点。

3.缸径

汽缸为圆筒形零件,缸径是指汽缸的内径,用 D 表示。

4.曲柄半径

曲轴回转中心线到曲柄销中心线的垂距叫曲柄半径,用 R 表示。

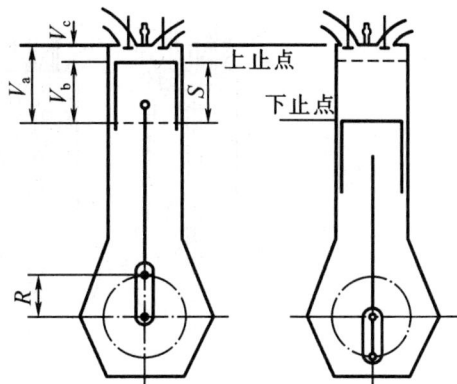

图4-3　柴油机主要几何术语

5.行程

活塞从下止点(或上止点)到上止点(或下止点)间的直线距离叫行程,用 S 表示。

6.压缩容积

压缩容积也叫燃烧室容积,是指活塞位于上止点时,由汽缸盖、汽缸套、活塞组件包围的连续空间,用 V_c 表示。

7.汽缸工作容积

汽缸工作容积也叫活塞排量,是指活塞从上止点(或下止点)运动到下止点(或上止点)时所经过的空间,用 V_s 表示。其计算公式为

$$V_s = \frac{\pi}{4}D^2 S$$

8.汽缸总容积

活塞位于下止点时,由汽缸盖、汽缸套、活塞组件所包围的连续空间叫汽缸总容积,用 V_a 表示。其计算公式为

$$V_a = V_s + V_c$$

9.压缩比

汽缸总容积与压缩容积的比值叫压缩比,用 ε 表示,即

$$\varepsilon = \frac{V_a}{V_c} = \frac{V_c + V_s}{V_c} = 1 + \frac{V_s}{V_s}$$

（三）四冲程柴油机的基本工作原理

无论何种类型的柴油机,每个工作循环都是由进气、压缩、燃烧膨胀、排气四个工作过程组成的。四冲程柴油机是用四个冲程完成一个工作循环的,其工作原理如下。

1. 工作循环过程

柴油机是在汽缸中把燃油的化学能转变为热能,并通过工质(燃气)和曲柄连杆机构再将热能转变成机械能的热机。因此在汽缸中必须具备供燃油燃烧的充足新鲜空气和燃油自燃温度,使喷入雾化良好的燃油与空气混合后能迅速燃烧。整个工作循环过程如图 4-4 所示。

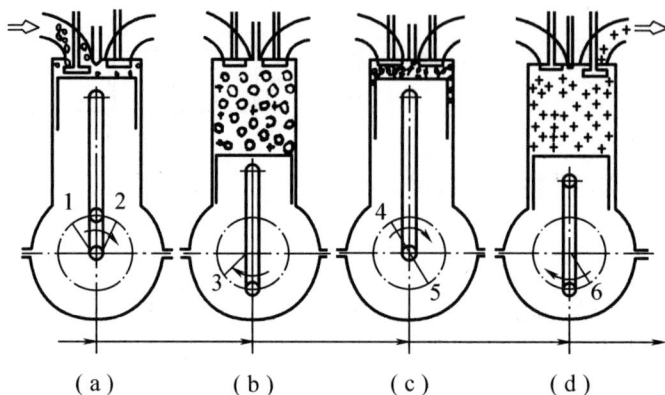

图 4-4   单缸四冲程柴油机工作原理

(1)第一冲程(进气冲程)

这一冲程活塞从上止点到下止点完成主要的进气过程,如图 4-4(a),(b)所示。当活塞从上止点向下止点运动时,进气阀早已打开(曲柄在图 4-21 中 1 位置),随着活塞下行汽缸容积不断增大,使汽缸内压力低于外界大气压力,新鲜空气在活塞的这种抽吸作用下,经空气滤清器、进气管道、进气阀进入汽缸。实际上,进气过程一直进行到进气阀完全关闭时为止。为了充分利用进气的惯性,可多充入一些空气。进气阀并不是活塞到达下止点时就关闭,而是在活塞越过下止点又开始上行到某一时刻(曲柄在图中 3 位置)才关闭。进气终点时,汽缸内气体压力略低于大气压力。由于进气的受热,温度为 300～340 K。

(2)第二冲程(压缩冲程)

这一冲程活塞从下止点到上止点主要完成对空气的压缩,如图 4-4(b),(c)所示。由于进气阀在这一冲程中曲柄转到图中 3 位置才关闭,所以 3 这一点才是压缩过程的始点。当活塞上行到接近上止点时,汽缸内压力达到 3～5 MPa,温度约为 800～950 K,比柴油的自燃温度(600 K 左右)高 200～300 K,可见,压缩过程为燃油的燃烧和工质的膨胀做功创造了条件。

(3)第三冲程(燃烧膨胀冲程)

这一冲程活塞从上止点到下止点主要完成燃烧膨胀过程,燃气推动活塞做功,如图 4-4(c),(d)所示。在压缩冲程活塞到达上止点前某一时刻(曲柄在图中 4 位置),燃油经喷油器以良好的雾化状态喷入燃烧室,与空气混合后自行发火燃烧。当活塞越过上止点后,汽缸内的气体压力、温度急剧上升,最高压力可达 6～9 MPa,温度可达 1 800～2 200 K。活塞在高温高压的燃气作用下,从上止点向下止点运动,将动力通过连杆传给曲轴,曲轴以回转的形式输出功率。随着活塞的下行,汽缸容积也逐渐增大,燃气的压力和温度也逐渐下降。直至排气阀打开时(压力降至 250～450 kPa,温度降至 900～1 200 K),膨胀做功结束。实际上,为了减少排气功,排气阀在活塞到达下止点之前某一位置(曲柄在图 4 - 4 中 5 位置)时,排气阀就已打开,开始自由排气。

(4)第四冲程(排气冲程)

这一冲程活塞从下止点到上止点,将汽缸中的废气强制排出,完成主要排气过程,为下一循环进气做好准备,如图 4 - 4(d),(a)所示。实际上,活塞到达上止点时,排气阀并没关闭,而是在活塞又开始下行某一位置(曲柄在图 4 - 4 中 2 位置)时才关闭。曲轴继续旋转,活塞又从上止点向下运动,重复上述过程,开始新的循环。

2. 配气、喷油定时

为了有利于进排气过程的进行,进、排气阀的启闭时刻并不是正好在上、下止点处,而是都有一个提前开启和滞后关闭的最佳时刻,我们把这个时刻称为配气定时。

进气阀提前开是指进气冲程活塞从上止点开始下行之前进气阀就已打开,这是因为气阀及其传动机构具有一定的惯性,为了保证在开始吸气时气阀具有足够的通道截面。进气阀滞后关是指活塞到达下止点又开始上行到某一位置时进气阀才关闭,这是因为活塞到达下止点时,由于进气的阻力使汽缸内的压力仍低于外界压力,还可以充分利用进气的动力充入更多的空气。

排气阀提前开是指燃烧膨胀冲程活塞到达下止点之前排气阀就已打开,目的是让具有一定能量的废气自由排出,而且保证活塞上行强制排气时气阀具有足够的通道截面,从而减少排气功。排气阀滞后关是指活塞进行排气到达上止点之后某一位置时排气阀才关闭,这是因为在上止点时,由于活塞的强制排气使汽缸内的压力还高于外界气压,排气气流具有一定的流出惯性,使排气继续流出,有时也可利用排气管中的气体振动波特性,更有效地消除废气。另外,利用进、排气阀重叠开启时间对燃烧室进行扫气,减少废气的剩余量。这一点在增压柴油机中最为明显,而且对燃烧室具有一定的冷却作用。

喷油开始是在压缩冲程后期活塞到达上止点之前进行的,这是因为燃油喷入后不能立即燃烧,而要经过蒸发成油气、与空气混合等准备过程,这样可获得较好的燃烧及时性,提高热能的利用率。

另外,具有空气启动的柴油机对启动空气阀开启也有定时要求,并与上述定时同时标在定时图上。

不同系列的柴油机具有不同的定时要求。为了表示上述的定时,用相应的曲柄位置图来表示它们的启闭时刻,我们称之为定时图。

图 4 - 5 是 135 系列柴油机的定时图。它表示进气阀在上止点前 20°曲柄转角开启,下止点后 48°曲柄转角关闭;排气阀在下止点前 48°曲柄转角开启,在上止点后 20°曲柄转角关闭;喷油在压缩冲程后期,活塞到达上止点前 28°曲柄转角开始。

从定时图上也可以清楚地知道各过程所占用的曲柄转角,一般进气过程约占 220° ~ 250°、压缩过程约占 140° ~ 160°、排气过程约占

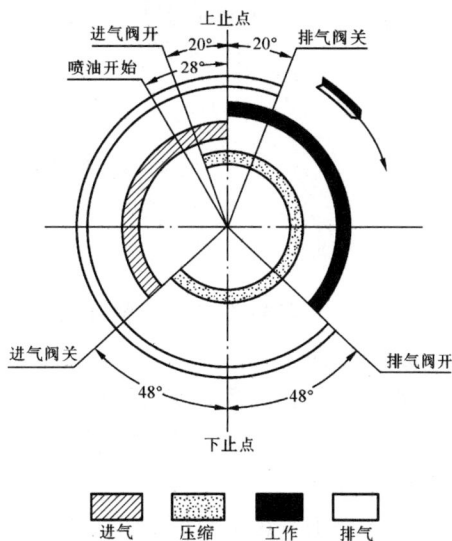

图 4 - 5　四冲程柴油机定时图

210°～250°曲柄转角。

3. 四冲程柴油机特点

（1）完成一个工作循环需要四个活塞冲程，曲柄转两转，而且只有一个冲程为做功冲程，其余三个冲程都消耗功，因此单缸柴油机只能靠飞轮积蓄能量来供给其余三个冲程的消耗。

（2）在完成一个工作循环期间（曲柄转 2 转），进、排气阀和喷油器各启闭一次，因此凸轮轴的转速为曲轴转速的一半。

（3）每个工作过程并不是严格在活塞的一个冲程内完成，所占的曲柄角度各不相同。

三、二冲程船用柴油机

（一）二冲程柴油机的主要组成

二冲程柴油机有筒形活塞式和十字头式两种，如图 4-6 所示。筒形活塞式二冲程柴油机的主要运动部件和固定部件的组成与四冲程柴油机基本相同。在高、中速二冲程柴油机中大都采用筒形活塞，如 E105C，E150C，E390 等系列柴油机；在低速大型二冲程柴油机中都采用十字头式。它们在系统组成上是基本相同的。

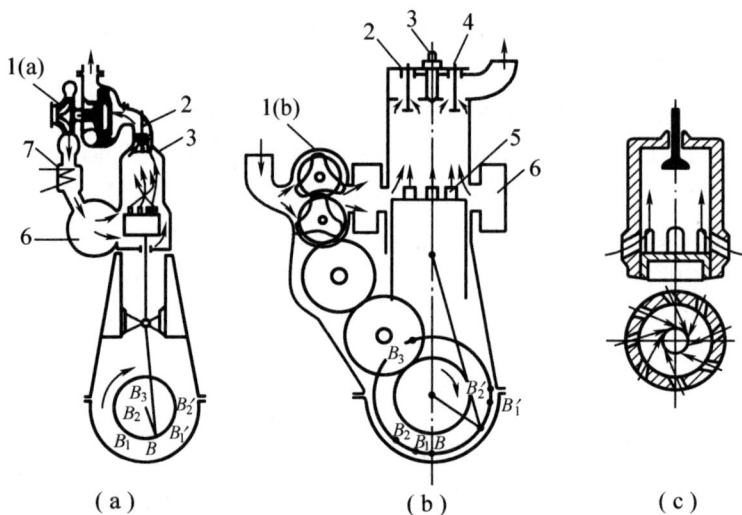

图 4-6　气阀—气口直流扫气式二冲程柴油机
1—增压器(a)，扫气泵(b)；2,4—排气阀；3—喷油器；
5—扫气口；6—扫气箱；7—空冷器

低速大型十字头式二冲程柴油机主要部件组成如图 4-7 所示。

1. 运动部件

运动部件主要包括活塞、活塞杆、十字头、连杆、曲轴等。活塞杆分别与活塞和十字头紧固在一起，连杆小端与十字头销铰接，连杆大端与曲轴的曲柄销铰接。

2. 固定部件

固定部件主要包括机座、主轴承、机架、导板、汽缸体、汽缸套、汽缸盖、扫气箱等。导板承受由十字头滑块传来的侧推力。

3.配气系统

二冲程柴油机不管是哪种扫气形式,都设有专门的扫气泵或增压器供给扫气空气。气阀 - 气口直流扫气型形柴油机只有排气阀及其传动机构,对于弯流扫气和气口 - 气口直流扫气型形柴油机没有气阀,但在某种弯流扫气型形柴油机中设有排气回转阀及其传动机构。

其他系统基本上与四冲程柴油机组成相同,这里不再赘述。

(二)二冲程柴油机的基本工作原理

在四冲程柴油机中,一个工作循环是在活塞四个冲程内完成的。为了进一步提高柴油机的做功能力,减少专门的辅助冲程,于是就研制出二冲程柴油机。它是通过专门的扫气泵或增压器将外界空气压力提高后定时进入汽缸,并按照一定的流线将上一循环的废气驱扫出汽缸,同时完成进排气过程。

根据扫气气流在汽缸中的流动路线可分为:

$$直流扫气\begin{cases}气阀 - 气口式\\气口 - 气口式\end{cases}$$

$$弯流扫气\begin{cases}横流扫气式\\回流扫气式\\半回流扫气式\end{cases}$$

如图 4 - 6 所示,气阀 - 气口直流扫气式的结构特点是在汽缸套下部开一圈相对于汽缸中

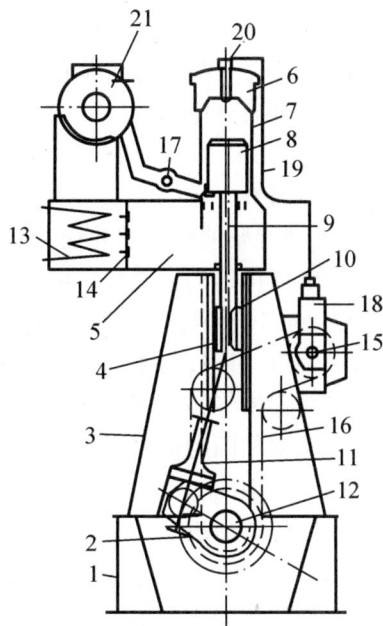

图 4 - 7　十字头式二冲程柴油机主要部件

1—机座;2—主轴承;3—机架;4—导板;5—扫气箱;6—汽缸箱;7—汽缸体;8—活塞;9—活塞杆;10—十字头;11—连杆;12—曲轴;13—空气冷却器;14—口琴阀;15—凸轮油;16—凸轮油传动链;17—排气转阀;18—喷油泵;19—燃油管;20—喷油器;21—增压器

心线和汽缸半径有一定倾角的扫气口,汽缸盖上只设有排气阀(1 ~ 6 个)。其工作原理如下。

1.第一冲程(扫气和压缩冲程)

这一冲程活塞从下止点到上止点完成扫气和压缩过程;在活塞上行没有遮住扫气口之前(曲柄从 B 点到 B_1 点),由废气涡轮增压器(图 4 - 6(a))或扫气泵(图 4 - 6(b))供给的具有一定压力的新鲜空气,扫气箱通过扫气口进入汽缸。由于扫气口倾角的作用,使进入汽缸的空气向上和绕汽缸轴线旋转运动,形成"气垫",将上一循环残留在汽缸中的废气经开启着的排气阀扫出。扫气一直进行到活塞将扫气口遮闭时为止(图中 B_1 点)。紧接着排气阀在配气机构的作用下定时关闭(图中 B_2 点),从 B_1 到 B 阶段称过后排气。活塞继续上行,留在汽缸中的扫气空气被压缩,压力和温度升高,当活塞接近上止点时(图中 B_3 点),燃油喷射系统通过喷油器将燃油喷入,并发火燃烧。

2.第二冲程(燃烧膨胀、排气和扫气冲程)

这一冲程活塞从上止点到下止点进行燃烧膨胀做功、自由排气和扫气过程。在上一冲程压缩终点附近,燃油喷入与空气混合,并开始发火燃烧,当活塞刚越过上止点开始下行时,汽缸内的压力和温度迅速增高,最高压力达5 ~ 8 MPa,最高温度达2 000 ~ 2 200 K。高温高压的燃气推动活塞下行做功,一直到排气阀打开为止。排气阀是在活塞还没有让开扫气

口之前(图4-6中B_2点)打开。这时具有一定压力的废气经排气阀自由排出。当汽缸内压力下降到接近扫气空气压力时,活塞将扫气口让开(图4-6中B_1点),于是扫气空气进入汽缸进行扫气,一直到该冲程的下止点,并延续到下一冲程扫气口关闭时为止。就这样,活塞经过上下两个冲程完成了一个工作循环。

排气阀的启闭由配气机构控制,扫气口的启闭由活塞来控制,同系列柴油机有各自不同的最佳配气定时。

(三)二冲程柴油机与四冲程柴油机的比较

(1)在柴油机结构参数和运动参数基本相同的非增压情况下,理论上二冲程的做功能力为四冲程的二倍,但由于二冲程存在气口引起的冲程损失和扫气损失,使其做功能力实际为四冲程的1.6~1.8倍。

(2)二冲程换气质量不如四冲程完善,耗气量也大。

(3)在功率相同的情况下,二冲程柴油机燃烧室周围部件的热负荷比四冲程的高,因此给高增压带来了困难。

(4)四冲程柴油机的高压喷油系统工作条件比二冲程好,这是因为在同样转速下,四冲程柴油机每两转供油一次,因此高压油泵柱塞速度和喷嘴热负荷都较低,可减少喷孔堵塞。

(5)二冲程柴油机由于省去了进气阀或进、排气阀及其传动机构,使维护、保养简单。

(6)二冲程柴油机曲轴转一转就有一个工作冲程,因而回转比四冲程柴油机均匀,并可减少飞轮尺寸。

(7)二冲程柴油机在低负荷低转速情况下,由于排气能量不足,增压器供给的空气流量和压力不足,所以满足不了扫气要求,使燃烧恶化,导致柴油机性能下降。

一般船用大型低速柴油机为了得到较大的单缸功率,都采用二冲程。由于转速很低,所以换气质量和燃烧系统的工作条件均能得到保证。高、中速大功率柴油机大多数为四冲程,这主要是因为四冲程柴油机的热负荷低,易实现高增压。但随着二冲程柴油机逐步改善零件热负荷、换气质量以及增压系统等,高、中速大功率二冲程柴油机有可能得到较快发展。

四、船用柴油机的分类和型号

(一)船舶柴油机的分类

1. 按实现一个工作循环的方式划分

其可分为四冲程柴油机和二冲程柴油机。

2. 按进气方式划分

其可分为增压柴油机和非增压柴油机。所谓增压是指柴油机的进气经过压气机将压力提高后再进入汽缸,以提高进气密度,增加功率。

根据增压比的不同,其又可分为低增压柴油机(压比$\pi_x<1.7$)、中增压柴油机(压比$\pi_x=1.7~2.5$)、高增压柴油机($\pi_x>2.5$)。

3. 按柴油机曲轴转速和活塞平均速度划分

其可分为高速柴油机(曲轴转速大于1 000 r/min和活塞速度大于9 m/s)、中速柴油机(曲轴转速为350~1 000 r/min和活塞速度为6~9 m/s)、低速柴油机(曲轴转

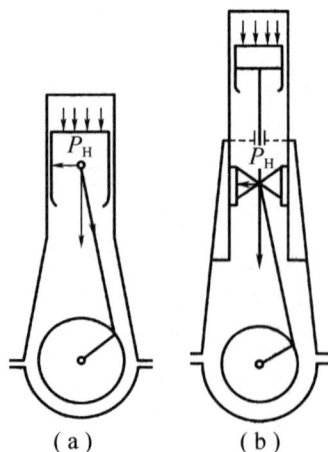

图4-8 筒形活塞和十字头柴油机简图

速小于 350 r/min 和活塞速度小于 6 m/s)。

活塞平均速度 C_m 为

$$C_m = \frac{n \cdot s}{30}$$

式中　n——曲轴转速,r/min;

　　　s——活塞冲程,m。

船用柴油机的转速一般根据使用要求来选定。民用大型船舶的主机是通过轴系直接驱动螺旋桨的,为了提高推进效率,选用低速柴油机;江河和沿海小型船舶、军用船舶选用中速大功率柴油机;高速炮艇、快艇等则要求功率大、体积小、质量轻的高速柴油机;船舶用发电柴油机为高、中速柴油机。作为船舶主机的高、中速柴油机必须配有减速装置。

4. 按冷却汽缸的介质划分

其可分为风冷柴油机、水冷柴油机和油冷柴油机。

5. 按柴油机的结构形式划分

其可分为以下几种:

(1)筒形活塞式和十字头式二种柴油机

如图 4 - 8 所示,十字头式柴油机主要特点是活塞与汽缸套之间不承受侧推力作用,侧推力由十字头滑块和导板承受,提高了活塞和缸套的使用寿命;工作可靠,维修方便;振动小、噪音低;可燃用重油,节省营运费用,尺寸、质量大。

(2)立式与卧式柴油机

汽缸中心线与地面相垂直的称为立式柴油机,如图 4 - 8 所示;汽缸中心线与地面平行的称为卧式柴油机,如图 4 - 9 所示。

(3)单列与多列式柴油机

如图 4 - 10 所示,(a)为单列式柴油机;(b)为双列式柴油机;(c)为 V 形式;(d)为 W 形式;(e)为 X 形式;(f)为星形式;(g)为三角形式柴油机。

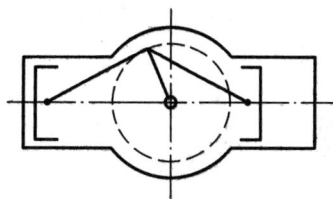

图 4 - 9　卧式柴油机简图

大型低速机都采用单列式;中速机采用单列式和 V 形式两种,少数采用双列式的;高速机上各种形式都有。由于高速机缸径小,所以大功率高速机都采用多列形式。至于三角形排列是用于对置活塞的二冲程柴油机中。

柴油机汽缸编号的原则如下:

①汽缸序号从自由端向功率输出端依次编号;

②对两列以上的多列式进行汽缸编号时,先确定列次,从功率输出端向自由端看,以垂直于输出轴中心线的水平线为基准,从该水平线右端按逆时针依次计列数;缸号从第一列自由端开始依次排列。

6. 其他分类

按柴油机本身可否反转分为可反转和不可反转两类。

按船舶动力装置需要(双机布置)可分为左机和右机。所谓左机(右机)是适合布置在机舱左舷(右舷)的柴油机。

从输出端向自由端看,曲轴是按逆(顺)时针方向旋转;需要日常进行维护保养的部件和操纵部分布置在右侧(左侧),有利于轮机人员对柴油机的操纵、维护和保养。

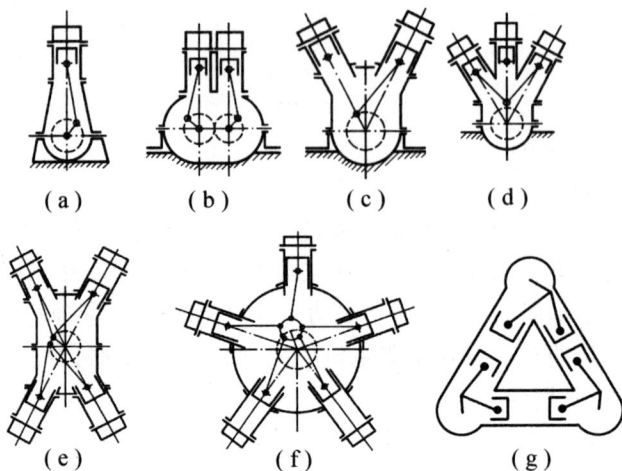

图 4-10 柴油机按汽缸排列分类

（二）船舶柴油机型号

船舶柴油机有很多种类型,它们具有不同的结构和性能。为了便于柴油机的选择和使用,现将常用柴油机型号含义介绍如下。

1. 国产大型低速柴油机型号

国产大型低速柴油机型号主要包括缸数、技术特性、直径和冲程、改进序号等部分。

例如

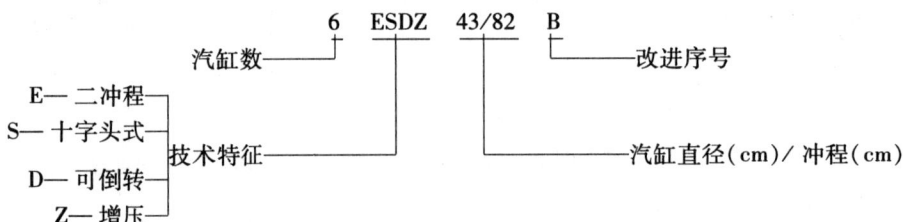

2. 国产中、小型柴油机

国产中、小型柴油机系列品种很多,其型号内容一般有缸数、冲程数、缸径、技术特性、设计变型等。

汽缸数、汽缸直径用数字表示为:

冲程数——E 表示二冲程,无 E 为四冲程;

技术特性——C 表示船用右机,Ca 为左机;

Z——增压;

G——高增压(有 Z 时);

D——可倒转;

V——汽缸 V 形排列;

O——可倒转或发电。

例:12V135Z 表示 12 缸 V 形排列,缸径为 135 mm,四冲程增压船用柴油机;6E150C 表示 6 缸,二冲程,缸径为 150 mm 非增压船用柴油机;6250GZC 表示 6 缸,四冲程,缸径为 250 mm,高增压船用柴油机。

3.国外常见船舶柴油机型号

(1)瑞士苏尔寿(Sulzer)型船用柴油机

该公司原生产 RD 系列,1968 年发展为 RND 系列;20 世纪 70 年代,在 RND 系列的基础上又进一步改进生产 RND - M 系列,接着又设计生产出 RL 等系列,其代表机型有 6RD76,12RNDl05,6RND68M,6RLA56,6RLB90。

符号意义为:

前面数字——汽缸数;

后面数字——汽缸直径(cra);

R——焊接结构、二冲程、十字头式;

N,M,A,B——设计改型发展顺序;

D——可倒转;

L——长冲程 & 可倒转。

(2)丹麦 B&W 型船用柴油机型号

丹麦 B&W 公司20 世纪60 年代发展了 KEF,KFF 系列,70 年代在 KEF 系列基础上发展了 KGF 系列,接着又研制了 LGF 系列。其代表机型有 6K84EF,6K98EF,10K98GF,6L94GF。

符号意义为:

前面数字——汽缸数;

后面数字——汽缸直径(cra);

K——二冲程、单作用、十字头;

L——除具有 K 意义外,长冲程;

E,F,G——设计改型顺序;

F——船用。

其他型号柴油机见表4 - 1。

表4 - 1

柴油机型号＼代号意义	汽缸数	缸径/cm	二冲程单作用筒状活塞式	二冲程单作用十字头式	四冲程单作用筒状活塞式	四冲程单作用十字头式	二冲程双作用十字头式	设计特征	船用	陆用	船用发电机	军用	船用辅机带压缩机	冲程/cm	汽缸排列方式
1284VT2BF - 180	12	84		VT				2B	F					180	
974VTBF - 160	9	74		VT				B	F					160	
862VTF - 140	8	62		VT					F					140	
642VBF - 75	6	42	V					B	F					75	
435VF - 62	4	35	V						F					62	
835VS - 62	8	35	V						S					62	
628VH - 50	6	28	V								H		50		
662WF - 140	6	62					W		F					140	
874TF - 150	8	74				T			F					150	
1055MTF - 100	10	55			MT				F					100	

表 4-1（续）

柴油机型号 ＼ 代号意义	汽缸数	缸径/cm	二冲程单作用筒状活塞式	二冲程单作用十字头式	四冲程单作用筒状活塞式	四冲程单作用十字头式	二冲程双作用十字头式	设计特征	船用	陆用	船用发电机	军用	船用辅机带压缩机	冲程/cm	汽缸排列方式
1266MTBF-40V	12	26			MT			B	F					40	V
626MTBS-40	6	26			MT			B		S				40	
625MTHK-40	6	25			MT								HK	40	
5T23HH	5	23			T			H			H				
950VBU-60	9	50	V					B					U	60	
1235VBU-45V	12	35	V					B					U	45	V
1228V3BU-38V	12	28	V					3B					U	38	V
628V2BU-38	6	28	V					2B					U	38	V
1222VL-34V	12	22	V							L				34	V
625VBS-25V	6	15	V					B		S				25	V
740	7	40	V										U	50	

注：①对四冲程柴油机而言，开头的字母"s"，"T"代表直列，而"u"，"V"表示V形，后面的字母表示柴油机的用途：u 为带减速装置的船用机；H为船用发电原动机；S为陆用机；G为气体燃料发动机。

②对二冲程低速柴油机而言，带"L"者为长冲程（低$\frac{缸径}{冲程}$比）；带"K"者为非长冲程（高$\frac{缸径}{冲程}$比）。

③对二冲程低速柴油机，设计特征"B"为废气涡轮增压，增压度为35%，2B为65%，3B为120%；E=2.5B；F=3B。

④B&W Alpha型柴油机的表示：如408—26VO，其中"40"表示冲程，"8"表示汽缸数，"26"表增汽缸直径，"VO"表示与推进器的连接方式（离合器机械控制）。当型号中没有提供汽缸数时，读数用"O"代替，例如400—26VO，"VO"表示可变螺距的液压操纵倒车。

（3）德国 MAN 公司低速船用柴油机型号

该公司20世纪60年代从 KZ 系列发展到 KSZ 系列，70年代后又发展了 KSZ-A，KSZ-B，KZE 系列，其代表机型如表4-2。

表 4-2

柴油机型号 ＼ 代号意义	十字头式	汽缸数	二冲程	汽缸直径/cm	活塞行程/cm	非增压	低增压	中增压（40%~70%）	改进型（80%增压度）	维护管理方便
K5260/105 A	K	5	Z	60	105	A				
K6270/120C	K	6	Z	70	120		C			
K8Z 70/120D	K	8	Z	70	120			D		
K9Z 70/120E	K	9	2	70	120				E	
K10S290/160	K	10	2	90	160					S

注：KSZ 系列是 KZ 系列的改造型。

（4）日本 UF 船用柴油机型号

UF 型船用柴油机是日本三菱重工业公司制造的二冲程、直流扫气、废气涡轮增压的系列产品。UF 系列有 A,C,D,E,H 等型。UET 为简状活塞式,UEC 为十字头式。

例如

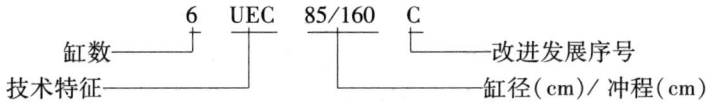

技术特征代号意义：

U——直流扫气；

E——废气涡轮增压；

C——十字头式；

T——中型筒形活塞(9UFT44/55)；

V——V 形(如 12UEV30/40)。

改进发展性能参数情况如表 4－3。

表 4－3

参数 \ 机型	UE－A 一级增压	UE－C 一级增压	UE－D 二极增压	UE－E 二极增压
强化度/(Pa·m)	~45	~63	~80	~100
增压度提高	~180%	~250%	320%~	400%~

（5）日本大发(DAIHATSU)型柴油机型号

例：6PSHTb(c)—26DEFlS

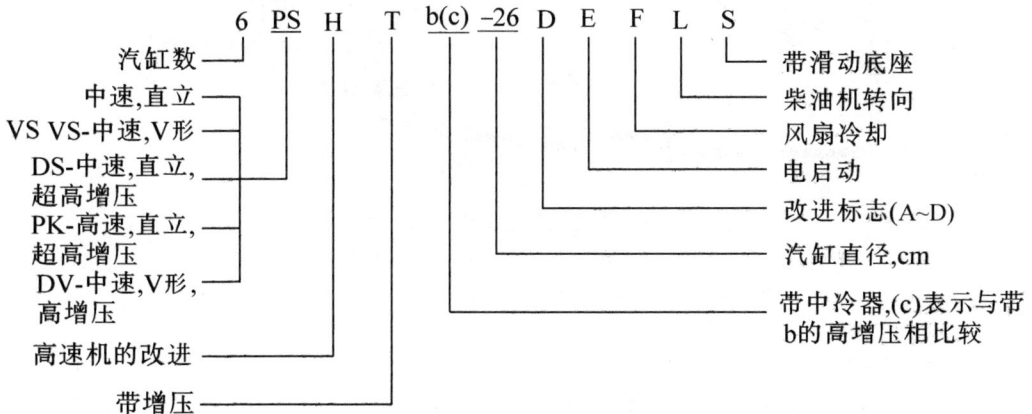

注：虽然"T"或"b"没有标明,但所有的 DS、DV 系列柴油机都带增压器和中冷器。

第三节　其他几种类型的船舶动力装置

一、蒸汽轮机动力装置

20世纪60年代及70年代初，船舶正向着大型化、高速化的方向发展，要求配置大功率的船舶动力装置，而蒸汽轮机动力装置具有单机组功率大、工作可靠，又能燃用劣质燃料等优点，因此，当时在大型油船、集装箱船及中型以上的水面舰艇中占据了垄断地位。但自1973年石油危机以来，建造大型油船的势头锐减，船舶动力装置的发展转向节能，提高经济性。而船用柴油机在提高单缸单机功率、降低油耗、燃用重油方面又有了很大的进展，相比之下，蒸汽轮机动力装置的优越性就显著下降。但就现有各种动力装置的形式来看，蒸汽轮机动力装置在2 000 kW以上的民用船舶中还占据很大的比例。

对于军用舰艇，由于蒸汽轮机动力装置体积庞大，启动慢，不能适应所赋予它的战斗使命。目前，这类舰艇正向着以燃气轮机为主的联合动力装置的方向发展。

蒸汽轮机动力装置的基本工作原理如图4－11所示。由锅炉1产生的过热蒸汽，推动汽轮机2，再经过减速齿轮3带动螺旋桨4工作。由汽轮机排出的泛气，经冷凝器5凝结成水，然后由凝水泵6抽出，先在低压预热器7中预热，而后再在高压预热器9中预热。在两个预热器中间装有一台给水泵8，以便使水压升高，超出蒸汽锅炉中的压力。预热后的水在锅炉中得到加热而成为过热蒸汽。蒸汽轮机主要由蒸汽锅炉及汽轮机组成。

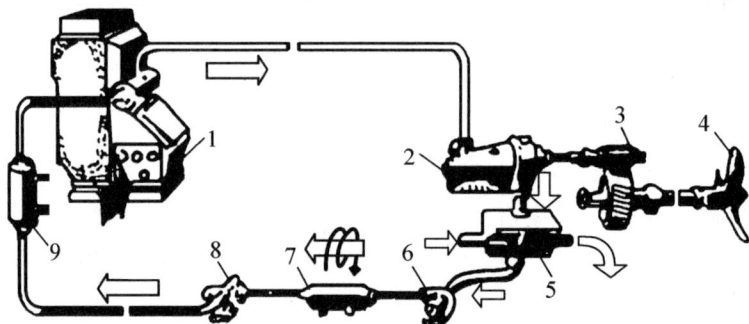

图4－11　蒸汽轮机动力装置系统示意图

1—蒸汽锅炉；2—蒸汽轮机；3—减速齿轮；4—螺旋桨；5—冷凝器；
6—凝水泵；7—低压预热器；8—给水泵；9—高压预热器

（一）蒸汽锅炉

蒸汽锅炉是利用燃料所产生的热量，使水加热并蒸发成具有一定温度蒸汽的一种设备。

蒸汽锅炉的结构形式很多，但总的可分为两大类，即水管锅炉和烟管锅炉。图4－12为水管锅炉的结构简图，锅炉的下方有一个水包2，上方有气包1，中间连有许多加热水管3，燃烧室内的烟气把管内的水加热，故称为水管锅炉。烟管锅炉正好与水管锅炉相反，燃烧室出来的烟气是在管内流动，水包围在烟管的外边，以吸收热量。与烟管锅炉相比，水管锅炉的存水量少，循环快，蒸发效率高，从生火到供气所需的时间短。另外，水管锅炉的水及蒸汽的压力只作用于圆筒形的气包及水管内,不作用于锅炉的炉壁上,因此水管锅炉能承受较高的压力。由于锅炉的质量也比较轻,故现代船用汽轮机动力装置全部采用水管锅炉。

（二）汽轮机

图 4 – 13 为单级汽轮机基本工作原理图。来自锅炉的高压蒸汽在喷嘴 1 中膨胀,压力下降,流速增加,从喷嘴流出的高速气流冲向安装在叶轮上的叶片 3,推动转轴旋转。可见,蒸汽在汽轮机中经过了二次能量转换过程。第一次在喷嘴中,蒸汽的位能转变成蒸汽的动能;第二次在汽轮机叶片和转轴中,蒸汽的动能再转变为汽轮机旋转的机械功。

为了充分利用蒸汽热能,船用汽轮机动力装置往往做成多级式的(一般为两级式)。

图 4 – 14 为一台多级式汽轮机及齿轮传动装置的简图。汽轮机按蒸汽压力高低由高、中、低压汽轮机组成,蒸汽顺次在高、中、低压缸中完成能量转换,汽轮机产生的功率经减速齿轮箱 6 并联到一根轴上输出,并传递给船舶轴系及螺旋桨,倒车汽轮机 4 与正车低压缸汽轮机 3 装在同一汽缸内,以供船舶倒车使用。

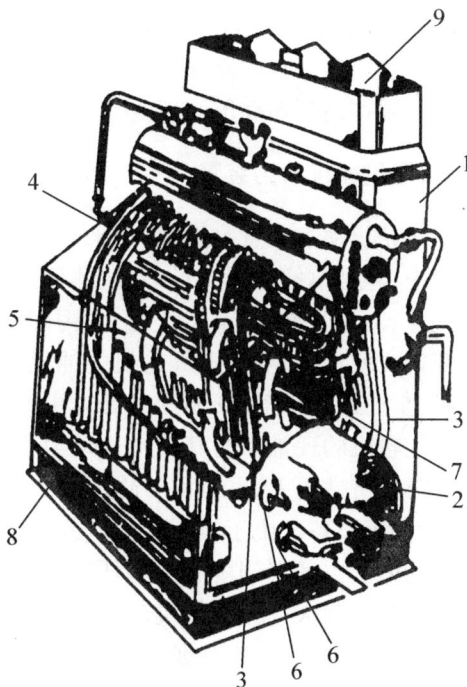

图 4 – 12　水管式蒸汽锅炉

1—上气包;2—下水包;3—热水管;
4—水冷凝管;5—燃烧室;6—喷油器;
7—过热蒸汽;8—下集箱;9—废气排气

图 4 – 13　汽轮机工作基本原理图

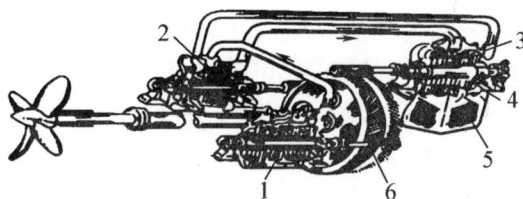

图 4 – 14　多级式汽轮机及齿轮传动装置简图

1—高压汽轮机;2—中压汽轮机;3—低压汽轮机;
4—倒车汽轮机;5—冷凝器;6—齿轮减速器

汽轮机由于工作过程连续、稳定、蒸汽在其中以高速流动,因此在较小蒸汽通道中能流过大量的蒸汽,从而使汽轮机单机功率大大增加。目前,船舶汽轮机单机功率可达 10 105 kW 以上,同时由于汽轮机是一种回转式热机,因而振动、噪音和磨损都比较小,使用寿命长,使用期限可达 10×10^5 h 以上。但汽轮机动力装置由于能量转换过程复杂,并且还有大量的热量在冷凝器中被冷却水所带走,因此热效率较低,约为 30% ～ 35%。为了提高循环的热效率,利用汽轮机废气中的余热对锅炉冷却水预热,减少了锅炉供给的热量,这种循环称为回热循环。另外,提高工作蒸汽的压力及温度也是提高循环热效率的主要途径之一。长期以来,由于锅炉工作时燃油中的钒和钠在高温下对管壁产生高温腐蚀而结渣,使工作蒸汽的初温一直限制在530 ℃以下。近年来,由于这个问题得到了成功的解决,使工作蒸汽的初温提高到600 ℃,初压为7 840 ~ 14 210 kPa。

二、燃气轮机动力装置

燃气轮机动力装置是近40年来发展起来的一种新型船舶动力装置。在所有的船舶动力装置中,它是单位功率质量最轻、体积最小的推进动力,并且它启动迅速,工况变化容易。这些优点,对军用舰艇具有很大的吸引力。此外,燃气轮机使用可靠,振动及磨损小,维护管理都较方便。近年来,燃气轮机的油耗也有所下降,寿命不断提高。目前,不仅在高速轻型快艇上,而且在护卫舰,驱逐舰等大中型舰艇上应用逐渐广泛。

燃气轮机的耗油率与其他推进动力相比仍然较高(一般为272 g/(kW·h)左右),低负荷运转时经济性更差,并且因工作时空气流量大,需庞大的进排气管道;另外它不能直接倒车,需设倒车设备。由于以上缺点,使它作为单一机组发展一直较为缓慢,但它却适宜在采用联合动力装置的军用舰艇中担任加速装置的任务,与其他动力装置联合使用,取长补短,充分发挥其功率大、质量轻、机动性好的优点。

燃气轮机的基本工作原理与汽轮机相似,所不同的是后者使用蒸汽推动叶轮工作,而前者利用具有一定温度和压力的燃气推动叶轮工作。图4－15为燃气轮机动力装置工作原理。供燃烧的空气首先通过进气管进入压气机1,经压缩后压力及温度升高,然后进入燃烧室5,与喷入燃烧室中的燃油相混合,并燃烧成高压、高温的燃气。这股高压、高温的燃气流经高压燃气轮机2及低压燃气轮机

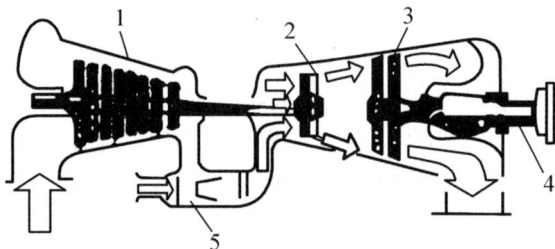

图4－15 燃气轮机动力装作原理图
1—压气机;2—高压燃气轮机;3—低压燃气轮机;
4—输出轴;5—燃烧室

3时膨胀做功,推动高压燃气轮机带动压气机1一起旋转,同时推动低压燃气轮机经输出轴4带动螺旋桨旋转。

目前,普遍采用上述简单循环的燃气轮机。但是为了提高热效率,出现了回热循环燃气轮机(图4－16(a))和中间冷却回热循环燃气轮机(图4－16(b))。前者是让燃气轮机的排气废热通过回热器传给即将进入燃烧室的压缩空气,从而提高装置的效率;后者是利用废气余热,不仅对压缩空气进行加热,而且对低压压气机所压出的压缩空气进行冷却,以提高压气机效率,从而提高循环的热效率,并改善部分负荷下的油耗性能。

三、联合动力装置

联合动力装置是由两种不同形式的推进装置组成。通常在低速工况(如巡航工况)下航行时,由一个推进装置单独工作;而高速直至全速工况航行时,由另一推进装置或两个推进装置共同工作。在低速工况下,单独工作的推进装置称为巡航装置。在高速工况下,单独工作或者与巡航装置共同工作的推进装置称为加速装置。

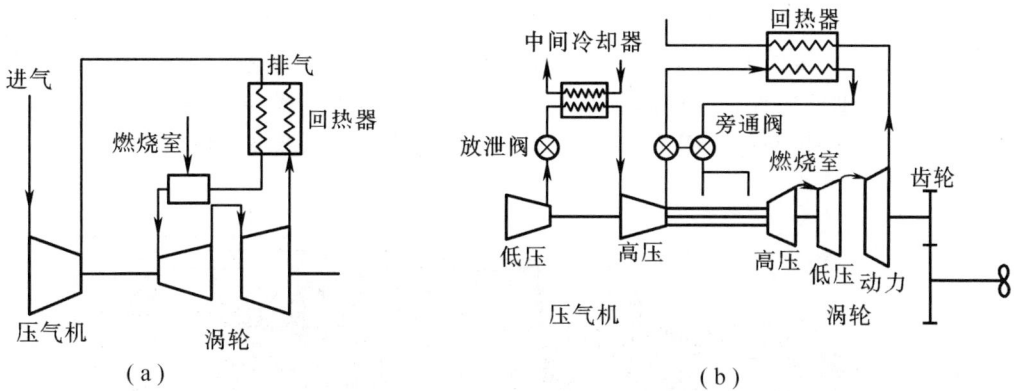

图4-16　燃气轮机循环原理图
(a)回热循环燃气轮机;(b)中间冷却回热循环燃气轮机

联合动力装置主要用在舰艇上,如大型高速炮艇、猎潜艇、护卫舰、驱逐舰和巡洋舰艇等。此类舰艇工况变化范围大,要求在低工况下能长期运行。据统计,它们在20 kn以下航行所需功率一般不超过全功率的25%,运行时间却占总运行时间的80%;在28 kn以上航行所需功率为80%~100%,而运行时间仅占3%。为此,把寿命较长,油耗较低的柴油机或小型燃气轮机等作为巡航装置,把单机组功率大、质量轻、机动性好的燃气轮机作为加速装置,从而使舰艇既能在短时间内发出最大功率达到全速,以提高舰艇的战斗力,又能在长时间的巡航中减少燃料的消耗,增加续航力。因此,国外先后出现了各种以燃气轮机为主导的联合动力装置。可以预料,随着燃气轮机动力装置的不断改进及性能的进一步提高,联合动力装置将向着全燃化的方向发展。

目前,以燃气轮机为主导的联合动力装置主要有以下三类。

(一)蒸汽-燃气联合动力装置

它是以小型蒸汽轮机作为巡航装置,燃气轮机作为加速装置的一种联合动力装置。与蒸汽轮机动力装置相比较,无论从轻重尺寸上,还是启动加速性能上,都有了很大的提高。

(二)燃气-燃气联合动力装置

有燃气-燃气联合使用及燃气-燃气交替使用两种形式。

这种装置的巡航机及加速机均为燃气轮机。巡航燃气轮机可以经济地提供巡航所需要的低功率,而在高航速下用加速机组运行。该系统具有操纵灵活、功率大、质量轻的优点,但装置的造价昂贵,而且进排气道占用了甲板很大的宝贵空间。

(三)柴油-燃气联合动力装置

有柴油-燃气联合使用及柴油-燃气交替使用两种形式。

这种装置把柴油机作为巡航机组,燃气轮机作为加速机组。它具有耗油率低、加速性好、可靠性好等优点,目前是比较合理的联合动力装置。

四、核动力装置

核动力装置是以原子核的裂变反应所产生的巨大能量通过工质(蒸汽或燃气)推动汽轮机或燃气轮机工作的一种装置。

图 4 - 17 为核动力装置示意图。核反应堆有两个回路,核燃料在反应堆中裂变反应时,放出了巨大的热量,被一回路中的载热介质——水所吸收。为了防止吸热后水的汽化,把水加压到 $1.01 \times 10^6 \sim 2.02 \times 10^6$ Pa,故称为压水型反应堆。目前,舰艇及民用船舶所采用的几乎全是压水型反应堆。一回路的水被加热后,通过热交换器,使二回路的水加热变成蒸汽,推动高压汽轮机及低压汽轮机运转,并经减速齿轮箱带动螺旋桨转动。

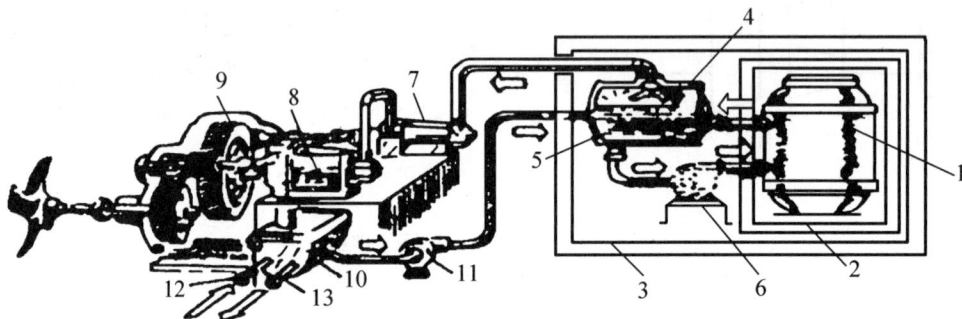

图 4 - 17 核动力装置示意图

1—反应堆;2—一次屏蔽物;3—二次屏蔽物;4—热交换器;5——回路加热蛇形管;6——回路泵;
7—高压汽轮机;8—低压汽轮机 9—减速齿轮箱;10—冷凝器;11—二回路泵;12—海水入口;13—海水出口

为了防止射线对人体的伤害,设有一次屏蔽物及二次屏蔽物,铅元素能限制射线通过,所以屏蔽物用铅板及水泥制成。反应堆的外面用极为耐压的密封壳(称压力壳)包住。

由于消耗少量的核燃料就能获得巨大的能量,因而核动力装置舰船具有很大的续航力。曾经有人作过非常生动的描述:"核动力船舶一次装载核燃料的质量小于船上一位旅客的体重,可是它却能沿赤道连续绕地球航行 12 圈,而同样大小的常规动力船舶航行同样距离所消耗的燃料,约为船重的 4 ~ 5 倍!"另外,核反应不需要消耗空气,这个特点对潜艇来说具有特别重要的意义,它给潜艇提供了在水下长期航行的可能性,大大提高了潜艇的隐蔽性及水下作战能力。

核裂变反应释放出大量的放射性物质,对人体有严重的杀伤作用,也污染环境。同时,造价昂贵,操纵管理系统复杂,且技术要求高,民用船舶应用较少。

第四节 船舶推进器

要使船舶克服水的阻力前进,除由装在船上的主机提供动力外,还要有产生推力的推进工具,即推进器,推船前进。船舶主机产生的动力经过主轴传递到达艉部,要有传递的能量损失,所以有一个传递的效率问题,同时推进器本身也有一个效率问题。把这些损失综合起来,就是个总效率问题,也就是说机器功率要比推船前进的有效功率大得多,可用下式表示,即

$$P_c = \frac{P_e}{P_s}$$

式中 P_e——有效功率,kW;

P_s——机器功率,KW;

P_c——推进系数,它是各种效率相乘的综合之称,其数值越大,表示船的推进性能越好。

船舶推进器是将主机发出的功率转化为推船前进的推力设备。从上面分析可见,为改善船舶的快速性,除应具有良好的船型以降低航行时的阻力外,还必须配以性能良好、效率较高的推进器,这样才能收到较好的效果。

船舶推进器的种类很多,最古老的要算篙了,它可撑船前进。后来又发明了桨和橹,它们一直沿用至今。随后是利用风帆作为推进工具,出现了多种形式的帆船。随着机器在船上的应用,就出现了明轮推进器。明轮是两个巨大的转轮,装在船的两侧或艉部。轮子上装了划板或桨叶,当明轮转动时,划板或桨叶可以划水前进,如图 4 - 18 所示。

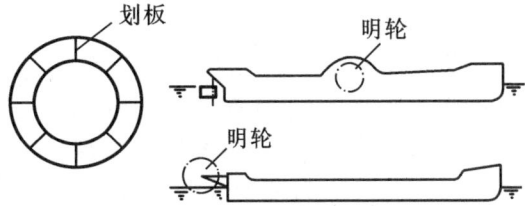

图 4 - 18　明轮船

19 世纪初出现了螺旋桨推进器,几经改进一直沿用至今,这是使用最普遍的推进器。

一、螺旋桨

螺旋桨俗称车叶,由若干桨叶所组成。桨叶的数目通常为三叶、四叶或五叶,各叶片间相隔的角度相等,如图 4 - 19 所示。

螺旋桨通常装在船的尾部,螺旋桨与艉轴的连接部分称为毂,桨叶就固定在毂上。由船尾向船首看时,所

图 4 - 19　螺旋桨

看到的螺旋桨桨叶的一面称为叶面(压力面),另一面称为叶背(吸力面)。桨叶的外端为叶梢,而与毂的连接处称为叶根。螺旋桨旋转时叶梢的圆形轨迹为梢圆,此圆称为螺旋桨桨盘,直径称为螺旋桨直径,其面积称为盘面积,如图 4 - 20 所示。

螺旋桨正车旋转时,由船尾向船首看所见到的旋转方向为顺时针的称为右旋桨;反之则为左旋桨。双桨船的螺旋桨装在船尾两侧。正常旋转时,若其上部向着船中线转动的称为内旋桨;反之称为外旋桨。

螺旋桨直径的大小往往受到船舶吃水的限制。一船来说,螺旋桨直径愈大转速愈低,其效率愈高。螺旋桨与船的尾框要有良好的配合,避免叶尖露出水面而影响效率。螺旋桨与船体间隙要适当,以避免引起严重的振动。

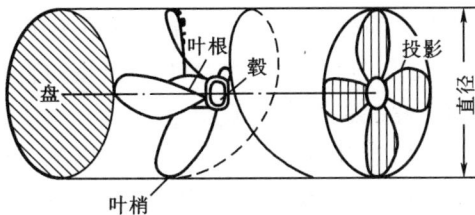

图 4 - 20　螺旋桨的外形

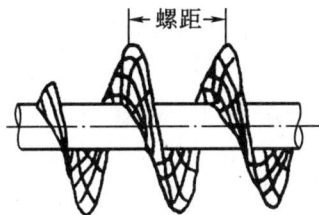

图 4 - 21　螺旋面

螺旋桨的运动情况同螺钉的运动情况极为相似。把螺钉旋转一圈，它就在螺帽中向前推进一段距离，这段距离称为螺距。螺旋桨的桨叶叶面（压力面）通常是螺旋面的一部分，就像螺钉的螺纹的一部分那样，如图4-21所示。不过螺旋桨是在水中运动的，水代替了螺帽的地位。螺旋桨旋转时，把水推向后方。根据力的作用与反作用原理，水给螺旋桨以反作用力，这就是推力，推船前进。

螺旋桨叶面各半径处的螺距相等的称为等螺距螺旋桨，不等的称为变螺距螺旋桨。

螺旋桨工作时，由于叶面要承受水的反作用力，所以桨叶要有一定的厚度来保证其强度。桨叶叶面为螺旋面的一部分，而叶背的形状则由桨叶各半径处的切面形状所决定，所谓桨叶的切面，就是与螺旋桨共轴的圆柱面同桨叶相切所得的截面将其展开后而得的形状，有弓形、月牙形、机翼形和梭形等几种，如图4-22所示，常用的

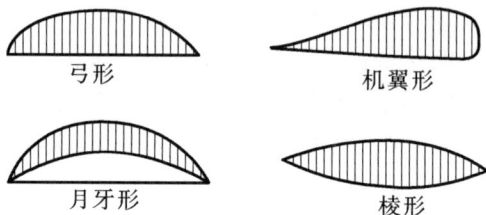

图4-22　桨叶切面的形状

为弓形或机翼形。螺旋桨在水中旋转工作时，桨叶的叶背压力降低而形成吸力面，当某处的压力降至该温度下水的饱和蒸汽压力时，该处的水就会发生汽化现象，形成气泡覆盖于叶背，称为空泡现象。空泡产生后，会使螺旋桨的效率降低或发生剥蚀和局部振动现象，在螺旋桨设计时应予避免。而对于高速舰船，因为主机功率大，转速高，空泡现象往往难以避免，就出现了所谓空泡螺旋桨或全空泡螺旋桨。

螺旋桨的设计方法有图谱设计法和环流理论设计法两种。一般船舶的螺旋桨都用图谱设计法。设计图谱是根据螺旋桨模型敞水系列试验资料绘制而成，有多种图谱可供选用。此类设计方法计算简便，能满足工程要求，故广泛使用。

制造螺旋桨的材料有铜合金、铸铁和铸钢等几种。铜合金（如锰青铜和铝青铜）具有强度高、制造加工方便、抗海水腐蚀性能好、表面光滑、螺旋桨效率高等优点，故应用较广。铸铁价格便宜，但强度较低，故多用于小船上。近年来，有用钛合金、不锈钢、玻璃钢等材料来制造螺旋桨的。

二、特种推进

除广泛应用的普通螺旋桨外，为满足不同船舶的特殊要求，在实践中还创造了其他特种推进器，如导管螺旋桨、可调螺距螺旋桨、串列螺旋桨、对转螺旋桨、直翼推进器和喷水推进等。

（一）导管螺旋桨

导管螺旋桨又称套筒螺旋桨。它是在普通螺旋桨的外面套上一个截面为机翼形状的圆形套筒（称为导管），导管的外径一头较大，另一头较小，其最小内径比螺旋桨的直径稍大，如图4-23所示。导管的作用是造成一个有利于螺旋桨工作的流场。

一般来说，导管螺旋桨的效率比普通螺旋桨要高，这是因为装了导管后可以减少艉流的能量损失，从而提高了导管螺旋桨的效率。实践证明，螺旋桨的载荷愈重，采用导管的收益就愈大，所以对于重载荷的螺旋桨采用导管是十分有利的，故广泛应用于拖船、拖网渔船及大型油船上。导管还有保护螺旋桨的作用。导管固定在船尾的称为固定导管；导管与舵杆固接而能转动的称为转动导管。安装导管的主要缺点是使船舶的倒车性能变差。

（二）可调螺距螺旋桨

它是指通过装在桨毂内的操纵机构，使桨叶转动而调节螺距的一种螺旋桨。船在航行过程中，可根据需要来调节螺距的大小，从而获得不同大小的推力，以适应不同工况的要求。可调螺距桨的主要优点是能在各种装载和风浪下航行时，充分利用主机功率，船舶的操纵性也能得到改善。其缺点是操纵机构复杂，造价较高，而且因为在桨壳内要安装操纵桨叶的转动机构，毂径较大，所以其效率常较普通螺旋桨稍低。可调螺距螺旋桨常用于航行状态多变或机动性要求高的船上，如拖网渔船、港作拖船及扫雷舰等。

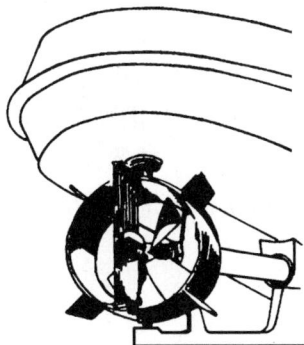

图 4－23　导管螺旋桨

（三）串列螺旋桨

它是将两只普通螺旋桨安装在同一根艉轴上，工作时，两桨的旋转方向和旋转速度皆相同。对吃水浅、螺旋桨的直径受限制的船舶，采用串列桨有其明显的优点。由于把主机功率分配在两只桨上，所以使每一螺旋桨的载荷都不太大，这对改善推进情况及由螺旋桨引起的艉部振动都是有利的，它适宜于吃水浅而功率大的船舶。串列螺旋桨的缺点是艉轴较长，质量较大，造价也比普通螺旋桨高。

（四）对转螺旋桨

它又称双反桨，是在两根同心的轴上安装两个转向相反的普通螺旋桨。一般后桨的直径较前桨稍小，如图 4－24 所示。采用对转螺旋桨时，由于前后桨的转动方向相反，使得尾流的旋转损失减少，故此效率比普通螺旋桨高。在一定负荷下，对转螺旋桨所需直径较普通螺旋桨小，因此对吃水受限制而不能采用普通螺旋桨的最佳直径时，采用对转螺旋桨有其特殊优点。另外，因为对转螺旋桨能产生较为稳定的扭矩平衡，所以能改善船舶的稳定性和操纵性。对转螺旋桨的主要缺点是机构复杂，造价较高，多年来仅用作鱼雷的推进器。

（五）直叶推进器

它也称平旋推进器，一般由 4～8 片叶片组成，叶片垂直地装在船尾底部可旋转的圆盘上，如图 4－25 所示。叶片在圆盘上是等间距的，圆盘通过主机操纵机构可绕垂直轴旋转。叶片除随圆盘一起转动外，并能自转。直叶推进器的作用原理与螺旋桨相似，只要调节叶片的角度就可获得任意方向的推力。这种推进器的最大优点是转向操纵灵活，不必用舵，效率也较高，因此常用于港口工作船或对操纵性有特殊要求的船舶上。其缺点是机构复杂，造价较高，叶片易损坏。

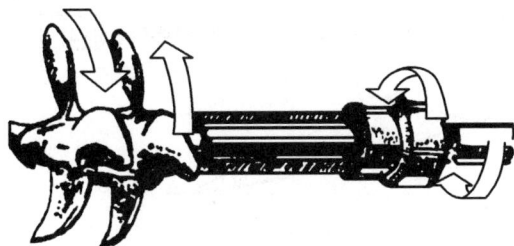

图 4－24　对转螺旋桨　　　　　图 4－25　直翼推进器

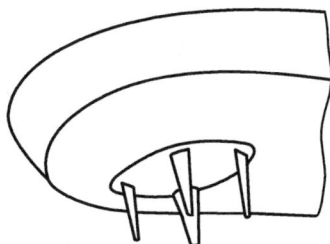

（六）喷水推进

它是依靠喷出的水反作用来产生推力的推进器。它由装在船内的水泵及吸水、喷水管系所组成，水泵自船外吸水并使其加速后，由船尾的喷口喷出，以获得推力，推船前进。喷水推进的优点是推进系统有良好保护性，操纵性能良好，没有螺旋桨引起的船体尾部的振动，但一般效率较低，故常应用于浅水内河拖船上。近年来，喷水推进技术有进一步的发展，提高了喷水推进的效率，已逐步应用于高速艇上。

第五节　船舶轴系及传动装置

一、船舶轴系

船舶轴系的任务是将主机的功率传给螺旋桨。同时，又将螺旋桨旋转所产生的轴向推力传给船体，以推动船舶运动。

从主机到螺旋桨有一定的距离，其间用传动轴加以连接。为了加工、制造、运输、拆装的方便，往往把它分成许多轴段，并用联轴节加以连接而组成船舶轴系。其主要部件有推力轴及其轴承、中间轴及其轴承、艉轴（或螺旋桨轴）及艉轴承、人字架轴承、艉轴管及密封装置、各轴的联轴节。有些船舶还另有短轴，用来调整轴系的长度。此外，还有隔舱壁填料函和带式制动器等。图4-26所示为大型低速柴油机直接驱动螺旋桨的轴系结构组成及布置实例。机舱18位于船舶的中间偏艉部。轴系为单轴系，布置在船舶的中纵剖面上，并且轴线与船体基线（龙骨线）平行。柴油机1通过推力轴，调整短轴3和中间轴5，8，10以及艉轴11驱动螺旋桨13。推力轴支撑在推力轴承2上，中间轴由中间轴承4，7，9，12支撑。艉轴经艉轴管14伸出船尾。曲轴、推力轴、中间轴和艉轴之间通过法兰用螺栓连接起来。

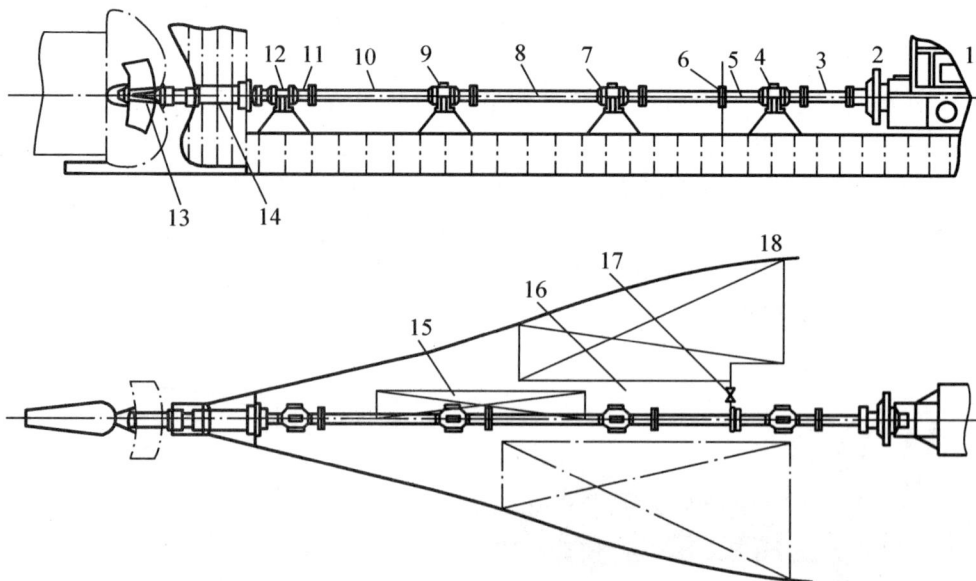

图4-26　某轮单轴长轴系结构组成及布置图

1—柴油机；2—推力轴承；3—短轴；4，7，9，12—中间轴承；5，8，10—中间轴；6—舱壁填料函；
11—艉轴；13—螺旋桨；14—艉轴管；15—窗口；16—艉轴隧；17—水密门；18—机舱

螺旋桨用键和螺母固定到艉轴上。为了维护管理的需要,设置有艉轴轴隧16。轴隧上开有窗口15,以吊运轴系,平时用铁板封死。艉轴轴隧与机舱的隔壁上装有水密门和中间轴通过舱壁的舱壁填料函6。

二、传动装置

把主机发出的功率传递给螺旋桨的整套装置称为船舶的传动装置。

船舶主机除低速柴油机外,转速一般都比较高,特别是汽轮机和燃气轮机,其转速可高达每分钟数千转,甚至更高。转速太高会使螺旋桨效率下降(一般船舶螺旋桨转速为100~200 r/min)。因此船舶传动装置不仅仅是一个传动问题,而且还存在减速和离合的问题。

目前,船舶传动装置主要有以下几种形式。

(一)直接传动

这是一种最常见的传动形式,轴系与主机的曲轴直接相连,螺旋桨和主机具有相同的转速与转向,因此直接传动适合于低速柴油机。图4-27(a)是一种单轴系直接传动形式,它具有结构简单可靠、操作方便、传动损失少、推进效率高等优点,因此使用极为广泛。图4-27(b)为双机双桨直接传动形式,一般用于客船、内河船等,双机双桨可提高推进功率及船舶机动性。不过,直接传动时螺旋桨的倒转或慢车必须由主机倒转或慢车来调节。

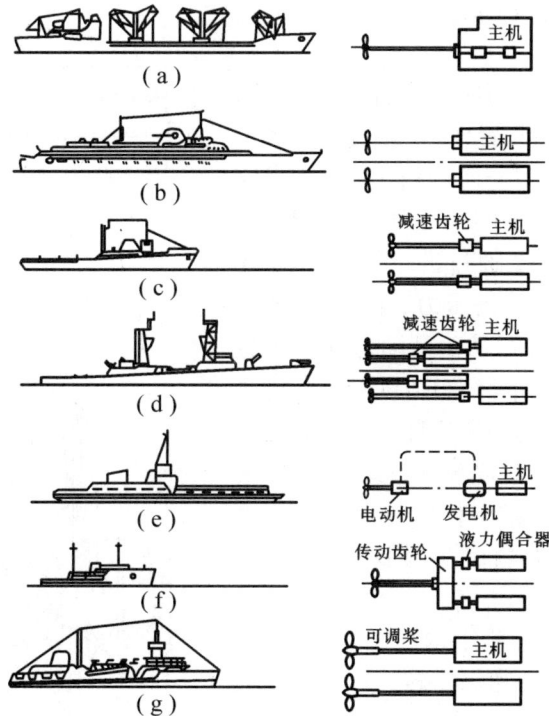

图4-27 船舶传动装置简图

(二)齿轮传动

汽轮机、燃气轮机及高中速柴油机应用齿轮减速后,主机转速可不受螺旋桨低速的限制,并能保持较高的推进效率。齿轮减速装置较其他类型的减速装置效率高,约为0.96~

0.98,所以使用比较广泛。

但是齿轮减速装置的质量、尺寸随着主机功率的增大而相应增大,约为主机质量的45%左右。为了减小齿轮减速装置的质量、尺寸,出现了行星齿轮传动形式,即减速机构中有的齿轮传动具有体积小、质量轻的优点,是同样减速比的普通齿轮传动质量的1/3左右。

齿轮传动在内河及沿海中小型船舶上广泛使用,而大型远洋货船采用齿轮传动的也日益增多。齿轮传动的布置形式很多,有单机单桨布置、双机双桨布置(图4－27(c))、多机多桨布置(图4－27(d)),也有双机并车及多机并车布置。在减速齿轮方面有一级减速、多级减速、带倒车离合器减速等。不过,齿轮的制造要求有较高的精度。

（三）电力传动

电力传动是由主机带动发电机,再由电动机带动螺旋桨的一种传动形式,如图4－27(e)所示。采用这种传动形式可不设中间传动轴,主机和螺旋桨的转速分别独立选取,也可实施多机连用。主机和艉轴可以相隔任意距离。不管螺旋桨转速负荷如何,主机始终做恒速转动。当螺旋桨反转时,只需改变电动机的转向,而不需改变主机的转向。在负荷变化时,可以调整所用的发电机数目,使每一台机器都在良好负荷下工作。由此可见,电力传动的突出优点是操纵性好,因此它适用于拖船、渡船、挖泥船、破冰船等操纵性要求高的船舶。

由于电力传动能量转换过程复杂、损失多、传动效率低,虽然省去了大部分轴,但质量与体积较大,造价和维修费用较高,所以发展不快。

（四）液力传动

它是利用液体来传递功率的装置。图4－27(f)为双机并车液力传动装置,这种装置是将离心泵和涡轮机的工作原理结合而创造出来的。图4－28为液力传动原理图,从图中可见,发动机1带动离心泵,泵的工作叶轮2通过进水管11从水槽10中吸水,经过离心泵而提高压力后的水,由管路3输入水轮机去冲动涡轮7,从而驱动螺旋桨6,这样离心泵和水轮机组便组成一个传动装置。然而这种装置的传动效率很低,许多能量在传动过程中损失掉了。经过改革,将功率损失较大的蜗壳4,8和导水轮5取消,并将工作叶轮2,7尽量靠拢,以便管路缩到最短,这就是实用形式的液力传动装置。

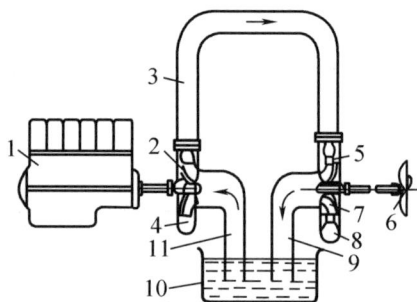

图4－28 液力传动原理图

图4－29是液力耦合器结构简图,它由两个工作叶轮组成离心泵叶轮和涡轮转轮。与主机相连接的泵轮的功用是将输入的机械功变为工作叶片的功能,而涡轮转轮又将工作液体的功能还原为机械功,并通过输出轴(从动轴)而带动螺旋桨旋转。

液力传动使主机和螺旋桨的连接成为挠性连接,它可以减速和反转,同时还可以使主机和螺旋桨

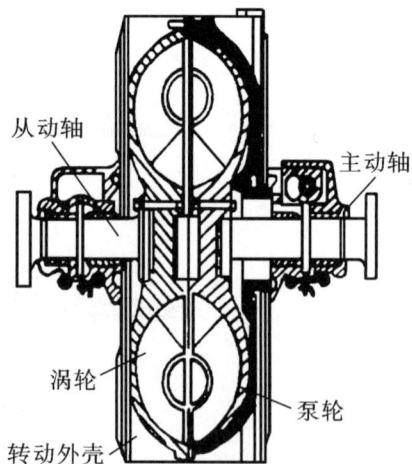

图4－29 液力耦合器结构简图

离合。概括起来液力传动有如下优点：

①可以起离合器作用，并为远距离操纵创造条件；

②可以改变船舶牵引性能，增加船舶机动性；

③有缓冲和吸收扭转振动的作用，可以保护主机；

④当负荷改变时能自动改变转速而实现无级变速。

因此，液力传动适合于一些工程船舶。

（五）可调螺距螺旋桨传动

它的传动如图 4 - 27(g)所示，又称可变螺距螺旋桨。它与普通螺旋桨在结构上是不同的，普通螺旋桨的桨叶固定在桨毂上，桨叶螺旋面没有相对运动，而可调螺距螺旋桨是将分开制造的桨叶与桨毂通过一套机构组合起来，它们之间有相对运动，以便调节桨的螺距，使螺旋桨适应负荷变化或倒航的需要。船舶可以得到从最大正车速度转换到最大倒车速度时的任意一种航速，如果把螺距调整到零位，即使螺旋桨在转动，船舶仍可原地不动，如图 4 - 30 所示。可调螺距螺旋桨具有下列优点。

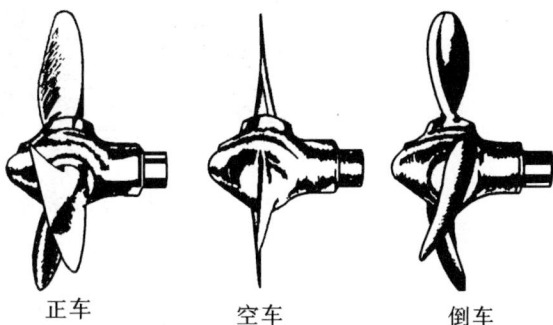

图 4 - 30　可调桨的三个工作位置

1. 能够充分发挥主机的全部功率

船舶在各种工况下可调螺距螺旋桨均能充分发挥主机的全部功率。普通螺旋桨往往只在某一种工况下使船舶阻力与主机额定功率相适应，而当工况发生变化时（如船舶重载、轻载状态），就会使主机功率不足或过盈而影响效率、航速等。如果采用可调螺距螺旋桨，则可根据船舶不同工况随时调节螺距而不改变主机转速，使船舶阻力与主机额定功率相适应，提高动力装置的经济性。

2. 能提高舰船的机动性

可调螺距螺旋桨可提高船舶的机动性。因为通过改变螺距，可使船舶得到任意航速，如一些工程船舶、渔船、扫雷艇等常常需要微速前进，但因主机最低稳定转速的限制，往往无法实现，而采用了可调螺距螺旋桨后，问题便得到了解决。

3. 能够延长主机的使用寿命

船舶倒航若用可调螺距螺旋桨，则主机不用逆转即可实现，因而延长了主机的使用寿命。也就是说，船舶进退不用改变螺旋桨的转向而只需改变螺距即可，这样可使主机装置简化，而且进退转换时间短，停航滑行距离也短。然而，可调螺距螺旋桨的结构比较复杂，在艉轴及桨毂内设置操纵机构，使轴系及螺旋桨的制造与安装技术要求较高，困难较大，而且造价较贵，但对变工况及操纵性能要求较高的船舶，这种传动方式还是很合适的。

（六）挂机

挂机是为了减小尺寸、质量以适应小型快艇的需要而悬挂于舷外的一种装置，即把发动机挂在舷外直接与竖轴相连，如图 4 - 31 所示。整机和螺旋桨可绕架衬套中线回转，并起到舵的作用。扳起舵柄还能使螺旋桨上翘露出水面，对桨有一定的保护作用。

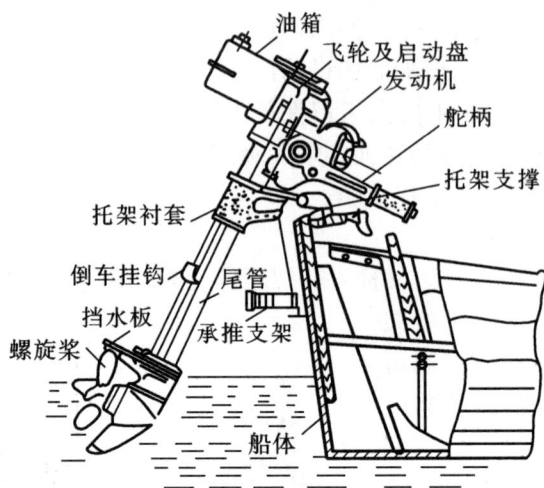

图 4 - 31　舷外挂桨装置（桨轴）

第六节　机舱辅助机械

在船舶动力装置中,为了保证管路系统及时有效地输送工质,保证船舶的安全航行及满足旅客工作与生活的需要,机舱里设置了为数众多、类型各异、任务不同的辅机。机舱辅机按其工作性质的不同可分为三类。

一、船用泵

泵是船上应用极为广泛的一种水力机械,它由原动机(一般为电动机)带动,并将其机械能转化为液体的压力能、位能和动能。在船舶上泵送的液体主要是水和油。船用泵主要有以下几种。

（一）活塞泵

图 4 - 32 为活塞泵工作原理图。活塞 2 在泵缸 1 中作往复运动,当活塞由下往上运动时,泵缸容积增大,压力减小,池内液体经吸入管 3 顶开阀 4 进入泵缸。当活塞由上往下运动时,活塞下部液体体积减小,压力增大,阀 4 关闭,具有一定压力的液体顶开阀 5 经排出管 6 排出。在船上,活塞泵常用作手摇水泵和油泵。由于这种泵自吸能力强,故舱底泵和总用泵均采用活塞泵。

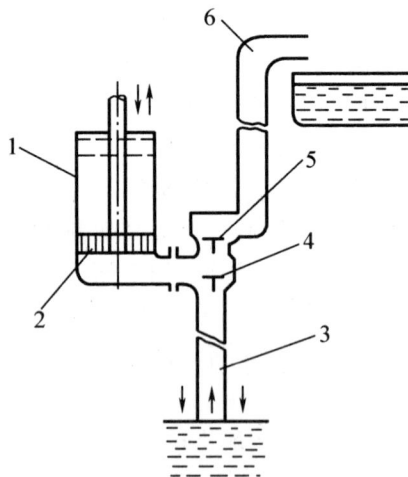

图 4 - 32　活塞泵工作原理图
1—泵缸;2—活塞;3—吸入管;
4—吸入阀;5—排出阀;6—排出管

（二）回转泵

回转泵是依靠特定形状的转子(齿轮、螺杆等)在相应形状的泵体中旋转,改变了工作腔的容积,从而在吸入口与排出口产生吸排液体的作用。

图 4 - 33 为回转式齿轮泵的工作原理图。齿轮 1 转动时,由于工作腔在吸入口 2 处的

容积增大,把液体吸入,在排出口 4 因齿轮的啮合又把液体挤出。回转泵在机舱中常用作泵送燃油与滑油。

(三)离心泵

离心泵是叶片式泵,而活塞泵、回转泵均为容积泵。离心泵如图 4－34 所示,它是依靠高速旋转的叶轮 2 所产生的离心力把液体甩向叶轮外缘,并进入螺旋形的泵壳 1 中,使液体获得较高的能量。与此同时,叶轮内缘区域因压力降低而将液体吸入泵内,以补充被旋转的叶轮所甩出的液体容积。

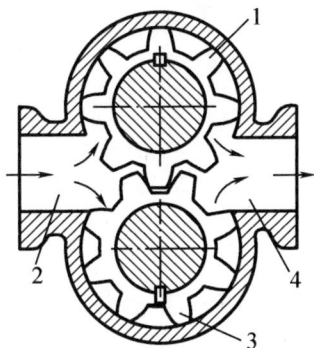

图 4－33　齿轮泵工作原理图　　　　　　　图 4－34　离心泵工作原理图

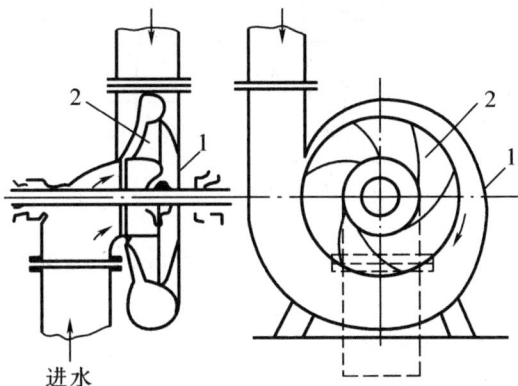

离心泵具有流量及压头范围广、适应性强等优点,在机舱中常被用来作为冷却水泵、消防泵、压载水及生活水泵等。

(四)喷射泵

它是一种依靠高能量的流体去抽吸低能量流体的泵,如图 4－35 所示。当高压工作的流体流经喷嘴 1 时,压力下降,流速增加,从而在喷嘴 1 出口形成一个低压区,被抽吸液体在压力差作用下,

图 4－35　喷射泵

经吸入管 3 吸入,并被高速工作液体所带动一齐进入混合室 2,两种液体在混合室中相互碰撞进行动量的交换,最后又一起进入锥形扩压管 4,使压力增加,流速下降。

喷射泵具有结构简单、无运动机件、不易损坏、有自吸能力等优点。在机舱中,喷射泵常用作舱底水泵,但它需要有离心式舱底泵供应高压水为能源。

二、气体压送机械

气体压送机械根据所产生的压力可分为压缩机、鼓风机及通风机。当输送的气体压力在 294 Pa 以下称为压缩机;压力在 294 Pa～14.7 kPa 称为鼓风机;压力在 14.7 kPa 以上为通风机。船上主要使用压缩机和通风机。

(一)压缩机

在船舶上,压缩机的工质主要是空气和制冷剂,压缩机有往复活塞式,也有自由活塞式。这里主要介绍往复活塞式的空气压缩机(空压机)。

根据空压机的结构可分为单级空压机及多级空压机。图4－36为活塞式空压机示意图。图4－36(a)为单级空压机,其排出空气的压力一般不超过5～8表压,否则压缩终点温度过高,会使润滑困难,效率大为降低。如果要求较高的空气压力,必须采用多级压缩。图4－36(b)为双级压缩空压机,在两级之间装有冷却器,以降低气体温度,使压缩过程接近等温过程,从而减少空压机消耗的功率。

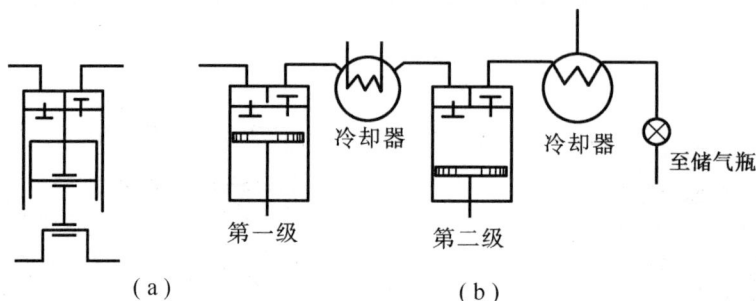

图4－36　活塞式空压机示意图

船舶上压缩机所产生的压缩空气用来作为柴油机的启动、大型柴油机的换向机构及离合器的操纵、鸣笛、清洗海底门、吹除压载水舱、使潜艇上浮等。

(二)通风机

按工作原理可分为离心式通风机和轴流式通风机。

图4－37为离心式通风机示意图。它是利用高速旋转的叶轮对气体产生的离心力,使气体的能量增加,从而达到气体增压及输送的作用。

图4－38为轴流式通风机示意图。它是利用叶轮高速旋转时在叶轮正、背面产生压力差的轴向推力,使气体沿轴向流动,从而达到增压送风的目的。

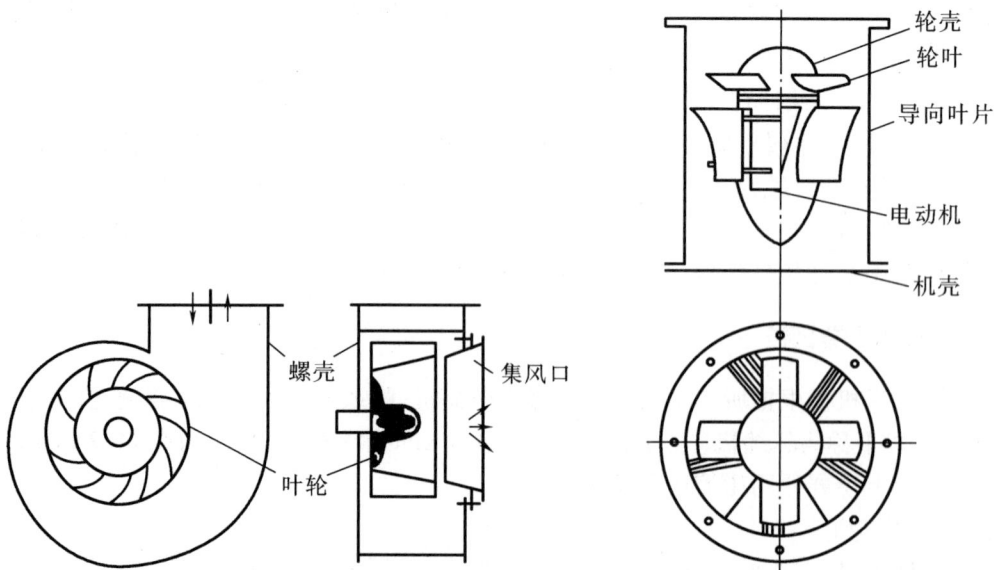

图4－37　离心式通风机示意图

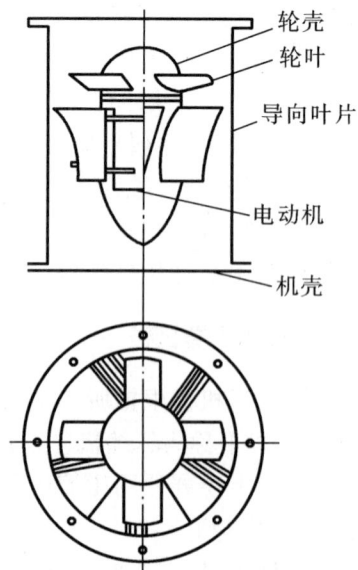

图4－38　轴流式通风机示意图

船舶上,客舱、货舱、燃料舱、机炉舱等需要用通风机进行强行通风,以利船员、旅客的身体健康和货物的安全装运。

三、完成特定任务的装置

(一)船舶辅助锅炉

在柴油机动力装置中,燃油、滑油的加热,日常生活用热水,居室取暖等都需要大量的热量,它们通常都是利用锅炉产生的蒸汽提供的,因此船上装有 1~2 台蒸汽锅炉,其压力一般在 980 Pa 以下。为了与蒸汽动力装置中供应主机蒸汽的主锅炉相区别,故取名"辅锅炉"。

辅锅炉按其结构不同可分为火管锅炉、水管锅炉及水火管锅炉。图 4-39 为船舶辅锅炉示意图,辅锅炉 2 为水管锅炉,它分为上锅筒 8 及下锅筒 9,中间连以直立的水管管簇。上、下锅筒及水管内装水,燃油 7 在炉膛

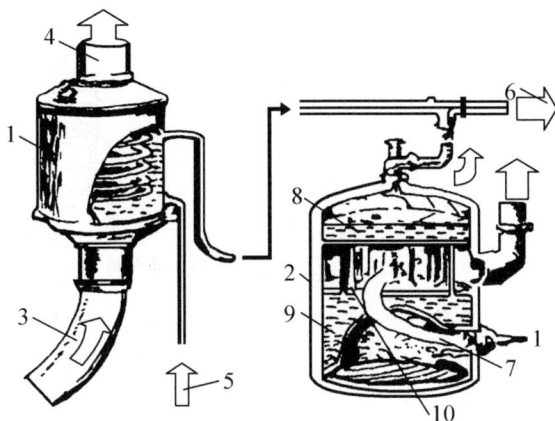

图 4-39　船舶辅锅炉示意图

1—废气锅炉;2—辅锅炉;3—废气;4—烟管;5—供水;
6—蒸汽;7—燃料;8—上锅筒;9—下锅筒;10—炉膛

10 内燃烧,其中一部分热量通过炉膛传给周围炉水,另一部分热量是由高温烟气流过水管时传给管内炉水的。水经过加热后变成蒸汽,并聚集在上锅筒的上部,引出后的蒸汽 6 由蒸汽分配器集中,然后分配到各用热设备。

柴油机的排气温度为 250~400 ℃,完全可以利用这部分余热把水加热成蒸汽,因此除装设燃油辅锅炉外,在机舱顶部的排气管中还安装了"废气锅炉"。如图 4-39 所示,在圆筒形的废气锅炉 1 中贯穿着几百根烟管,柴油机的排气 3 流过烟管,将热量传给了周围的炉水,产生蒸汽。

船舶在正常航行期间,全船所用蒸汽由废气锅炉供应,供气量不足时由辅锅炉补充。停泊时所需蒸汽才完全由辅锅炉供应,从而节省了能量。

(二)制冷装置

船舶在航行中需要储存一定数量的食物。为了使食物得以长期保存,在船上都设有制冷装置。

制冷装置按其工作原理的不同,有压缩式制冷装置、吸收式制冷装置、蒸汽喷射式制冷装置及热电制冷装置。其中,压缩式制冷装在船舶上应用极为普遍。吸收式制冷装置由于能利用主机的废热,不需要压缩机等转动设备,因此具有耗能少,运转平稳、无噪音等优点,目前在潜艇等船舶上逐渐应用。这里主要介绍压缩式制冷装置。

压缩式制冷装置主要是利用液体在汽化时需要吸收大量热量这一原理来"制冷"的。通常把能在低温下汽化吸热的液体作为制冷剂,在船上广泛应用氟利昂-12(F-12)和氨(NH₃)。

压缩式制冷装置的工作原理如图 4-40 所示。它由蒸发器、压缩机、冷凝器、膨胀阀四个主要部分组成。在船上,考虑到不同类别的食品有各自不同的最佳冷藏温度,通常设

有好几个冷库,如鱼、肉、蔬菜、水果、饮料库等,各冷库内布满了管子,即蒸发盘管。低压液态的制冷剂进入蒸发盘管后,吸收了库内被冷却物体的大量热量,变为气体,从而使冷库里的物品冷却或冻结。蒸发吸热后的制冷剂由压缩机连续地从蒸发器内吸出,并把气态的制冷剂压缩,使它的冷凝温度提高,然后进入冷凝器,用弦外水或空气冷却,使它凝结成液态制冷剂,再经过膨胀阀,使液态制冷剂的压力及温度下降,以便在蒸发器中循环吸收热量。

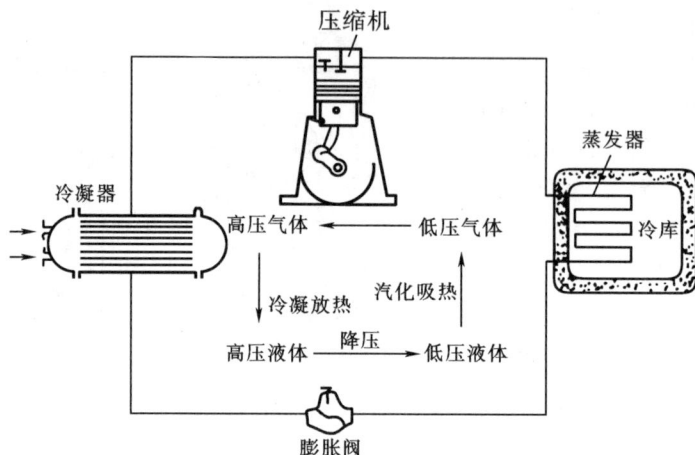

图 4 - 40　压缩式制冷装置工作原理图

压缩式制冷装置的结构简单,管理方便,制冷剂直接在冷库内吸收热量,因此冷量损失少,但它必须用压缩机使制冷剂不断循环,一旦压缩机停止运行,则制冷效果迅速消失。

（三）制淡装置

船舶制淡装置是用海水制造淡水的一种设备,对于远洋船舶,光靠水舱携带淡水是远不能满足需要的,必须装设一台或几台造水量较大的制淡装置。

船上普遍采用沸腾式制淡装置,它是利用水的蒸发 - 冷凝的原理来造水的,即把海水加热使其汽化,然后再把蒸汽冷凝成清洁的水,从而达到使海水中的盐分等杂质与水分离的目的。

柴油机出水温度一般不超过85 ℃,为了充分利用冷却水的这部分"废热",让它加热海水,制造淡水,所以采用了真空式造水装置。图 4 - 41 为该装置结构图,用专门的真空泵使海水蒸发器内建立一定的真空度,则海水蒸发器内的海水由于柴油机冷却水的加热约在40 ℃左右就能沸腾,产生大量的蒸汽,然后把蒸汽引入冷凝器中,并用海水使它冷却凝结成水,从而达到造水的目的。

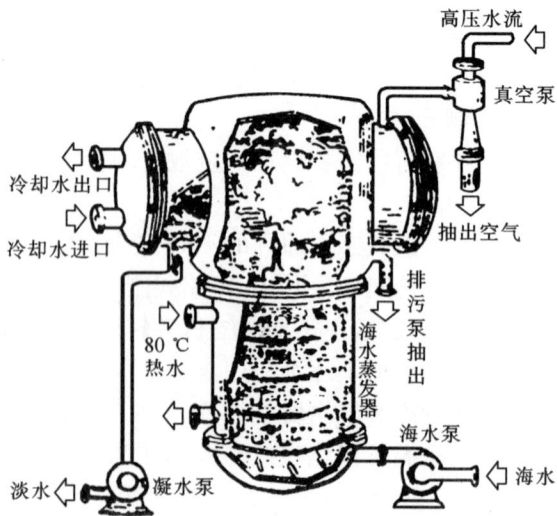

图 4 - 41　真空造水装置

　　由于蒸发的结果使海水中盐分的浓度增大和液位下降,所以通常用连续进水并不断用排污泵排除高浓度海水的方法来稳定液位及保持蒸发器海水浓度。国产"真空蒸发式造水装置"对造水数量的调节,造水质量的检验都装备有完整的系统,并实现了整个装置运行的高度自动化。

　　沸腾式制淡装置的最大缺点是海水在蒸发器加热管内易形成使传热系数不断下降的水垢,给管理带来不便。近年来,无垢的闪发式制淡装置逐渐得到应用。

第五章　船舶设备

为了满足船舶在营运中的各项要求,船上还必须配备各种用途的设备。就运输船舶来说,船舶设备主要包括舵设备、锚泊设备、系缆设备、救生设备和起货设备等。某些特种用途的船舶还有其专用设备,如钻井平台的钻探设备、科学考察船的各种取样及探测设备、渔船的渔捞设备、拖船的拖曳装置等。本章只就一般运输船舶的主要设备简述如下。

第一节　舵　设　备

舵设备是保证船舶操纵性的一种装置,它主要由舵、转舵机构(或称舵传动装置)、舵机、操纵装置及传动机构等部分组成。图 5－1 是舵设备的布置示意图。当船舶航行时,驾驶人员操纵舵轮或手柄,通过传动装置带动舵机,由舵机通过转舵机构带动舵转动,从而使船舶按照驾驶人员的意图进行回转或做定向航行。

操纵和传动装置是用来从驾驶室控制常设于尾部的舵机的,图 5－2 为驾驶室内操纵装置示意图。至于传动装置则有机械式、液压式和电动式等多种形式。机械式是最老的形式,目前只使用在小船上。液压式和电动式使用方便,尤其是电动式,因为它操作轻便,动作灵敏,不受船体变形和气候的影响,新造的船舶上经常采用。此外,在新型远洋船舶上还广泛应用一种自动操舵装置,它是将操纵机构通过一对自整角机与陀螺罗经(一种指示航行方向的仪表)联系起来,陀螺罗经上航向偏转,自整角机就转动,从而控制操纵机构带动舵机,产生舵角,随之纠正船舶航行中出现的偏差。这种自动操舵装置,目前发展到不仅能用来保持船舶既定的航行,而且可以实行从启运港到目的港全程自动导航与自动操舵,如同我国为德国劳埃德轮船公司建造的全格栅大型冷风集装箱船"柏林快航"号那样,该船只有 16 名船员。

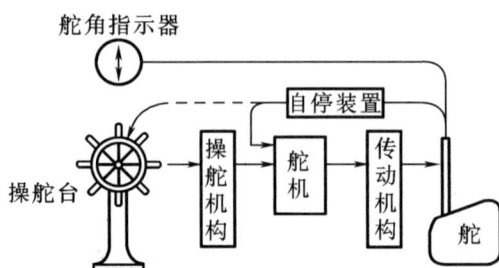

图 5－1　操舵装置示意图

图 5－2　驾驶室内操纵装置示意图

一、舵及其形式

在舵设备的各部分中,起关键作用的是舵。关于舵的转船原理已在第二章操纵性一节中论述过,这里仅介绍舵的各种形式以及有关问题。

(一)按舵杆轴线的位置划分

1. 普通舵(非平衡舵)

舵叶面积在舵杆轴线的后方,如图5-3(a)所示。这种舵有许多舵钮,即有许多支点,舵杆的强度易于保证,但因舵的水压力中心离转动轴较远,转舵时需要较大的转舵力矩。

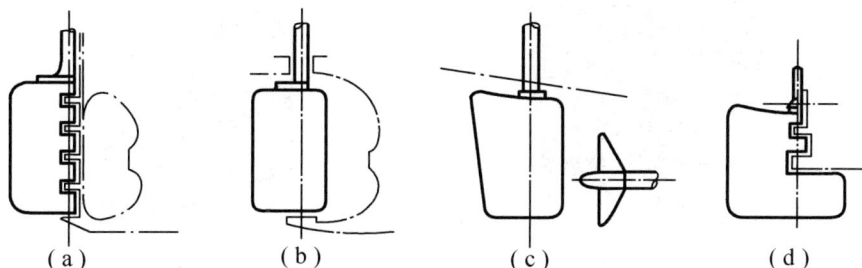

图 5-3 舵按舵杆轴线位置划分的各种形式

2. 平衡舵

部分舵面积在舵杆轴线的前方,并且沿着整个舵的高度均有分布,如图5-3(b),(c)所示。这种舵的特点是舵力离舵的转动轴线较近,转舵力矩小,可节省舵机功率。

3. 半平衡舵

只有部分舵面积在舵杆轴线的前方,如图5-3(d)所示。这种舵的特点介于上述两种舵之间,它适用于无艉柱、无舵托的船上,其形状要配合艉形而定。

(二)按舵叶剖面的形状划分

1. 平板舵

舵的主要构件为一块平板,如图5-4所示。

2. 流线型舵

舵的水平剖面呈流线型,如图5-5所示。其结构较平板舵复杂,但水动力性能好,舵的升力系数高,阻力系数低,即舵效高,目前已广泛被采用。

人们在长期的实践中,创造出各种不同形式的流线型舵,其中较为常见的有下列几种。

(1)整流帽舵

即在普通流线型舵的正对螺旋桨的部位加一个流线型的圆锥体,俗称整流帽。它有利于改善螺旋桨的水流状态,从而提高螺旋桨的效率,并能减轻桨的激振力,其外形如图5-6所示。

(2)襟翼舵

由主舵和副舵组成,因而能提高舵的水动力性能,如图5-7所示。

(3)反应舵或称迎流舵

如图5-8所示,以螺旋桨的轴线为界,舵叶的上下分别向左右扭曲一些,使其迎着螺旋桨射出来的水流,起相当于导流叶的作用,从而减少阻力,增加船舶推力。

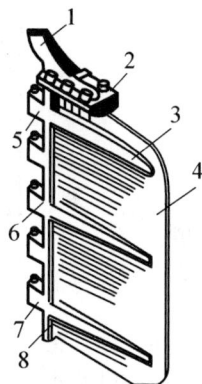

图 5-4 平板舵

1—上舵杆;2—连接法兰;3—舵臂;4—舵板;5—上舵销;6—中间舵销;7—下舵销;8—下舵杆

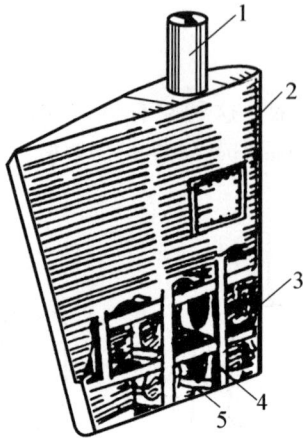

图 5 – 5　流线型舵

1—舵杆；2—舵板；3—水平加强筋；

4—焊接衬板；5—垂直加强筋

图 5 – 6　整流帽舵

图 5 – 7　襟翼舵

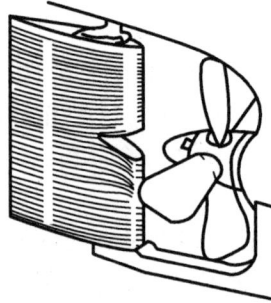

图 5 – 8　反应舵

（4）主动舵

在舵叶后装一个小导管，导管内安装螺旋桨，由设在舵叶内的电动机驱动。转舵时，小导管内的螺旋桨也产生推力，从而增加船舶转向的作用力。主动舵的小螺旋桨可使船作微速航行，这对于某些需要作微速航行的船来说是很重要的。

（5）组合舵

如图 5 – 9 所示，在舵叶的上下两端各安装一块制流板，可减少舵叶两端的绕流损失，改善舵的流体动力性能。

二、舵叶面积

舵上产生的舵力虽与舵的形式有关，但应明确主要还是与舵叶面积的大小成正比。

舵叶面积常以船舶满载水线下侧投影面积的百分数来表示，即

$$S = \mu LT$$

式中　　S——舵面积，m^2；

　　　　μ——舵面积系数；

　　　　L——船舶的满载水线水长，m；

　　　　T——船舶的满载吃水，m。

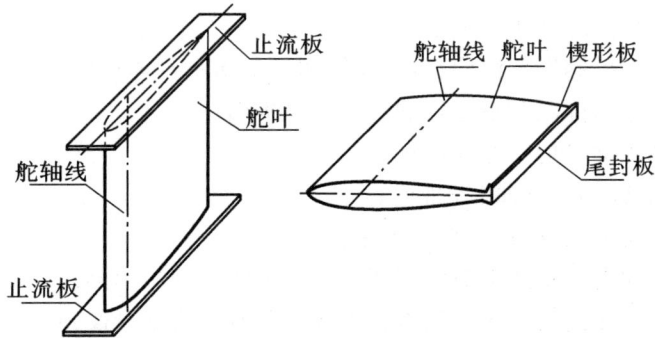

图5－9　带上下止流板的组合舵

各类船舶的舵面积系数如图表5－1所示。

三、舵柄及舵扇

使舵转动的动力机械是舵机,舵机的动力通常是通过舵柄或舵扇传递给舵杆的。

舵柄是套固在舵杆头上的一根直柄。古代的帆船就是靠手转动舵柄来转动舵的,现代船舶则是由舵机使舵柄转动。

舵扇是套固在舵杆头上的一个扇形构架,如图5－10所示。通常可以用链条、齿轮或其他机构通过舵扇来转动舵杆和舵叶。

舵设备对保证船舶的安全航行至关重要。在汹涛大浪的海洋或滩多流急的内河航道中,舵设备若有失灵,则必将影响船舶的正常航行。

表5－1　各类船舶的舵面积系数

类　别	船　型	μ/%
海船	巨型远洋客船	1.2～1.7
	快速客船	1.8～2.0
	沿海客船	2.0～2.3
	拖船	3.0～6.0
	渔船	2.5～5.0
	货船	1.6～2.5
	油船	1.3～1.9
	引航船和渡船	2.5～4.0
内河船	客船	4.0～8.0
	川江客货船	4.5～5.0
	长江中下游客货船	2.0～3.0
	内河拖船	6.5～13
	长江拖船	7.0～9.0
	驳船	4.5～7.0

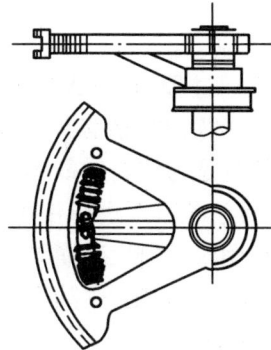

图5－10　舵　扇

四、操舵装置概述

船舶在航行中,稳定航行和改变航向需通过操舵装置控制舵叶的转向和转角来实现。所以操舵装置的灵敏性和可靠性,对于船舶的航行安全同样至关重要。

（一）操舵装置的组成

一套完善的操舵装置应由下列部分组成：

（1）操舵台，用来控制操舵机构，包括舵轮和舵角指示器等；

（2）操纵机构，用以控制舵机运转的一套操纵机构；

（3）舵机，推动传动机构的原动机；

（4）传动机构，转动舵柱（轴）及舵叶；

（5）自停装置，完成任务时，使舵机停车；

（6）回报装置，向驾驶室回报舵叶实际所在舵角的舵角指示器；

（7）限角装置，防止超过最大舵角以致损坏有关设备的安全设施；

（8）太平舵装置，作为备用操舵装置，通常是人工操作。

（二）操舵装置的分类

操舵装置按照转舵方式或动力源可分为以下五种形式：

（1）人力操舵装置；

（2）蒸汽操舵装置，

（3）电动操舵装置；

（4）气动操舵装置；

（5）液压操舵装置。

小吨位、低航速的船舶一般用人力操舵；对于大吨位、高航速的船舶，转舵力矩较大，因此需采用蒸汽、电动操舵装置。目前应用较广泛的是电动－液压操舵装置。

第二节　锚　泊　设　备

一、概述

船舶在营运过程中，因人员上下、装卸货物、补充给养、躲避风暴、等候泊位、接受检疫以及避碰、避让的需要，都必须使船只停泊。船舶停泊的方式有两种：抛锚停泊和系缆停泊。锚泊设备就是为使船舶能牢固地抛锚停泊而设置的。某些特种船舶和海上浮动结构物，需在抛锚停泊状态下进行作业。锚泊设备还可以在特殊情况下协助操纵船舶。例如在航行中遇到有搁浅、触礁、碰撞等可能时，可立即抛锚制动，减小船的惯性，避免危险。登陆艇登陆时，预先抛下艉锚；登陆后收紧艉锚，可使船脱离海滩，退入水中。在狭窄水道中，还可抛锚协助船舶掉头。

（一）抛锚方式

抛锚方式随不同的水域、气象条件和船只锚设备的布置情况而各异，通常有下述几种（见图5－11）：

（1）船首抛锚；

（2）舷侧抛锚；

（3）船尾抛锚；

（4）船首尾抛锚；

（5）多点锚泊。

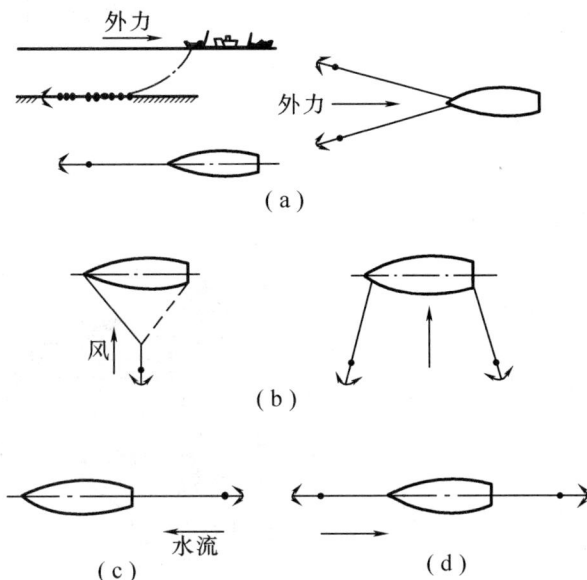

图 5 - 11　抛锚停泊方式
(a)船首抛锚;(b)舷侧抛锚;(c)船尾抛锚;(d)船首尾抛锚

(二)锚泊受力分析

船舶锚泊时所受的外力有船体水线以上部分所受的风力、船体水线以下部分所受的水流力、波浪冲击力以及船舶在波浪中摇摆振荡时所产生的惯性力。锚设备的作用就是用抛锚的方式,通过锚索的传递平衡这些外力,使船只可靠地停泊在预期的泊位。当外力大于锚所能提供的抓力时,船会沿着外力的作用方向漂移,形成"走锚"现象。在正常锚泊时,这种现象是不允许发生的。但同时也要求当外力超过最大抓力时,锚爪仍始终向下持续抓搂泥土,并能顺应任何方向曳转,在能维持有效抵抗力下进行移动。

在船舶锚泊过程中,锚与锚链的受力情况如图 5 - 12 所示。

锚在啮入土中后,若水域风平浪静,外力 F 趋近于零。此时,锚链悬垂长度与水深相等,悬链呈垂直状态,放出锚链的其余部分平卧于水底,相当于增加了锚重,提高了锚设备的抓力。当船舶受较小外力作用时,锚链的悬垂长度略大于水深,锚链呈悬垂曲线状态,仍有较长的锚链平卧于水底。上述情况见图 5 - 12 中的①和②。

当外力增加到恰好使锚链的悬垂长度等于抛锚所放出的全部锚链长度时,船舶所受的外力就是船在该锚泊状态下的最大允许载荷 F,见图 5 - 12 中③。如果外力继续增大,锚链在锚卸扣处就不再和水底平面相切,锚端卸扣将受到使其向上抬起的垂直分力的作用,此时,锚易于出土而丧失抓力。当外力在不超过最大允许载荷范围内变化时,抛出的锚链相应改变其悬垂部分的长度

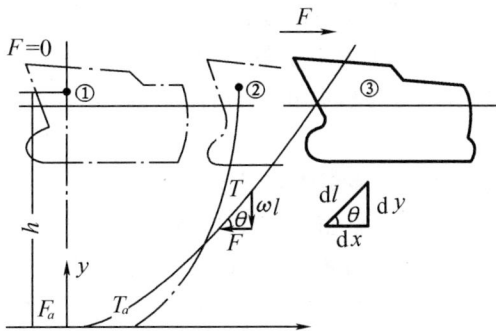

图 5 - 12　锚泊受力情况

和状态,船舶在泊地的一定范围内运动,克服锚链重力所做的功消耗了作用于船舶的动载荷。

二、锚设备的组成与布置

（一）锚设备的组成

锚设备的组成如图5-13所示。

1. 锚机

抛锚与收锚用的动力机械。

2. 锚

啮入水底泥土产生抓力,平衡船舶所受的外力。

3. 锚索

连接锚与船体的绳索,用于系锚并传递锚的抓力。

4. 制链器

牢固连接在甲板上,并将力传递给船体,使锚机不处于受力状态;掣锚链条或掣链钩可借松紧螺旋扣使锚紧贴船体。

5. 导链滚轮

导引锚链,减少锚链与锚链筒之间的摩擦,防止锚链翻滚。

6. 弃链器

平时固结锚链的末端链环,紧急时打开以抛弃锚和锚链。

7. 锚链管

引导锚链进出锚链舱。

8. 锚链筒

从舷外引导锚链至甲板,收锚后储存锚杆及部分锚链。

9. 锚链舱

储存锚链。

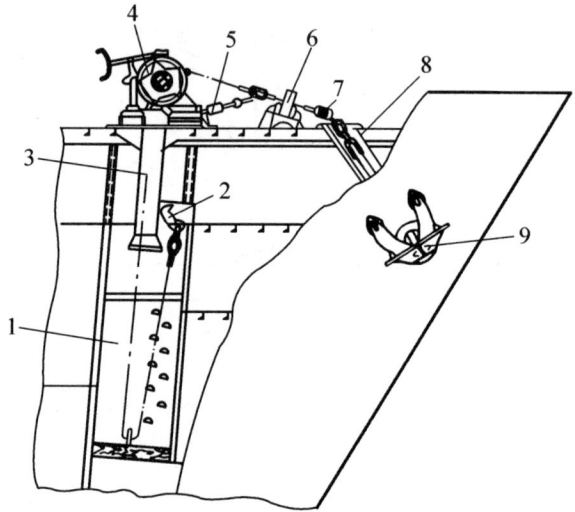

图5-13 锚泊设备的组成
1—锚链舱;2—弃链器;3—锚链管;4—起锚机;
5—掣链钩;6—锚链;7—制链器;8—锚链筒;9—锚

（二）锚设备的布置

图5-14为中小型船舶的锚设备布置图;图5-15为组合型锚索深水锚泊布置图。由锚泊受力分析可知,锚索张力为

$$T = F + Wh;$$

式中　T——锚索张力,N;

　　　F——船舶所受外力,N;

　　　W——每米长的锚链在水中的重力,N/m;

　　　h——锚链筒出口至水底的垂直距离,m。

随着水深增加,它可能平衡的静载荷将越来越小,达到某一水深时,甚至可能在自重下断裂。若改用钢索,则需放出很长才能保证锚索悬垂线在近锚端与海底相切,而当作用于船舶的外力减小时,拖底钢索过长,不仅钢索易于磨损,而且导致船舶漂移范围加大,所以目前多趋向于采用组合型锚泊设备。组合型锚索由锚链和钢索组合而成,抛锚时,先开动锚机将锚链抛出,当锚链快抛完时,锚机自动关闭,绞车开动,继续将钢索抛出。起锚过程则相反。图 5 – 15 中"11"即为锚机与绞车的转换装置。

布置锚设备应考虑以下要求:

(1)各部件相互间的基本尺寸;

(2)锚从水中提起时,船舶向另一侧倾斜5°的情况下,锚不应碰撞球鼻艏及龙骨;

(3)不论锚爪处于何种状态,锚应当能被拉进锚链筒,并且紧贴船体表面;

(4)锚应当依靠自重毫无阻碍地从锚链筒中抛出;

(5)在抛起锚的过程中,应保证锚链受到最小的弯折,杜绝锚链扭转;

(6)航行时锚不得低于艏波,锚爪不高于船体折角线,在收藏位置时抗浪击;

(7)布置锚设备时要兼顾系泊设备。

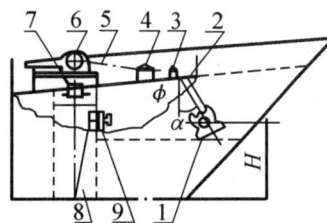

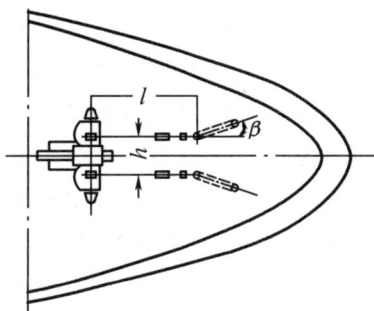

图 5 – 14　中小型船舶锚设备布置
1—斯贝克锚;2—锚链筒;3—导链滚轮;
4—制链器;5—锚链;6—锚机;
7—锚链管;8—锚链舱;9—弃链器

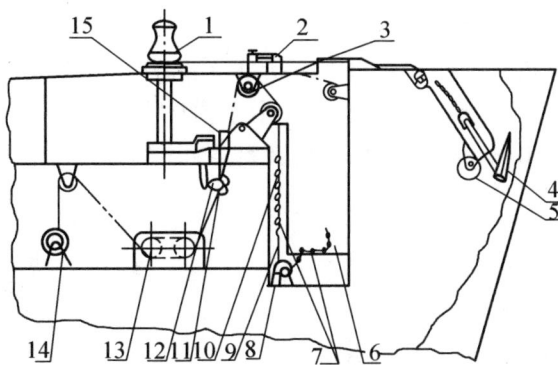

图 5 – 15　深水锚泊布置
1—绞盘;2—制链器;3—导索滚轮;4—锚;5—转动导索器;
6—锚链箱;7—转向滑轮防护板;8—转向滑轮;9—滑链;
10—缆链连接接头;11—绞盘与绞车转换设备;12—滑力装置;
13—双滚筒锚绞车;14—缆索卷车;15—钢缆

三、锚

(一)锚的种类

锚的种类繁多,各国也都根据锚的特点制定了各自的分类标准。一般是按有无横杆、锚爪可否转动、抓重比大小和锚的用途进行分类。通常划分为下列四类。

1. 普通有杆锚

普通有杆锚通常都具有固定的锚爪,如海军锚、两爪锚、单爪锚和犁锚等。

2. 普通无杆锚

（1）具有固定锚爪的无杆锚,如四爪锚;

（2）具有转动锚爪的无杆锚,如霍尔锚、斯贝克锚、无杆锚、马拉尔锚等。

3. 大抓力锚

（1）有杆大抓力锚,如丹福斯锚、LWT 锚、勘 I 型锚、斯蒂文锚、马特洛索夫锚、快艇锚等;

（2）无杆大抓力锚,如波尔锚、AC - 14 型锚等。

大抓力锚的抓重比至少 2 倍于相同质量的普通无杆锚。

4. 特种锚

如浮筒锚、航标锚、冰锚、浮坞锚及水上建筑永久性系泊锚等,均属于特种锚。

我国现有 10 多种锚标准,如 GB 545—65（海军锚）、GB 546—76（霍尔锚）、GB 57—77（马氏大抓力锚）、GB 711—76（斯贝克锚）和 GB M2029—81（无杆锚）等。

锚是船舶的重要设备之一,由它保证船舶在锚地安全可靠地停泊,因此各国的船舶建造规范对锚的规格系列、材料性能、制造方法、试验方法及标志等均有一定的规定。锚标准规定应与船舶建造规范对锚的规定一致。我国设计和建造的出口船舶,所配备的锚还要符合所属国船舶建造规范的有关规定。

（二）锚的构造

具有固定锚爪的锚的锚体为一整体,具有转动锚爪的锚由锚爪和锚杆两部分组成,通过横销和销轴相连接。锚杆端部还连有锚卸扣。下面为几种常见锚的结构。

1. 海军锚

图 5 - 16 为海军锚,它由锚柄 1、锚杆 2、锚爪 3、锚卸扣 4 等组成,其零件为锻造或铸造。抛锚时必须先将锚杆装成与锚柄成垂直状态。由于锚杆平面与锚爪平面相垂直,抛锚着底后,两锚爪就不致平躺在水底,锚索一经拖动,在自重和锚索拉力作用下,锚爪就啮入土中,如图 5 - 17 所示。

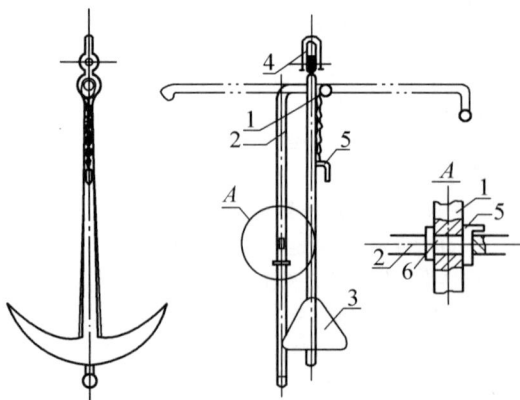

图 5 - 16　海军锚图

1—锚柄;2—锚杆;3—锚爪;

4—锚卸扣;5—插销;6—挡块

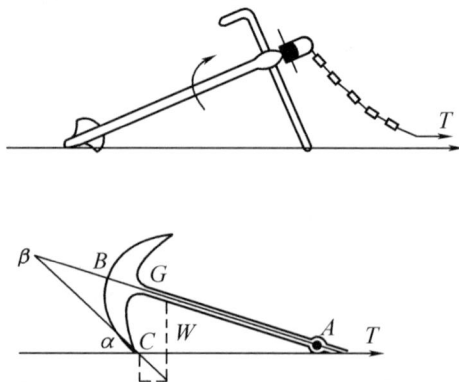

图 5 - 17　海军锚啮土过程

海军锚的抓重比一般在 4 ~ 8 范围内,最高可达 12 ~ 15。它结构简单,适用于各种土质。因为单爪入土,当船舶在受风浪影响而转动时,锚爪不致耙松泥土,但海军锚抛锚时,必须先安装锚横杆,起锚时又不能直接收入锚链筒,操作费时费力。啮土后又有一只锚爪露在土外,易与锚索缠绕,在浅水区域还可能擦伤其他船只,因此海船一般均不用其做主锚,只见于内河船和某些工作船。

2. 霍尔锚

图 5 - 18 为霍尔锚,它由锚柄 1、锚爪 2、横销 3、销轴 4 和锚卸扣 5 组成。通常锚柄为锻造,锚爪为铸造。霍尔锚为典型的无杆转爪锚,其优点是结构紧凑,机加工工作量小,装配容易,使用保养简便,可直接收入锚链筒内,不占用甲板面积。缺点是抓力较小,平均抓重比为 3 ~ 4,这是因为抓土过程中,锚爪逐渐向下转动时松动泥土,同时船舶受风转动或两爪受力不均而会破坏抓土的稳定性。尽管有上述缺点,霍尔锚目前仍被较多船只选为主锚。

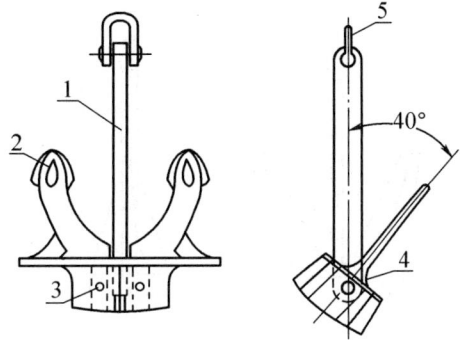

图 5 - 18 霍尔锚
1—锚柄;2—锚爪;3—横销;4—销轴;5—锚卸扣

3. 斯贝克锚

斯贝克锚形状与霍尔锚相似,它的锚爪重心接近锚冠,故锚尖极易转向地面,并且啮土稳定性好。由于锚爪易翻转,收锚时爪尖一接触壳板即离开船壳,可避免剥落油漆擦伤壳板。由于上述优点,大中型船只竞相选用斯贝克锚做主锚。图 5 - 19 为已收入锚穴的斯贝克锚。

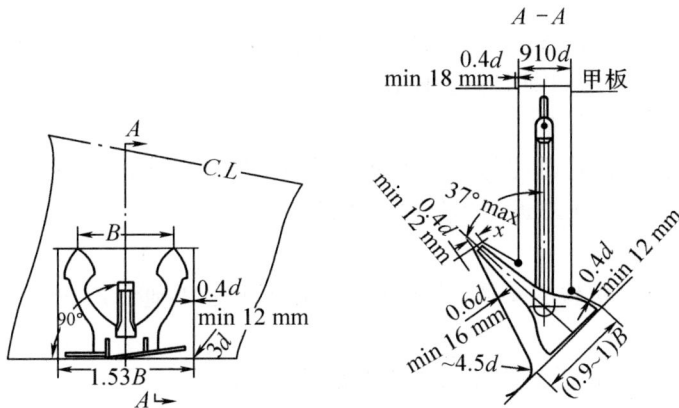

图 5 - 19 斯贝克锚及锚穴

4. 波尔锚

波尔锚是荷兰研制的一种无杆锚,可用作大型船舶的首锚和工程船舶定位锚,已列入我国的锚标准。波尔锚锚爪平滑而锋利,适应于各种底质,与其他质量相同的无杆锚相比,稳定性可提高 30% ~ 50%。波尔锚锚冠的特殊形状使锚爪啮入一定深度后便不再继续下插,故抛、起锚都较方便。抓力大,与其他无杆锚相比,在相同抓力下,锚重可轻 25% ~ 40%,抓重比可达 6 左右。图 5 - 20 是波尔锚的外形,图 5 - 21 为 AC - 14 型大抓力锚。

（三）锚抓力的结构要素

影响锚的啮土能力和入土后稳定性的因素很多,属于锚本身的主要因素如下。

1. 锚的重心位置

有杆锚的重心越靠近锚卸扣,迫使锚入土的垂直分力就越小,若过分靠近锚冠,当水底有坡度时,锚不稳定,容易翻转。

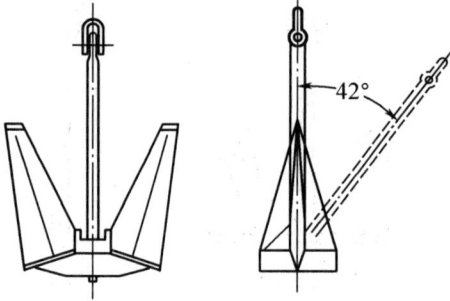

图 5-20　波尔锚

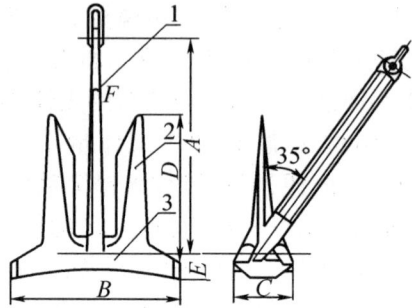

图 5-21　AC-14 型大抓力锚
1—锚干;2—锚爪;3—锚冠

2. 锚爪的袭角 α、折角 β

α 与 β 都影响锚爪啮土的角度。袭角 α 指锚爪尖端处的切线与底平面的夹角。它影响锚爪入土性能,有杆锚在 60°～80° 之间,转爪锚锚冠升起前 α_0 为 18°,升起后 α_1 为 64°～74°。当锚链拉力与锚重分力的合力方向和锚尖端处切线方向一致时,锚最易入土。

3. 锚柄长度

有杆锚的锚柄越长,锚杆离开锚冠越远,越能迫使锚爪入土,并防止锚翻转。加长锚柄可提高使用效果;缩短锚柄则有利于收藏。

4. 锚爪的面积及其分布

几何形状相似的锚其抓力与锚爪的面积成正比并且与面积型心距泥土表面的深度有关。面积较大部分分布于靠近爪尖处时提供的抓力较大。

5. 爪尖的式样

宽的爪尖适用于松软的土质,窄的爪尖适用于坚硬的砾石底,通常都取适应于多种土质的爪尖式样。

在上述诸因素中,锚爪面积和入土能力是最主要的。

大抓力锚就是在不增加锚重的条件下,通过改变锚的结构因素而提高抓力。主要措施有通过使锚爪靠拢锚柄或在锚冠上加锚横杆,以提高啮土稳定性;改变锚爪的形状,使之不仅容易入土,并且有较大的深度;增加锚爪面积,并使之合理分布;将锚爪的袭角设计成可调节的形式,以适合各种不同的底质。

四、锚索

钢链、钢索与非金属绳索都可以用作锚索来连接船体和锚。锚索传递锚的抓力,锚链还可同时利用其重力吸收作用在船上的动载荷。

锚链在强度、单位重力、承受动载荷的能力等方面优于其他锚索。由于锚链的单位长度重力大,抛锚后会产生较大的悬垂挠度,使锚能发挥最大的抓力。风浪较大时,作用于船体的外力会消耗在克服悬垂锚链的重力所做的功中,故单位锚链重力越大,吸收动载荷的能力就越强。只有在深水锚泊中,为了减少自重以提高锚索的强度储备,或为了用系缆绞盘代替起锚机,才以钢索作为锚索,但靠近锚的一端仍需加一段锚链,使之平卧水底。

(一)锚链的组成

锚链是以链环组成的链节为单元的。锚链的大小以链节中的普通链环的圆钢断面直径 d 表示,链节与链节之间用卸扣或连接环连接。

普通链环分有挡与无挡两种。有挡链环抗拉强度较大,受力时伸长及弯扭变形较小。锚链堆放时,链环不易纠缠,能较好地通过锚机链轮,所以重锚多采用有挡链环作为锚链基本链环。

一根完整的锚链由以下三种链节组成。

1. 锚端链节

与锚卸扣相连,由链端卸扣、末端链环、转环、加大链环、普通链环和连接链环所组成。

2. 中间链节

由普通链环、连接链环或连接卸扣组成。

3. 末端链节

与中间链节及弃链器或脱钩链节相连,由普通链环、转环、加大链环、末端链环组成。

(二)锚链的连接

锚端卸扣的直径为普通链径的1.4倍,与加大链环连接需要一只末端链环来过渡。为了避免锚链收放及停泊时,因转动产生扭绞,在锚端链节与末端链节中各加一只转环。转环直径为普通链径的1.2倍,与普通链环及末端链环连接,前后各加一只加大链环过渡。转环的环栓都应朝向锚链中央。加大链环是普通链环加大一挡的链环。

各链节之间用连接卸扣相连时,因连接卸扣与普通链环构造不同,其直径取普通链环的1.3倍。另外,与普通链环连接前后需加一只加大链环和一只末端链环,以保证锚链各部分有相等的强度,并使尺寸逐渐变化。为了避免锚链通过导链滚轮和锚机链轮时产生跳动、冲击或卡死,连接卸扣的横销应装在朝向末端链节一边。锚链零部件简图与符号见表5-2。

各链节之间用连接链环相连时,因连接链环形状与普通链环相似,可顺利通过锚机链轮或导链滚轮,故可直接与普通链环相连,不必设加大链环和末端链环。可拆连接链环结构见图5-22;用连接链环组成的锚链见图5-23。

(三)锚链的种类

按制造方法不同,锚链分为电焊、铸造和锻造三种。铸钢锚链强度较高,但耐冲击负荷能力略差,目前仍普遍采用。锻造锚链具有较好的韧性,但生产效率低,成本高,常用于海洋工程船舶。焊接锚链因可形成连续自动生产线,速度快,产量高,在自动焊接的同时,可在机上逐段作拉力试验,因此应用日趋广泛。

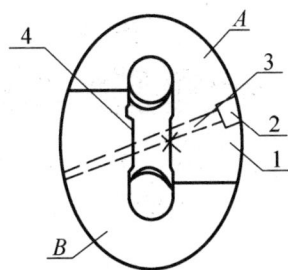

图5-22　可拆连接环
1—半链环;2—铅塞;
3—锥形销;4—横挡

表 5 - 2　锚链零部件简图与符号

零部件名称	简　图	符　号
普通链环、加大链环		
末端链环		—
转　环		
链端卸扣		
连接卸口		
连接链节		
中间链节		

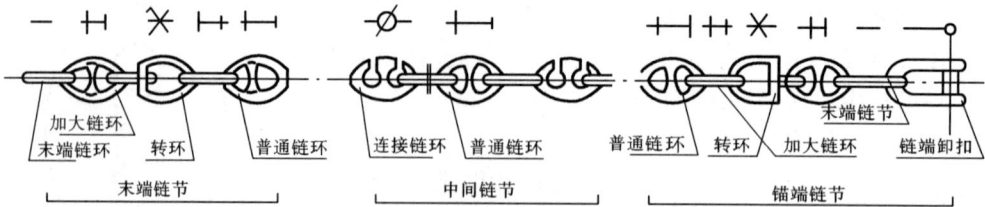

图 5 - 23　用连接链环组成的锚链

（四）锚链的长度

锚端链节和末端链节都很短，无规定长度。由于锚链筒上口安装导链滚轮或滚轮上链器，下口设锚穴避免浪击艏锚，锚端链节朝短的方向发展，就相应地出现了各种转环卸扣、特殊的转环和连接链组等。

锚链的中间链节每节标准长 27.5 m，每节链环总数为单数，以利于连接卸扣顺利通过锚机链轮。统计表明,锚链断裂多发生于连接处。近年来单根锚链长度不断增加,某些用于深水锚泊的锚链长度已达数百米。

（五）锚链的材料

我国焊接锚链标准分有挡和无挡两种类型,材料分 1～3 级钢,按链径分为:

A 型有挡　链径 $d12.5～40$ mm（Ⅰ级钢）

链径 $d12.5～122$ mm（Ⅱ级钢）

链径 $d17.5～152$ mm（Ⅲ级钢）

B 型无挡　链径 $d6～38$ mm

我国建造出口的 69 000 t 成品油轮锚链材料为挪威 NUK3 级。DNV 锚链材料共分三级,K1 级的强度极限为 304～402 MPa;K2 级抗拉强度为 490～637 MPa;K3 级抗拉强度不得小于 686 MPa。DNV 规范规定,K1 级锚链不得用于大抓力锚。K3 级锚链具有质量轻、强度高的特点,尤其适用于大抓力锚。69 000 t 成品油轮选用 K2 级锚链,其直径为 5G 92 mm,如果选用 K3 级锚链,其直径为 5G 81 mm,两种直径的锚链长度都是 343.75 m（两根）,但每根 K2 级锚链将比 K3 级重 14t。

锚链出厂前应按标准进行试验,测定部件尺寸,按规定负荷进行拉力和拉断试验。拉力试验后,锚链的伸长率应不超过 2.5% 或 3%。拉断试验后,则要求伸长率不大于 7%（有挡锚链）或 5%（无挡锚链）。为在抛锚或起锚时能迅速确定放出锚链的节数,锚链上涂有白色标记。

五、锚的制、导、储、控设备

（一）制链器

制链器设置在锚机与锚链筒之间的甲板上,用以掣止锚链。船抛锚停泊后,闸盒制链器,使锚的抓力通过锚链传递到船上,由制链器承受,不使锚机处于受力状态。船舶航行时,制链器承受部分锚链重力,并使收到锚链筒内的锚贴紧船体。

制链器有多种形式,一般常用的有螺旋制链器、闸刀制链器和舌形制链器。螺旋制链器如图 5－24 所示,它操作简便,工作可靠,但动作缓慢。闸刀制链器见图 5－25 所示,结构简单,动作可靠但操作不便,尺度大时显得笨重。舌形制链器因有平衡重力,操作省力。近年大中型海船上采用的导轨滚轮制链器使导链滚轮与制链器合一,结构紧凑,使用方便。

图 5－26 为装于某成品油轮的滚轮制链器布置情况,由于制链器和锚

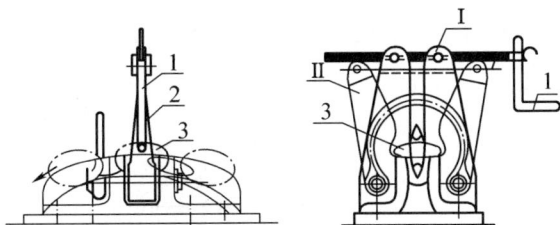

图 5－24　螺旋制链器

Ⅰ—合拢位置;Ⅱ—分开位置;
1—螺杆摇把;2—抓臂;3—链环

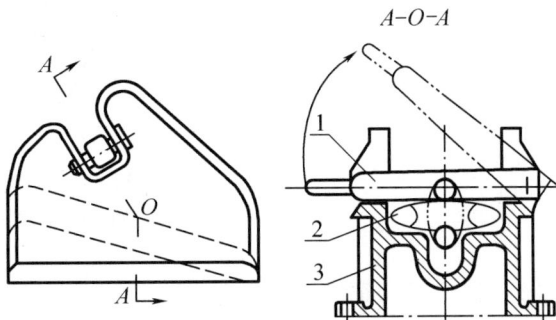

图 5－25　闸刀制链器

1—闸刀;2—锚链;3—制链器本体

机距离很近,锚机座和制链器座做成一体。有些远洋船上,为了适应在大风浪中航行,常增设掣锚链条,如图 5-27 所示。其中滑钩可使链条迅速脱开,松紧螺旋扣用于调节掣锚链条的长度,使锚能够贴紧外板。

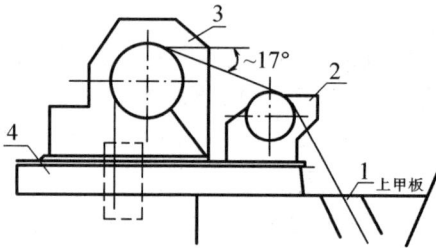

图 5-26　滚轮制链器布置

1—锚链筒;2—滚轮制链器;
3—锚机;4—锚机制链器座

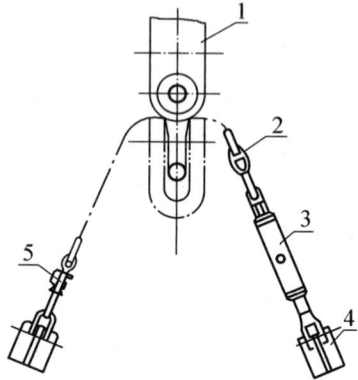

图 5-27　掣锚链条

1—锚杆;2—短链;3—松紧螺旋扣

（二）导链滚轮

导链滚轮装在锚链筒上口的甲板上,其主要作用是引导锚链防止翻滚。另外,安装导链滚轮后收放锚时,锚链与锚链筒上缘之间没有摩擦,锚链筒上口无须再设置铸钢凸缘。目前大中型船只上均装有导链滚轮,其结构如图 5-28 所示。

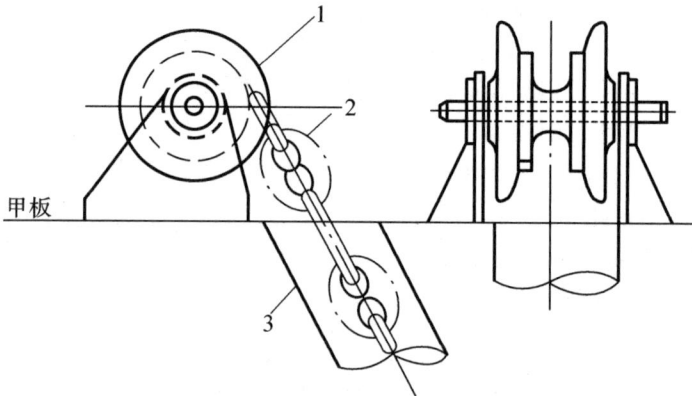

图 5-28　导链滚轮

1—导链滚轮;2—锚链;3—锚链筒

（三）锚链筒与锚穴

锚链筒倾斜贯穿甲板与舷侧,是引导锚链通向舷外的孔道,也是锚的收藏与投放装置的主要组成部分。一般均设在船舶两侧,如有特殊需要,船尾也可设锚链筒。锚链筒由甲板链孔、舷边链孔和筒体组成,其材料为铸铁、铸钢与钢板。确定锚链筒位置和尺寸时应满足以下要求:

（1）锚链筒上下层应具有大曲率半径的弧形"唇"，使链环通过时只受拉力，不受弯曲；

（2）锚柄应能不受阻碍地进入锚链筒，锚收起后锚爪应能与船壳板贴紧，抛锚时又能使锚易于滑落；

（3）锚链筒的舷边链孔应高出满载水线一定距离，使锚不致因浸水而兴波或在纵摇时，造成水花飞溅，影响驾驶视线；

（4）锚链筒应尽量接近艏柱，同时又要避免横倾时锚爪卡在艏柱上。

干舷较高、船速较低的民用船舶，多采用角较小的陡峭式锚链筒；高速艇舰则多用角较大的平斜式；大型球鼻首船的锚链筒下口做成凸出的形状，称为锚台，以保证锚与船体外板间有必要的距离。

锚链筒的内径 D 及长度按下式确定，即

$$D = (8 \sim 10) d (\text{mm})$$

或

$$D = (3.2 \sim 3.4) \sqrt[3]{G} (\text{cm})$$

$$L_{\min} = (15 \sim 16.5) \sqrt[3]{G} (\text{cm})$$

式中　G——锚重，kg；

　　　d——锚链直径，cm。

目前海船锚链筒内设高压水喷头，冲刷收入的锚链，以免大量淤泥被带入锚链舱内。

带有锚穴的锚链筒，其舷边成凹穴形，锚被藏在外板型线之内，这样锚不易与码头、其他船擦碰；不会与缆索缠绕；对于低舷高航速的舰艇，不至于引起浪花飞溅。锚穴还可使船舶外形美观。

锚链筒与锚穴的准确形状与位置需经放样确定。

（四）锚链管与锚链舱

锚链管设于锚机链轮下方，引导锚链出入锚链舱，直径约为锚链口径的 6~7 倍或不小于普通链环长度加 10 mm，锚链管壁厚应不小于 1/30 锚链管内径，下端多成喇叭口形；锚链管一般为垂直布置，也可倾斜一定角度，但其下端应正对锚链舱中心，以使锚链能整齐堆放。上端常设盖板，防止大量海水进入舱内。

锚链舱专门用于储藏锚链，位于锚机下方，置防撞舱壁之前。锚链舱的位置应尽量放低，以免船舶的重心过高，其形状有圆筒形、方形、矩形。通常用纵向壁板分成左右两部分，分别收存两根锚链。壁上开踏脚孔，上方留 1.2~1.8 m 开口，便于船员进行清洁保养工作。底部设污水井，由专用泵排出存积的污水。

（五）弃链器

锚链的末端必须固结在锚链舱内，以防抛锚时机械失灵导致锚及锚链全部失落。同时又要求这种固接能迅速脱开，以便在紧急时能弃锚移船，因此必须在锚链的固结处设置弃链器。弃链器通常设在锚链舱舱壁或其附近的甲板上，其形式有螺旋弃链器（图 5-29），使用安全方便，在锚链受力绷紧状态时也能脱出，但结构复杂。横闩式弃链器（图 5-30），结构简单，使用方便，

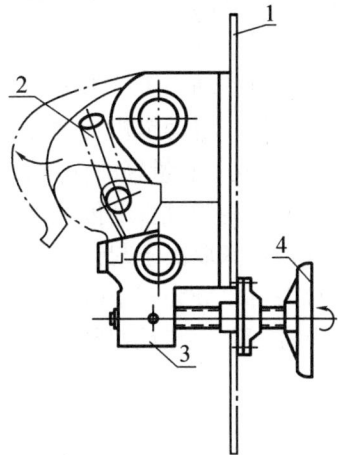

图 5-29　螺旋弃链器

1—舱壁；2—链环；3—挡块；4—手轮

只要敲出横闩,即可松脱锚链;弃链器装于甲板上应外加一个小型水密罩壳,以免碰脱横闩和锚链舱进水。横销式弃链器占甲板面积较小,并且不需设水密舱盖,如图5-31所示。

横销材料为HT25-47灰铸铁,其计算负荷一般根据链断裂负荷按规范确定。当在紧急情况下未能将横销及时脱出时,只要拉力超过规定负荷,横销能自动折断。

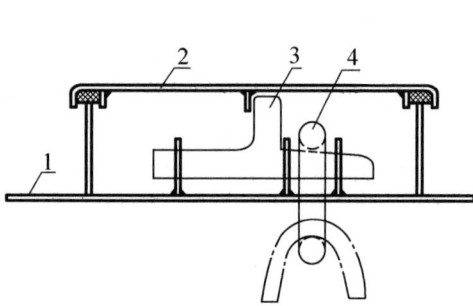

图5-30　横闩式弃链器	图5-31　横销式弃链器
1—甲板;2—盖;3—横闩;4—链环	1—末端链环;2—横销;3—底座;4—甲板

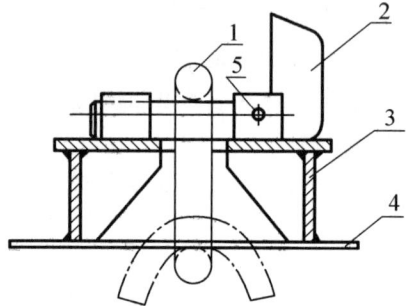

六、起锚机械

起锚机械按链轮轴线位置分为卧式起锚机和立式起锚绞盘两种。大中型民用船舶常用的锚机,因其原动机、传动机构均装在甲板上,操纵管理方便。军用舰艇则多用起锚绞盘,起锚绞盘除链轮外,其他部分均可装在甲板下舱室内,占甲板面积小,免遭风浪侵蚀,在战斗中有利于保护。起锚机是用固定在水平主轴上的链轮来带动锚链的。轴上对称地设置两个链轮,分别用于左右两根锚链。通常锚机也同时用于绞缆,故两则各设一个绞缆卷筒。为了使一舷的抛、起锚不影响另一舷,在结构上应保证链轮与主轴能迅速结合或脱开。甲板较宽的大型油船,以及具有大型球鼻首的船只,因左右锚链筒分置两舷,有较大距离,故可每舷各设一台锚机,使链轮与船体中线形成一定夹角,如图5-32所示。

起锚绞盘是用固定在垂直轴上的链轮来带动锚链的装置。链轮之上设绞缆卷筒,一般链轮与卷筒之间有离合器,绞缆时可脱开离合器,用刹车手柄刹住链轮绞缆。图5-33为电动立式起锚绞盘。

起锚机按动力可分为人力、蒸汽、电动和液压四种。蒸汽锚机因有利于防火防曝,目前多用于油轮。电动锚机管理方便,结构紧凑,使用较普遍。液压锚机与电动相比,功率相同时具有体积小、质量轻的优点,运动平稳,可无级调速,能自动防止过载,便于遥控。自动化液压锚机设有锚链长度传感器,抛起锚时能按抛出锚链长度和锚的位置,自动减速或停车。

锚机功率取决于起锚过程中受力的大小以及所要求的起锚速度。在起锚过程中,锚链所受拉力可以分为三个阶段:第一个阶段开始收进锚链至全部锚链成垂直状态,船移至锚的正上方;第二个阶段开始拔锚至锚出土;第三个阶段锚破土后到被拉入锚链筒内。

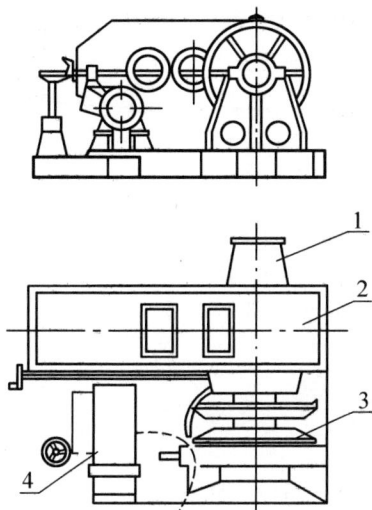

图 5-32 分离式电动起锚系缆绞车
1—系缆滚筒;2—减速箱;3—链轮;4—电动机

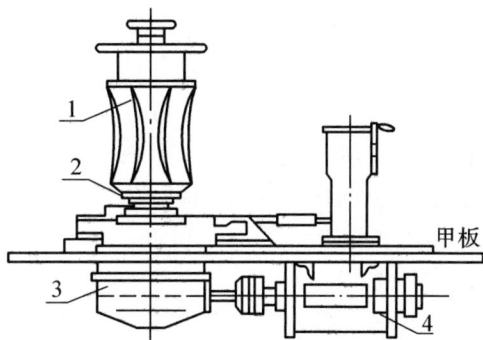

图 5-33 电动立式锚机
1—绞盘;2—链轮;3—减速箱;4—电动机

第三节 系泊设备

一、概述

锚泊和系泊是船舶停泊的两种方式。系缆停泊就是利用系缆设备将船舶安全牢固地系结于码头、浮筒、船坞或他船。系泊设备由缆索、系缆器具和系缆机械三部分组成。

船舶系缆停泊方式随船舶大小、码头或船闸情况、水域和气候条件以及作业要求而异,通常有以下四种。

(一)船舷系泊

将船舷侧靠于码头或他船进行系结,是最常见的系泊方式。图 5-34(a)为舷侧系泊时,缆索布置情况。舷侧系泊时,缆索的根数由船舶所受外力大小而定。无风浪时,只需带艏艉斜缆。若有流的作用,需加设倒缆。若风和流的影响较大,为了防止船舶沿岸线移动或离开岸线,在船舶首尾及中部均需设置附加缆。有强烈的潮流和顶风时,尚需抛锚辅助。

图 5-34 船舶系泊方式
(a)舷侧系泊;(b)船尾系泊;(c)艏艉系泊

近年来,由于缆索损坏导致的船舶事故增多,大型船舶往往增加绞车和缆索的数目,以保证系泊的安全。图 5-35 为某 69 000 t 成品油轮的系泊布置,全船共设

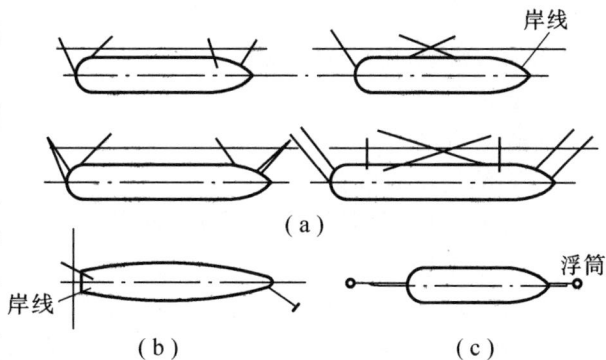

7台双卷筒绞车系带14根聚丙烯缆索。

（二）船尾系泊

将船舶尾端系结于码头的一种系泊方式，如图5-34(b)所示。一般在码头岸线长度受限制的情况下采用。当多船并列系泊时，同时在各船间作横向系结。风和流较大时，可在船首抛锚辅助。对于舰艇编队，船尾系泊有利于紧急起航。某些内河船、渡船常采用尾系泊方式。

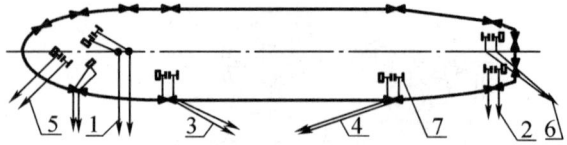

图5-35 大型油轮系泊布置
1—4根艏横缆；2—2根艉横缆；3—2根艏倒缆；
4—2根艉倒缆；5—2根艏斜缆；6—2根艉斜缆；
7—7台双卷筒绞车

（三）艏艉系泊

利用艏艉缆将船系结于港内或江中的浮筒上，如图5-34(c)所示。

（四）单点系泊

为了解决超级油轮的停泊，或在海上供油站进行装卸作业，近年来发展了一种单浮筒系泊系统。油轮通过系缆系结在浮筒顶部的转台上，若外力变化时，油轮将绕浮筒旋转，直至平衡在一个受力最小的位置上。

二、系泊设备的组成与布置

（一）系泊设备的组成

1. 缆索

传递船舶系泊时所受的外力。

2. 系缆器

固定在甲板或外板上，用以系结缆索的桩柱，是系泊时的船体受力点。

3. 导缆器

供引导缆索通过、变换方向、限制导出位置和避免磨损的器具。

4. 绞缆机械

系泊动力机械，用以收绞缆索。

5. 缆索卷车

用于收藏缆索。

（二）系泊设备的布置

图5-36为大型船舶的系泊设备布置图。布置船舶系泊设备通常都与锚泊设备以及拖带装置一起综合考虑，应满足以下几方面的要求。

（1）系泊设备一般均为左右舷对称布置，以保证船舶两舷都能系靠。

（2）带缆桩靠近舷侧。船首尾各一对兼作拖带用的带缆桩布置在绞缆机械的前方和后方、缆索的外侧，所有带缆桩均应位于甲板构架的上方。若直接位于甲板上时，甲板应加复板补强。

（3）导缆钳、导缆孔要与带缆桩对应配置。通常在带缆桩的前后配备一个或一对导缆钳（导缆孔）。为使缆索受力合理，避免过分转折，同时便于带缆操作。带缆桩与导缆钳（孔）、舷墙间的距离见图5-37。

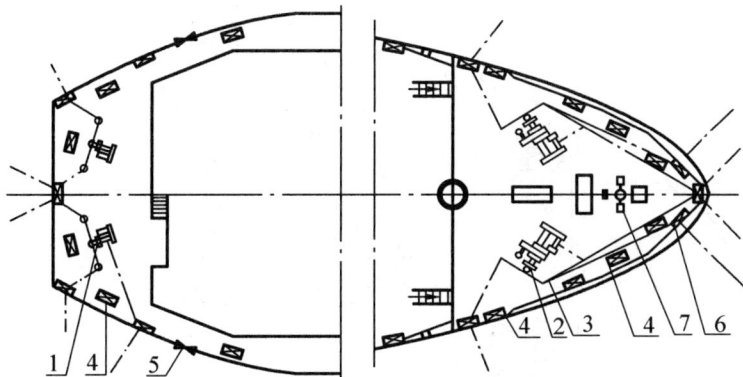

图 5 – 36　大型船舶系泊设备布置
1—系缆较车;2—起锚机;3—导向滚轮;4—带缆桩;
5—导缆孔;6—导缆钳;7—电动缆索卷车

（4）引进的缆索凡是用系缆机械绞拖的部位，都应布置滚轮导缆器。滚轮切线与绞缆筒中线应成直角。大型船舶则加导向滚轮，使缆索与滚筒成合适角度。

（5）凡是通过巴拿马运河、圣·劳伦斯航道等国际航道的船只，由于船闸内水位与岸上牵引机车之间的高度相差达数十英尺，需按相应规定配置特殊导缆器和导缆孔。

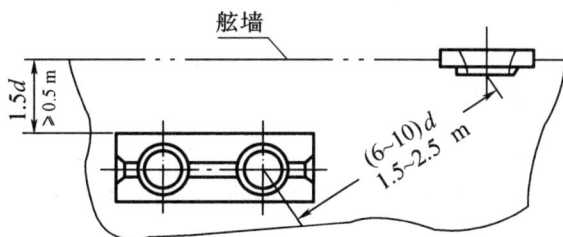

图 5 – 37　带缆桩与导缆钳（孔）的相对位置

（6）缆索卷车应靠近艉艉楼舱壁布置,使之不妨碍人员通行,并便于收缆操作。

在单点系泊动力定位的情况下,船舶系泊布置比较复杂。由于作业的需要,系泊时船舶不允许有平移或旋转。带有传感器的系缆器在缆索张力超过规定值时能自动脱开。

图 5 – 38 为我国建造出口的 10 万吨级穿梭油轮的艉系泊设备布置图。该船的系泊操作过程是本船水手接到油田工作船的抛缆后,抛缆引进 $\phi20$ mm 的传递索,用人力将其引入导缆滚筒,穿过制链器及具有传感器的导轮,缠绕在双滚筒系缆绞车上,再通过导缆管绕过导轮将终端固定在储绳车上,至此完成人工带缆操作。接着启动液压系缆绞车,液压控制的储绳车与系缆绞车同步运转,由绞车拉上的缆索被缠绕在贮绳车上。绞车开动后,开始拉上的是一段传递索,传递索的末端连接着 $\phi102$ mm 的系泊索。系泊绞车拉力达 70 t,速度 7 m/min。在系泊过程中,绞车运转的拉力通过导轮上的传感器装置反映到艉控制操纵台上。当系泊外力超过 70 t 时,艉控制室可根据具体情况,采取措施断开系泊。在正常系泊情况下,通过钢链系泊张力完全由制链器承受,系泊张力由制链器上的传感器反映到艉控制室。艉控制室内可随时获得系泊张力、风力、浪级等数据,利用动力定位来维持船位,保证输油作业正常进行。系泊过程中张力超过 70 t 时,艉控制室也可迅速中断输油,断开系泊索,使船脱离危险区。

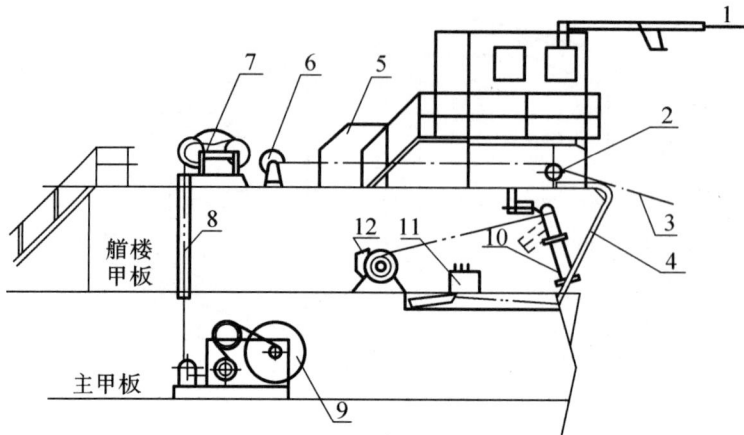

图 5-38　油轮艉单点系泊及艉装载设备布置

1—伸缩臂起重机；2—导缆滚筒；3—缆索；4—艉门装置；
5—带传感器制链器；6—带传感器导轮；7—系泊绞车；8—导缆管；
9—缆索卷车；10—输油接头；11—操纵台；12—软管卷车

三、系缆

船用缆索应满足质量轻、强度高、柔软、富有弹性和耐磨损的要求，通常有钢缆、植物纤维缆和化学纤维缆。长久停泊时，无挡链条也可用作系缆。

（一）钢缆

钢缆强度较高，单位长度质量较小，耐腐蚀，钢缆内的油麻芯使其具有柔软性，可用作系缆、锚缆和拖缆。钢缆的规格品种较多，其特征包括钢缆的直径、有无麻芯、是否镀锌、钢丝的直径、股数、每股钢丝数等。钢缆的基本力学特征有钢丝的抗拉强度、钢缆的破断力以及钢缆的弹性模量等，使用时应根据上述特征选择。钢丝细、股数多、芯数多的钢缆柔性好，容易弯曲，便于操作。

（二）植物纤维索

用白麻筋植物性焦油浸制而成的叫油麻索；采用芭蕉纤维制成的叫白棕绳（也叫马尼拉绳）；用龙舌兰纤维制成的叫西沙尔索。以上几种习惯上都称麻索。油麻索耐潮，抗腐性能好，但柔性及抗张力较差。白棕绳耐潮抗腐性能好，质地柔软，弹性好，强度较高，具有浮性。西沙尔索性能较差，但价格低廉。麻索的规格习惯上以周长计，每卷长 220 m 或 110 m。

（三）合成纤维索

合成纤维索又称化学纤维索，种类很多，有尼龙、聚酯、维尼龙、聚乙烯、聚丙烯等缆索。合成纤维索质地柔软，强度高，质量轻。在相同的破断拉力下，质量约为钢索的 1/3，白棕绳的 1/4 ~ 1/2。这种缆索还具有不蛀、不霉、抗腐蚀、寿命长的优点，对交变负荷、颠跳、振动等工作条件适应性好，便于维护保养，可以减轻船员的劳动强度。目前，合成纤维索在船上的应用日趋广泛。合成纤维索的缺点是横向强度较弱，易伸长，浸水后强度下降，会被突然拉断，这些缺点在确定安全系数时应予以考虑。

四、带缆桩与导缆器

(一)带缆桩

当缆索的一端系结于岸上或浮筒后,便可将其拉紧,按"8"字形在带缆桩的桩柱上围绕 3~5 圈,便可将系缆固定住。

按材料和制造工艺,带缆桩可分为焊接和铸造两类;按结构形式可分为挡板式、直立式、双十字、单十字等数种。表 5-3 给出了国家标准 GB 554—65、GB 555—65 焊接与铸造带缆桩的名称及规格,其简图见图 5-39。带缆桩是系泊设备中的重要部件,必须保证其强度。一般带缆桩可根据缆索直径从标准中选取,遇有特殊情况则需作强度校核。

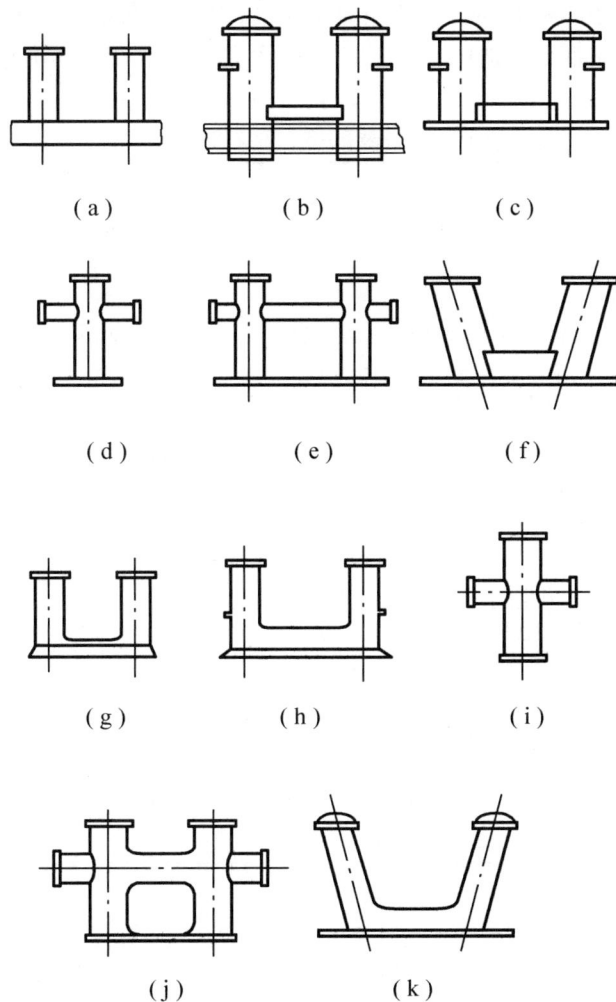

图 5-39 带缆桩

(a)普通带缆桩;(b)嵌入带缆桩;(c)简易带缆桩;(d)单"十"字带缆桩;
(e)双"十"字带缆桩;(f)斜式带缆桩;(g)直立式铸造带缆桩;(h)挡板式铸造带缆桩;
(i)单"十"字铸造带缆桩;(j)双"十"字铸造带缆桩;(k)斜式铸造带缆桩

（二）导缆器

导缆器包括导缆钳、滚轮（柱）导缆器、导缆孔和导向滚轮（柱）。

1. 导缆钳

除带缆桩外，在小船上也有采用带缆羊角、系缆穴和制索眼环作为带缆器。

导缆钳是一种钳状导缆器，它可以将缆索引进或导出，限制缆索的方向和活动范围，当缆索受力时，防止损坏舷墙和栏杆，并可加固舷墙开口，减少摩擦。导缆钳由铸铁或铸钢制成，通常安装在舷墙顶面或甲板舷边栏杆之间。无滚轮导缆钳用于小型船舶，斜式无滚轮导缆钳用在可能发生缆索向上颠跳的场合，例如小艇系靠大船的情况。滚轮导缆钳的滚轮可减少缆索的磨损，多用于大、中型船舶，若通过的缆索方向不受限制，则两侧都应有滚轮；若只需单向导缆，则只在一侧设滚轮，另一侧可用导缆钳阻挡。导缆钳圆唇直径或滚轮直径至少应为船舶配备的最大钢丝绳直径的 5.5 倍，以防缆索断损。多滚轮导缆钳可同时导出几根缆索。导缆钳都是铸造的，以铸铁、铸钢为主。图 5 - 40 为导缆钳简图。

表 5 - 3 带缆桩

名 称			桩柱直径/mm	
焊接带缆桩	A	普通带缆桩	50 ~ 150	
	B	嵌入带缆桩	175 ~ 500	
	C	简易带缆桩	175 ~ 500	
	D	单"十"字式	505 ~ 100	
	E	双"十"字式	50 ~ 175	
铸造带缆桩	A	直立式	30 ~ 40	青铜
			30 ~ 150	铸铁
	B		50 ~ 150	铸钢
	C	挡板式	175 ~ 500	铸铁
	D			铸钢
	E	单"十"字式	30 ~ 40	青铜
			30 ~ 100	铸铁
	F		50 ~ 100	铸钢
	G	双"十"字式	30 ~ 40	青铜
			30 ~ 250	铸铁
	H		50 ~ 250	铸钢

2. 滚轮导缆器

滚轮导缆器是设在船舷、由数个独立滚轮并列组成的导缆器，有开式、闭式等类型。滚轮导缆器制造工艺简单，节省材料，目前多用于大型船舶。图 5 - 41 为单滚轮导缆器。

3. 滚柱导缆器

滚柱导缆器设置在舷边，由 3 ~ 9 个直立和水平滚轮柱组成，可以引导来自任意方向的缆索。图 5 - 42 为九滚柱导缆器，它是圣·劳伦斯航道专用的导缆器，可以适应船闸较大的高低水位差。

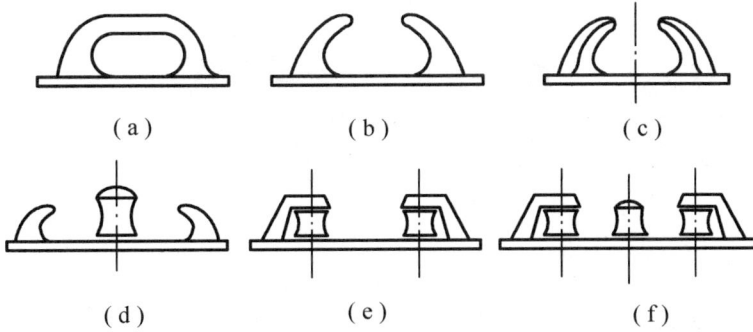

图 5 – 40　导缆钳

(a)AY、AZ 斜式无滚轮导缆钳;(b)B 型直式无滚轮导缆钳;(c)C 型直式无滚轮导缆钳
(铸钢);(d)A 型单滚轮导缆钳;(e)B 型双滚轮导缆钳;(f)C 型三滚轮导缆钳

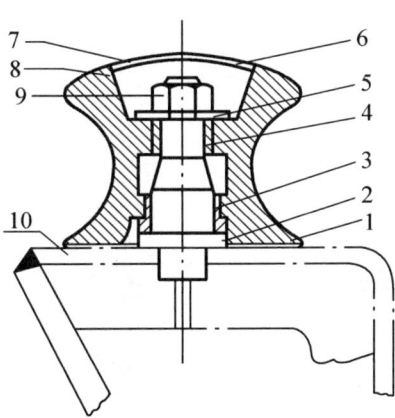

图 5 – 41　滚轮导缆器

1—滚轮本体;2—销轴;3—下衬套;

4—上衬套;5—垫圈;6—滚轮盖;7,8—螺钉;

9—螺母;10—基座

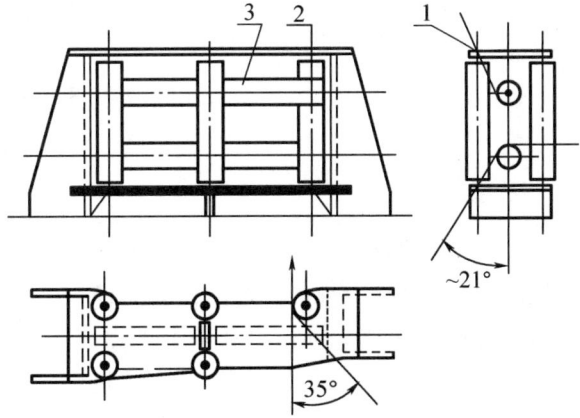

图 5 – 42　九滚柱导缆器

1—缆索;2—垂直滚柱;3—水平滚柱

4. 导缆孔

导缆孔是设于舷墙或甲板上的孔状导缆器。导缆孔的形状分圆形与扁圆形两种,可铸造或焊接制成。通常导缆孔都选用标准件。图 5 – 43 为导缆孔的四种形式。D 型多用于小船;B 型铆接工艺复杂,现已少用;C 型则在无舷墙的情况下直接焊在甲板上。

图 5 – 44 为专供船舶通过巴拿马运河用的重型导缆孔。当用岸上的机车牵引时,可以适应闸内水位和两岸的巨大高度差。图5 –45为过巴拿马运河的拖曳制动示意图。

5. 导向滚轮(柱)

导向滚轮装在甲板上,并配有台座,是引导缆索通向绞缆机滚筒的单滚轮导缆器,如图5 –47 所示。在甲板的适当位置安装导向滚轮,可以改变已进入甲板的缆索方向,使之与系泊机械的卷筒形成合适的角度。导向滚柱装在甲板端部,是带有柱状滚筒的导缆器,常用于上下两层甲板间导缆,或引导升降救生艇、工作舷的缆绳。

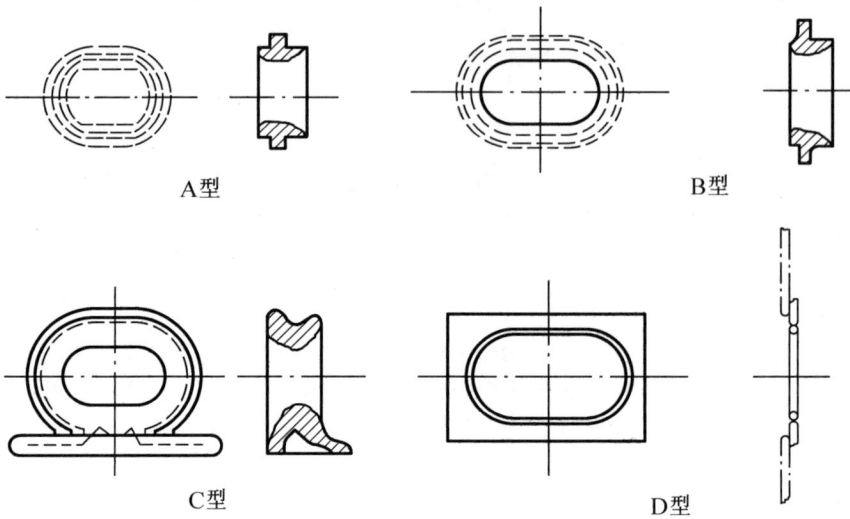

A型　　　　　　　　　　　　　　　　B型

C型　　　　　　　　　　　　　　　　D型

图 5 - 43　导缆孔

五、系缆机械

（一）绞缆机械

由于绞缆机械一般只在系泊作业时使用，在船舶的整个营运过程中利用率不高，所以中小型船舶往往不单独设置绞缆机械，多以锚机的卷筒或起货机的卷筒代替。大型船舶的首部绞缆机械，其动力部分也与锚机合并。

随着自动化程度的提高，近期在较大型船舶上选用自动系缆绞车，以改善系缆作业，减轻船员劳动。自动系缆绞车装有

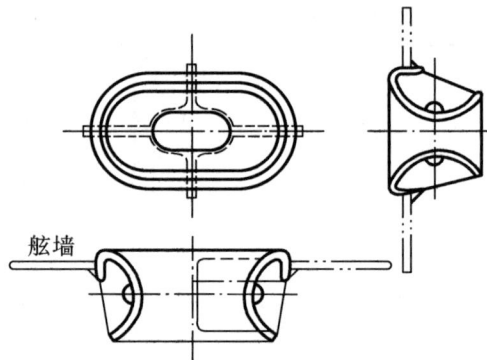

舷墙

图 5 - 44　巴拿马运河专用导缆孔

自动调节装置，当缆索张力超过一定范围时，缆索能自动放出，同时还装有排绳装置，将收入的缆索自动排列整齐。由于自动系缆绞车保证了船舶与码头的挠性连接，系索负载稳定，可延长使用寿命。绞缆机械按转轴的位置不同分系缆绞车和系缆绞盘两种。转轴成水平的为绞车，转轴成垂直的为绞盘。

系缆绞盘如图 5 - 47 所示，其优点是在具有同等拉力的条件下，质量比系缆绞车轻得多，占甲板面积小，能收绞来自前后左右任何方向的缆索。而缺点是不能同时收绞两种以上的缆索，较难改进发展成为自动化系缆设备。系缆绞盘较适用于中小型船舶、军舰或甲板面积受限制的船舶。

（二）缆索卷车

系缆卷车用于卷缠和收藏缆索。除自动系缆绞车收进的缆索可以储存在本身的储绳筒内外，一般还应配置数量与缆索根数相同的缆索卷车，用以储存船上的缆索。图 5 - 48 为普通钢索卷车。大型缆索卷车常用电动驱动，以减轻操作。

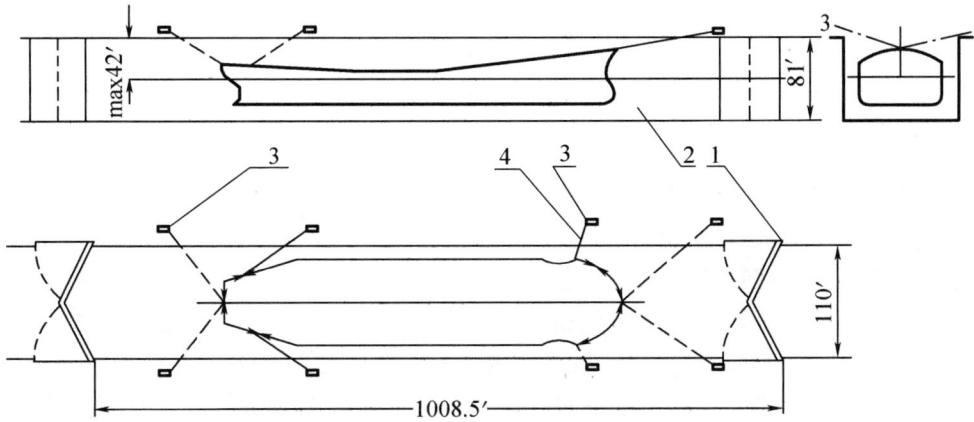

图 5 - 45　船舶过巴拿马运河船闸的拖曳制动示意图
1—闸门;2—运河船闸;3—牵引机车;4—缆索

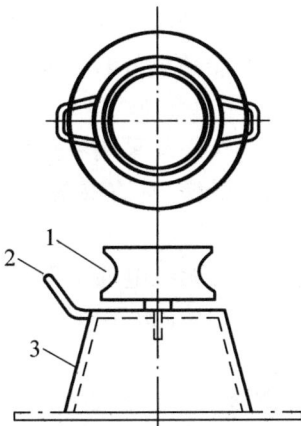

图 5 - 46　导向滚轮
1—导向滚轮;2—挡环;3—底座

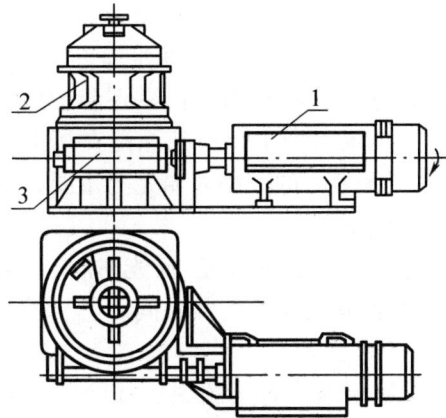

图 5 - 47　电动系缆绞盘
1—电动机;2—绞盘;3—减速器

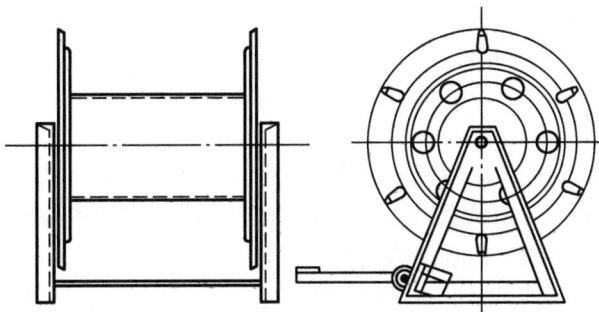

图 5 - 48　钢索卷车

第四节　救　生　设　备

一、概述

　　救生设备是船上人员在水域救助落水人员，或在海难事故中供乘员自救而设置在船上的专门设备及其附属装置的总称。

　　海难救生工作应包括准备、登乘、生存、信号与通信、搜寻和营救等六个方面，只有每一项工作都有能满足海难救生的相应设备，而每一组设备都符合一定的技术要求，组成一个完整的救生系统，才能确保救生目的最终实现。船舶救生是国际上对保障船上人员生命安全所采取的重要措施之一。海上施救的方式和救生设备的性能必须符合有关公约、规范和协议的要求。1983 年国际海事组织通过的《海上人命安全公约》（以下简称《公约》）和我国制定的作为过渡性要求《海船救生设备规范》（以下简称《规范》），对船舶救生设备的配备、各种救生设备、各种救生设备的技术性能都作了明确的规定。

　　国际上船舶救生设备发展极为迅速，相继发生了一些重大的改变。据国外统计资料，船舶突然沉没，来不及释放救生艇筏等水上生存设备的时候，首先应保证它们能在沉船之前有效地降落（脱开沉船），并漂浮在水面上。近年来，对在沉船前能使救生艇筏自动浮起、自动解脱的装置进行了大量的研究，并逐步地应用于船上。

　　为使遇险人员迅速安全转移到漂浮在海上的救生艇筏上，必须采用有效的登乘方式，这对船舷高、人员密度大的大型客船尤为重要，这便促使充气滑梯、垂直降落装置等许多新颖的登乘设备应运而生。

　　在各种救生设备上装置灯光、反光材料、音响、烟光信号及无线电通信等设备，有助于营救人员搜寻目标，从而缩短待救时间。《公约》1983 年修正案中提高了对这些装置的配置要求。

　　低温寒冷是海上遇险人员的主要威胁。过去对低温寒冷引起的严重性估计不足。对许多海难事故的调查证实：海上遇险人员很多不是被淹死的，而是被冻死的。研究表明，在不隔水的情况下，人体浸泡在水中的存活时间与水温关系很大，如表 5－4 所示。

表 5－4　不同水温下的存活时间

水温/℃	0	4	10	15	21	27
时间/h	<1	1/2～3	1～6	2～24	30～40	不限

　　地球上绝大多数地区的水温都可能低于 21 ℃，所以都必须考虑低温保护，使待救人员不致因体温降低而丧生。封闭式救生艇、气胀式救生筏、保温塑料袋、保温救生服，可以不同程度地起到防寒保暖和避免风浪侵袭的作用。

　　海上救生时间就是生命。近年来在快速救助方面已有了一定的进展，相继出现了救助艇、气胀救生筏弹射装置和直升机救助。

　　安全可靠使用是对救生设备及其附属装置的主要要求。具有自扶正能力的全封闭式救生艇，艇翻转时能自动停车、扶正后又能继续运转的翻转机，在 －30 ℃低温下自动充气的气胀式救生筏,在－15 ℃低温下加低温启动液后易于启动,艇内有一定积水时也能安全运转的艇机。上述设备的研制和使用,都提高了救生设备在恶劣条件下的安全性。

由于海洋开发的不断深入,对海上救生也提出了一些特殊的要求,相应出现了一些特殊的救生设备,如用于潜艇救生的救生浮标、水下单人脱险器、深潜救生艇、带有压力舱和生命支持系统的封闭式救生艇、在低温和流冰中工作的特种救生艇,以及应用于油船及海上钻井平台、防止充气时因静电荷积累引起爆炸的导电橡胶救生筏等。

二、救生设备的组成

船舶救生设备包括救助艇、救生艇、救生筏、救生浮具、个人救生设备、弹抛器具、通信设备(无线电台、无线电对讲机、无线电示位标)、烟光信号以及艇筏的登乘及其降落装置。

救助艇既是海上救助指挥艇,又是值勤救生艇,它具有足够的快速性、良好的机动性和操纵性,能迅速营救落水人员,集结和拖带满载乘员的救生筏。

救生艇和救生筏是既能使乘员撤离遇险船只,又能使乘员不浸泡于海水中的救生载具。

救生浮具是可支持遇险人员在水中漂浮的救生器具,一般是指救生浮具和救生凳。由于使用救生浮具的人员下肢浸泡在水中,故《公约》1983 年修正案中取消了使用救生浮具。我国 1983 年《规范》还允许在某些船只上使用。

个人救生设备是可支持单人在水中漂浮的救生器具,一般是指救生圈、救生衣、保暖救生服、抗浸服及保温袋。

弹抛设备是指把救生器具弹射到一定距离用以营救落水人员的弹射器和把抛射缆准确地抛射到所需的位置上,使遇险船与营救船或岸上建立联系的装置。

烟光信号用来显示遇险者所在位置,使在白昼或夜晚都易于被救援人员发现。主要有自亮浮灯、手把火焰信号和降落伞信号等。

救生设备的使用要求是很高的,其总原则是:在情况紧急时能即刻使用;在恶劣的气候和工作条件下能安全使用;应使遇险人员在海上较长时间里可维持生命;容易被前来援救人员发现和施救。

三、救生设备的布置

按《公约》《规范》要求配置的救生设备,布置时应考虑以下因素。

1.救生艇应合理选择放置位置,以保证紧急情况下能安全迅速地卸放。应靠近起居及服务处所,以便操作和人员的集合登乘。在船长方向应尽量靠近船中部,距船首至少应有1/3 船长,以免影响驾驶室视线或妨碍系泊作业。除自由抛落式救生艇外,一般救生艇应远离螺旋桨和艉突出部位,以免降落水面时受艉流影响。在船宽方向应尽量靠近船舷而又不突出舷外。在高度方向最好布置在同一层甲板。若艇分置几层甲板时,应能互不妨碍地同时放艇。艇离满载水线应有一定高度,避开排水孔或采取相应措施。

2.救助艇或应急救生艇应位于驾驶室附近的便于降落和回收的处所。

3.救生筏应存放在紧急时能即刻取用的处所。可吊式救生筏应成组配置于吊筏架附近。

4.救生浮具应存放在能迅速抛落的处所。

5.救生圈应存放在船舶两舷人员容易到达的处所,船首尾至少各放置一个。配有自亮浮灯及自发烟雾信号的救生圈应存放在驾驶室两旁。救生圈不得永久固定,应能易于随时取用。

6.救生衣应存放于人员居留或易于到达之处。值班人员使用的救生衣应存放在值班处附近。

7.救生抛绳器及烟雾信号应放在驾驶室或其附近,并能随时迅速取用。

8.降落装置应确保艇、筏在船有一定纵横倾和一定航速时能安全迅速地降落水面。

9.救生艇、救助艇及救生筏登乘地点必须设软梯。

10.救生艇、救助艇及救生筏均应设静力释放装置。

四、救生艇与救助艇

(一)救生艇的类型

救生艇是船舶遇险不得不弃船时,供乘员撤离险船用的小艇,是船上最重要的救生设备。平时,救生艇也可作为运锚、送缆等临时交通工具。

救生艇的种类很多,近年来变化更新较快,材料、结构和性能日趋完善。

1.按艇体材料划分

有木质救生艇、金属(钢、铝)救生艇和玻璃钢救生艇。木质救生艇已很少采用。钢质救生艇耐火性能好,但容易锈蚀,按消防设备规范规定,主要用于油船,其他各类船也有采用。玻璃钢救生艇是用不饱和的聚酯树脂和无碱玻璃纤维,通过接触压力而成形的。玻璃钢艇质量轻、强度高、抗腐蚀、表面光滑、耐热性好、吸湿性低、不易损坏、便于保养、制造工艺简便,目前被各类船舶广泛采用。

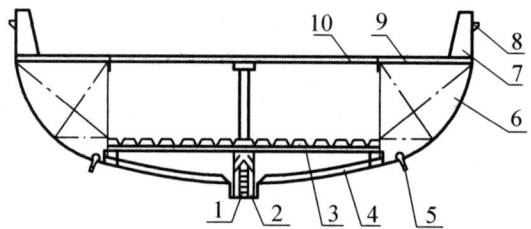

图5-49 玻璃钢艇中剖面

1—钢龙骨;2—扁钢;3—内底板;4—玻璃钢肋骨;
5—复正扶手;6—空气箱,7—玻璃钢肋板;
8—护舷材;9,10—松木外包玻璃钢座板

图5-49为敞开式玻璃钢救生艇的中剖面图。钢质救生艇结构与之相似。

2.按推进方式划分

有机动救生艇和非机动救生艇。机动救生艇多以柴油机为动力,既可满载乘员以一定速度撤离险船,又能拖带非机动艇和救生筏。非机动救生艇主要依靠划桨推进,也可设手摇、脚踏等人力推进装置,或设风帆。《公约》1983年修正案已不提非机动救生艇,要求全部配备机动救生艇。

3.按结构形式划分

有敞开式、部分封闭式和全封闭式。开敞式救生艇结构简单、登乘方便、使用历史悠久,但因低温保护性能差,在《公约》1983年修正案中已不提,我国1983年《规范》还允许在国内航行的船舶上使用。部分封闭救生艇是在敞开式救生艇的艏端加设硬质顶篷架及活动顶篷的救生艇,可使乘员减轻暴露引起的伤害。与全封闭式相比,登乘容易,但稳性较低,低温保护性能也较差。全封闭救生艇是20世纪70年代发展起来的新型艇,它有普通型、空气自给型和耐火型三种。

(1)普通型全封闭救生艇

普通型全封闭救生艇设有硬质水密能罩住全艇的顶篷,即使艇倾覆,顶篷也不渗水,并能支持救生艇的全部重力（包括乘员、艇机和属具），稳性好，倾覆后能自行扶正，有很好的低温保护性能，不受外界气候条件的任何影响。艇内存放吸收剂，以减少二氧化碳的含量。目前出现的第二代艇，顶篷充填泡沫塑料固定浮力块，此储备浮力在破漏通海倾覆时，能够将艇扶正到一定浮态，并具备水面以上出入口。第二代艇还大幅度修改了顶篷外形，使之适合回收操作。篷顶设走道并围以栏杆，以利于水手作业和从飞机上进行救援。

（2）空气自给型全封闭救生艇

空气自给救生艇是一种防毒型救生艇。当艇上所有孔口关闭时，其供气系统能保持艇内空气适宜于呼吸，发动机能正常运转不少于 10 min，维持艇内气压不低于艇外大气压，也不高出艇外许多。空气自给救生艇适用于散装危险化学品船或散装液化气船。

（3）耐火型全封闭救生艇

耐火型全封闭救生艇主要用于油船或海上石油钻井平台。发生火灾时，能撤离乘员冲出火海区。该类艇顶篷上设有洒水装置，覆盖于艇表面的流动水膜使艇体受到均匀冷却。艇体内表面敷设绝缘层，以减小热传导。

耐火型和空气自给型救生艇都具有普通型全封闭救生艇的性能。全封闭型救生艇有逐步取代敞开型和部分封闭型救生艇的趋势，尤其是国际航行的船舶。

（二）自由抛落式救生艇

由于《公约》1983 年修正案对救生设备提出了更高的要求，在救生设备的设计和制造方面相应出现了很多新的课题：布置救生、救助设备与艇甲板的矛盾；艇的安全脱钩与入水后的自由漂浮；5 kn 航速下的安全放艇；放艇处与螺旋桨的距离；提高放艇速度；横倾 20°、纵倾 10°下的安全放艇等。传统的救生艇及吊艇装置要满足 1983 年修正案提出的要求是有一定困难的。在这种情况下，安装在船尾中线处的自由抛落式救生装置就应运而生了。我国建造出口的大型穿梭油轮首次采用了这种先进的救生装置。

图 5－50 为 FF34 型自由抛落式全封闭耐火救生艇。该艇定员 40 人，质量 9.45 t，艇上只装一组吊钩，吊起时其龙骨与水平成 35°角。

该艇艇尾设有固定环、牵引眼板和撞针，顶篷四周装有降温用的洒水系统，艇的两侧有水密移门供乘员登艇。在顶篷上首、中部各设一组水密移门，驾驶员操作座位设在舻部。它的顶部有一外开水密盖，当用龙门驾放艇时，打开顶部舱口盖供驾驶员进行遥控操作。艇上全部水密门、盖关闭后密性良好，短时间冲入水中艇不会出现渗漏。

艇内的座位用高强度的塑料压制成形，质量轻，外形美观。座位上配置有 3 根安全带，乘员腰部、背部、头部各 1 根，以防入水时人员受到撞击。

动力装置与空气瓶等全部安装在地板下面，艇重心低，倾覆后能自行扶正。地板上除装防滑条外，无其他设施。艇内宽敞舒适，座位安排与客机相似，设有通道。座位与防滑条均与水平成 35°角，乘员在艇内呈半躺姿态。除驾驶员的座位可以转动和翻转外，其余座位均为固定式。

这种救生艇的稳性、浮性等方面的要求和普通全封闭耐火救生艇相同。

自由抛落式救生装置的主要特点如下：

（1）因艇布置在船尾中线处，并且滑道呈一定倾角，借重力即可自由滑入水中，能满足在纵倾 10°、横倾 20°时安全放艇的要求；

（2）艇入水后的走向与船舶航向相反，所以不存在艇受母船螺旋桨干扰和 5 kn 航速放艇是否安全的问题；

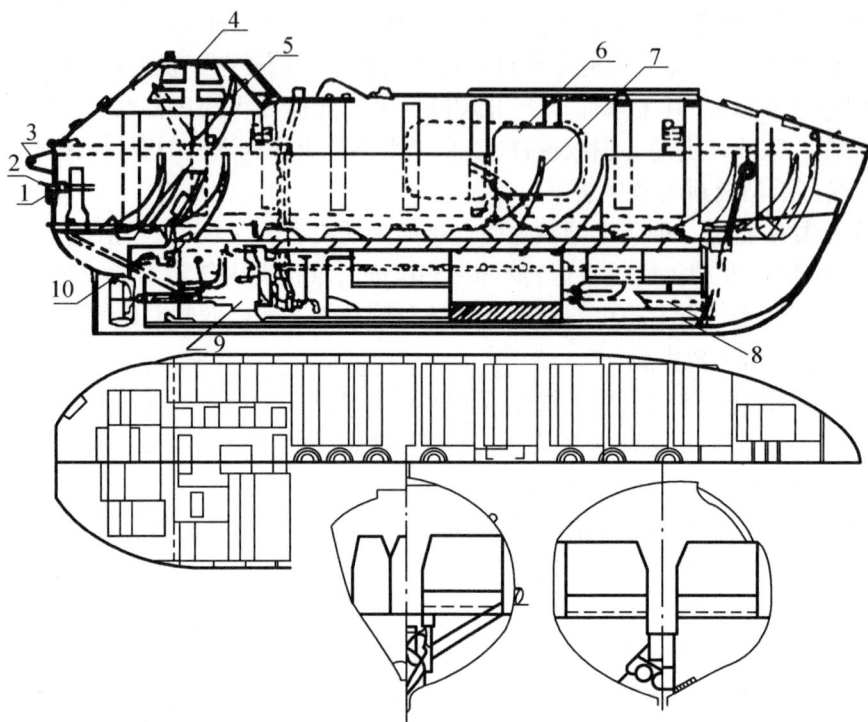

图 5 - 50   自由抛落式全封闭耐火救生艇

1—牵引眼板;2—撞针;3—固定环;4—外开水密盖;

5—可转动、翻转驾驶员座椅;6—水密移门;7—固定式座椅;

8—空气瓶;9—动力装置;10—转动导流管

（3）当用龙门吊依靠起艇绞车放艇时,放艇操作由艇尾处的单一挂钩执行,不存在不能同步脱钩的危险;

（4）单一脱钩还具有船舶下沉、艇入水时依靠自身浮力自动脱钩漂浮的功能;

（5）艇滑落轨迹呈抛物线,沿抛物线自由下落时艇的速度 $u = \sqrt{2gh}$（式中 u 为下落时艇的速度,单位为 m/s;g 为重力加速度,单位为 m/s^2;h 为艇下落处至水面的垂直高度,单位为 m）,满足 1983 年修正案中提出的要求;

（6）因救生艇设在艉部中线处,全船只有一套,不同于普通救生艇需左右舷各设一套,所以全部装置价格低于普通重力式救生装置;

（7）可省甲板面积,以利于布置安排其他设备。

（三）救助艇

救助艇是在总结了海难事故和船舶碰撞事件后,逐步形成和发展起来的一种新概念艇,其外形如图 5 - 51 所示。

救助艇的任务是随时营救落水人员,海难时集结和指挥气胀式救生筏、非机动救生艇。所以其特点是能迅速降落与回收,机动性、快速性、浸溺性良好,拖力大。救助艇按结构形式分有硬质救助艇、充分救助艇和混合结构救助艇,其性能以混合式为最佳。救助艇除具备普通机动救生艇的性能外,尚应满足以下要求:

（1）船长 3.8~8.5 m；

（2）能承载至少 5 名坐着人员和 1 名躺卧人员；

（3）海浪中航速不小于 6 kn，连续航行不少于 4 h；

（4）随时处于备用状态；

（5）具有足够舷弧，艇首部舷弧应不小于 15% 艇长；

（6）在海浪中有良好的机动性和操纵性，能迅速营救落水人员和集结救生筏于 2 kn 的航速拖带本船所配备的两只最大的满载额定乘员与属具的救生筏；

（7）可装设艇内发动机或舷外挂机；

（8）应装设具有足够强度的牢固的拖带装置。

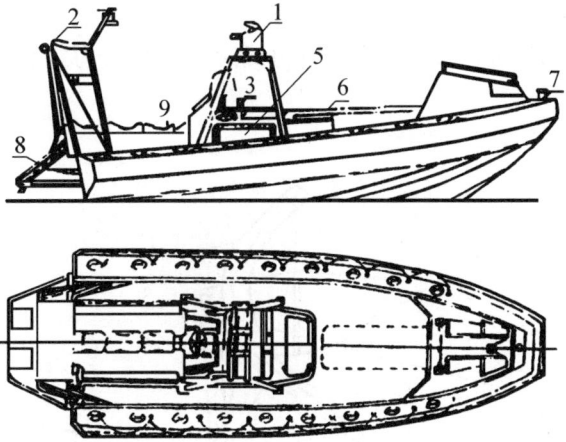

图 5 - 51　救助艇

1—单点提升装置；2—翻船扶正装置；3—电气操纵中心；
4—220 V 交流电接岸点；5—机器检查窗；
6—蓄电池箱；7—缆桩；8—喷水口

五、艇(筏)的降落装置

（一）对降落装置的基本要求

普通救生艇的降落装置主要由吊艇架、吊艇索、吊艇滑车、吊艇钩及起艇机组成。对降落装置的基本要求是：

（1）船舶在不利纵倾并向一舷横倾 15° 时，能将装满额定人数及属具的救生艇(筏)降落到水面，必要时可加设滑架或其他辅助装置；《公约》1983 年修正案明确提出满足纵倾 10°、横倾 20° 的放艇要求；

（2）每艇配一副独立的吊艇架，并设有将艇与吊艇索迅速分开的装置；降落装置应能回收载有放艇船员的救生艇，并能使附有救生艇的吊艇架复原；

（3）吊艇架一般应采用重力式，若救生艇在转出状态下的重力小于 23 000 N，允许采用摆出式；

（4）降落装置的强度应保证在载有放艇员时能将救生艇转出舷外，然后按要求（2）下降到水面；

（5）吊艇机应设手制动器或自动调速制动器，保证救生艇安全下降速度为 0.4~0.6 m/s；

（6）国际航行的船舶上，救生艇的降落装置建议做到当船舶以 5 kn 航速前进时，能将艇降落到水面；对于救助艇和排水量在 2 000 t 以上货船上的救生艇，在船舶以 3 kn 航速前进时，能降落作为强制性要求；

（7）《公约》1983 年修正案对降落时间作了限制：救助艇或应急救生艇能在 5 min 内降落到水面；发出弃船信号后，客船在 30 min 内、货船在 10 min 内将全部乘员降落水面；

（8）要求救生筏能自由漂浮下水，当船舶下沉时，通过静水力释放器（或等效装置）解脱系缚筏的缆绳，使救生筏自动浮起、自动充气，并断开薄弱环或易断绳而脱离险船。

（二）普通吊艇架

吊艇架是降落装置中的主要部件,目前使用的吊艇架主要是重力式和倒杆式两种。旋转式吊艇架在海船上已不采用;重力式吊艇架按结构形式又分滚动型和倒臂型两种。图 5-52、图 5-53 分别为重力式滚动型和重力式倒臂型(滑架型)吊艇架结构图。

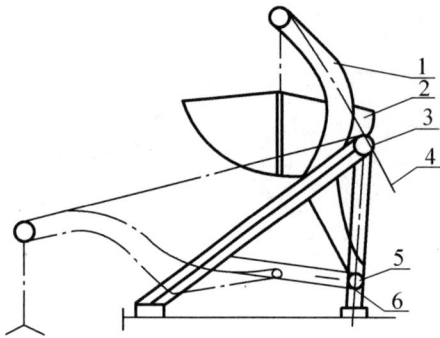

图 5-52　重力式滚动型吊艇架
1—吊艇臂;2—艇;3—滑车;
4—吊艇索,5—滚轮;6—滑轨

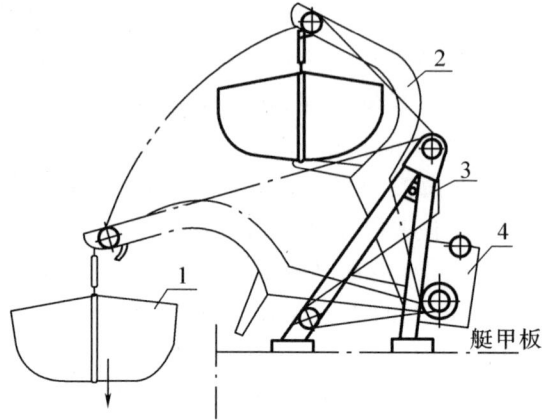

图 5-53　重力式倒臂型滑艇架
1—艇;2—倒臂;3—吊艇索;4—起艇机

海船上较多采用重力式吊艇架。重力式吊艇架放艇时动作迅速,安全可靠,制动装置打开后,吊艇架在重力作用下无需动力驱动即能将艇放出。重力式吊艇架的缺点是由于艇平时吊置在艇架上,相对提高了船舶的重心。

倒杆式吊艇架又可分为直杆型和镰刀型两种。放艇时必须先将艇吊升一定高度后才能使其倒向舷外,因此放艇速度较慢,且设备占用较大的甲板面积。由于艇直接放置在甲板上,与重力式相比,能降低船舶重心。倒杆式吊艇架多用于内河船。

（三）自由抛落式救生艇艇架

图 5-53 为固定滑道自由抛落式救生艇装置。当龙门架放倒时,通过吊艇绞车以单根吊索将艇吊落水中。艇吊起时与水平成35°角,使艇便于在滑道上复位。

固定在滑道上的铜质球与艇上的钢质滑板接触。自由滑落时,铜球与钢板摩擦不会产生火花,这对油船来说是很重要的。滑落装置如图 5-55 所示。

艇尾的制动钩、撞针及牵引眼板结构见图 5-56。下落制动钩钩住艇尾固定环,阻止艇下滑。在艇架平台上操纵制动钩操作杆,或在艇内操纵撞针,都可使制动钩落下,让艇和艇架脱离。艇回收时,连接于牵引眼板的牵引钢索,经顶滑轮由牵引复位绞车带动,可使艇准确复位。

当救生艇随船舶一起下沉时,在自身浮力作用下,艇逐渐漂浮成水平状态,固定环也能与制动钩钩头自动脱开,如图 5-57 所示。

图 5-58 为艇架可以回转的自由抛落式救生艇装置。图 5-58 中 I 为平时存放状态,艇架成水平,在该状态下,当艇随船下沉时,依靠自身浮力艇即可自动脱离险船。图 5-58 中 II 为滑落状态,艇架成一定俯角,艇在重力作用下自由滑下。图 5-58 中 III 为吊放状态,艇架绕转轴悬垂,艇通过吊艇杆吊放入水。

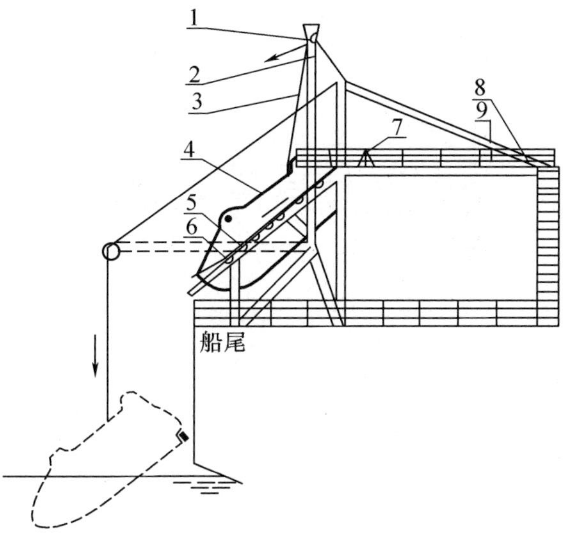

图 5 - 54　固定滑道自由抛落式救生艇装置

1—吊艇滑车;2—放艇龙门架;3—吊艇索;

4—全封闭耐火救生艇;5—钢质滑板;6—铜球;

7—吊艇绞车;8—牵引复位绞车;9—拉杆

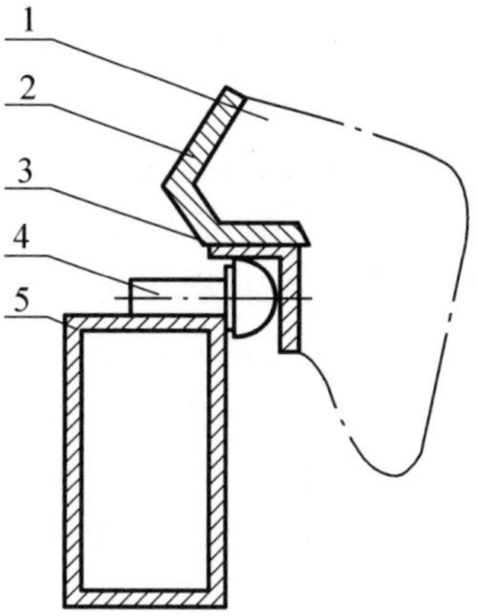

图 5 - 55　滑落装置

1—艇;2—护舷材;3—钢质滑板;

4—铜球;5—滑道

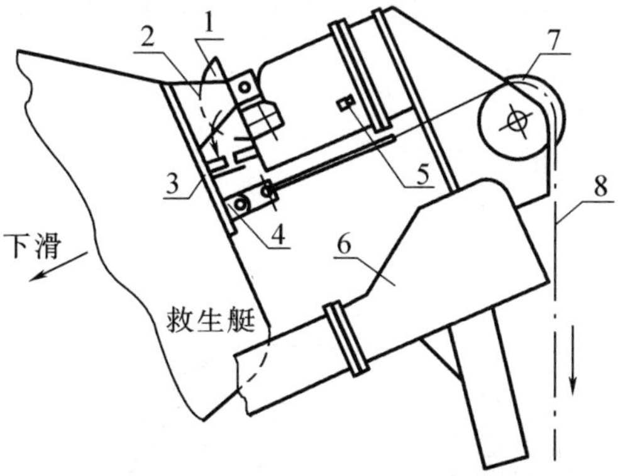

图 5 - 56　制动钩、撞针及顶滑轮

1—下落制动钩;2—固定环;3—撞针;

4—牵引眼板;5—制动钩操纵杆;6—横向主梁;

7—顶滑轮;8—牵引钢索

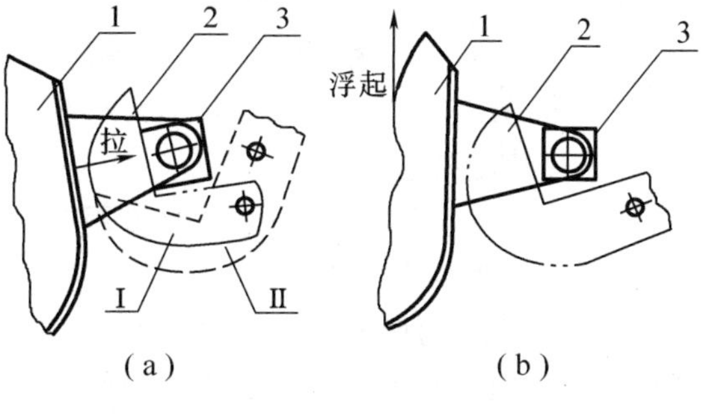

图 5 - 57　下落制动钩钩头动作示意图

(a)钩头动作;(b)自动脱开

1—全封闭救生艇;2—制动钩钩头;

3—固定环

（四）救生艇绞车

救生艇绞车是控制救生艇吊放和回收的动力设备,按动力分机动和手动两种。机动又分电动、液压和气动;手动仅供额定人数少于20人的救生艇使用。在大中型船上,除用机械动力装置放艇外,还应同时配备有效的人力手制动装置。

用于普通吊艇架的绞车的卷筒应设计成两根艇索能分别绕卷而又同步同速,使艇的起落平稳安全。卷筒直径至少应为吊艇索直径的16倍,绕卷艇索不多于两层且能自动排列整齐。卷筒应设置在固定于甲板的座架上。目前,多将艇绞车直接设置在吊艇架上,使艇绞车及艇索导向滑轮等都不占甲板面积,施工工艺大为简化。

救生艇绞车必须设两套制动器,即手制动器和调速制动器。调速制动器保证艇降落速度为 18 ~ 36 m/min。

吊艇架将艇回收复位时,若依靠吊艇索的动力作用,则需设置限位开关,在吊艇架恢复原位时自动切断电源,防止吊艇索或吊艇架承受过大负荷。

自由抛落式救生艇装置共设置三部绞车:龙门架起幅绞车、起重绞车和牵引复位绞车。与此相应必须配置三组限位开关。

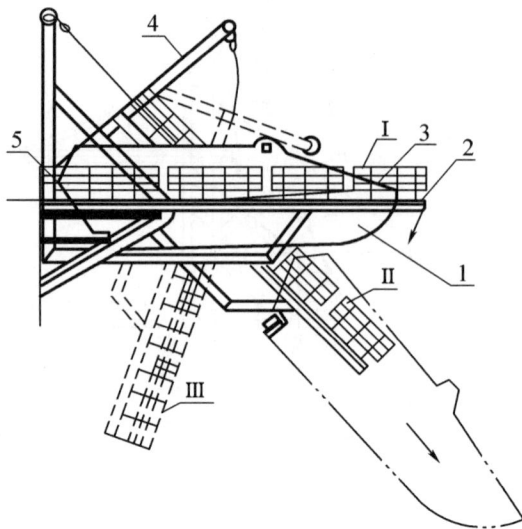

图 5 - 58 可回转自由抛落式救生艇艇架
1—艇;2—回转式艇架;3—滑板;
4—吊艇杆;5—下滑制动钩

六、救生筏、救生浮与个人救生设备

(一)救生筏

1. 救生筏的类型

救生筏是仅次于机动救生艇的有效水上生存设备,而在某些方面还优于救生艇,特别是当船舶遇险产生严重纵倾和横倾,救生艇无法吊放时,救生筏仍可以有效地起作用,因此在船上救生筏与救生艇有着同样重要的地位。

救生筏分甲型和乙型两种,其区别在于:

(1)甲型设有空气间隙的顶篷,乙型设无空气间隙的顶篷;

(2)乘员定额计算系数甲型较大,乙型较小;

(3)属具配备定额不同;

(4)充气试验时,投放下水的高度甲型为 18 m,乙型为 12 m。

救生筏按结构形式可分为刚性和气胀式两种。刚性救生筏由玻璃钢或镀锌板块制成的刚性浮体与筏底组成,上下、左右对称,无论哪一面朝上都可使用。刚性救生筏体积大,使用不理想,目前已很少采用。

气胀式救生筏如图 5 - 59 所示,由橡胶尼龙布制成。平时筏体不充气,折叠存放在玻璃钢筒内,置于筏架上。使用时拉动启动绳,便开启筏体内的二氧化碳气瓶,60 s 内即可使筏体自动充气成型,成为一个椭圆形的具有顶篷的浮体。该浮体由上、下两个互相独立的充气浮胎提供浮力。

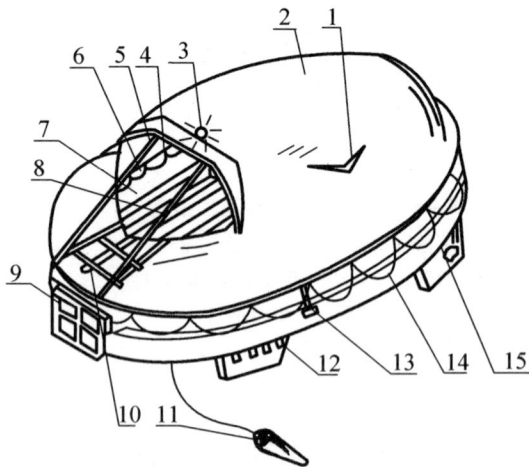

图 5 - 59 气胀式救生筏
1—两水沟;2—篷帐;3—示位灯;4—内扶手索;
5—上浮胎;6—篷柱;7—下浮胎;8—篷底;9—软梯;
10—拯救环;11—海锚;12—平衡袋;13—海水电池袋;
14—外扶手索;15—提拎带

气胀式救生筏存放时占空间小、不易损坏,乘员在筏内可受到较好的保护,可以抛投使用,便于安装自动解脱装置,目前已广泛采用,取代了传统的刚性救生筏。气胀式救生筏按降落方式又分可吊式与抛投式两种。抛投式使用时,先将存放救生筏的玻璃钢筒抛入水中,漂浮于水面上,充气时筒体自动胀开,救生筏即在水中充气成形。过去,乘员必须先跳入水中,再爬上筏体,现在则可借充气滑梯等登乘设备登上救生筏。可吊式则在甲板上充气成形,人员进筏后再吊放到水面上,其装置如图 5 – 60 所示,它已在客船上广泛使用。《公约》1983 年修正案要求客船上的救生筏均应为可吊式。气胀式救生筏已广泛采用在随船下沉时能自动充气、自动解脱、自动漂浮的装置上。

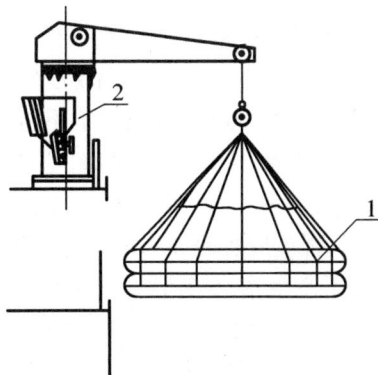

图 5 – 60　可吊式救生筏吊放装置
1—气胀成型救生筏;2—吊放装置

2. 救生筏的主要技术要求

(1)质量

除可吊式救生筏外,其他救生筏及其包装容器与属具的总质量不超过 185 kg。

(2)乘员定额

应取下列两数中较小者,空气箱或主浮胎的容积(m³)值除以 0.096(甲型)或 0.085(乙型)所得的整数;筏底面积(m²)值除以 0.372(甲型)或 0.350(乙型)所得的整数,但不得少于 6 人也不得多于 25 人。

(3)稳性

各种救生筏在海浪中使用时应当稳定;在静水中非正浮时应能由一人将其扶正,并至少承受 3 kn 的拖航速度。

(4)强度

'至少能承受 3 kn 的拖航速度,从 18 m 高处投落不损坏。漂浮时,能经受自 4.5 m 高处的反复蹭跳;可吊式救生筏满载时,筏舷应能承受不小于3.5 m/s速度的侧向碰撞,并能承受 4 倍的满载负荷强度。

《公约》1983 年修正案中,增加了对气胀式救生筏的充气成型的时间要求,在正常气温(18~20 ℃)下,应在 1 min 内完全充胀;在低气温(-30 ℃)时,应在 3 min 内充胀。

气胀式救生筏筏体内储存有充气筒,备有各种工具、信号设备、药品箱、补漏物品等。

(二)救生浮

救生浮一般由泡沫塑料制成,外形为矩形或椭圆形,内缘设绳网,下挂格栅,外缘设救生索,如图 5 – 61 所示。救生浮的乘员定额取以下两种计算结果中较小者的整数值:救生浮在淡水中能支持的铁块质量(kg)除以 14.5,或救生浮外缘周长(mm)除以 305,但不得少于 6 人,也不得多于 20 人。救生浮的质量应不大于 180 kg。救生浮任何一面向上漂浮时都有效和稳定,其稳性应满足在浮具的一个边缘每 300 mm 挂 7 kg 重物,挂重一边的上边缘不没入水中。

救生浮不储备粮食、淡水,也不设座位,遇险人员只能站立其中或浸泡在水中紧握救生索,以待救援,所以它仅在内河或沿海短程船舶上被允许使用。

(三)救生圈

救生圈如图 5 - 62 所示，是供落水者暂时把扶其上等待救援的环状浮体，由泡沫塑料制成，截面为圆形，外径不大于 760 mm，内径不小于 440 mm，质量不小于 2.5 kg，它能于淡水中支持不小于 14.5 kg 的铁块达 24 h，其强度应保证 10 m 高度投水不损坏，不产生永久变形。救生圈周围绕有直径不小于 10 mm，长度为救生圈外径 4 倍的把手索。

救生圈的配件除救生浮索外，还有橙色烟雾信号、自亮浮灯，均为示位信号。白天使用烟雾信号，发烟时间不少于 15 min，能见距离不小于 2 n mile。夜间使用自亮浮灯，亮度应不低于两支烛光，点燃时间不少于 45 min。最常见自亮浮灯有电池式和电石式两种。图 5 - 63 所示为电池式自

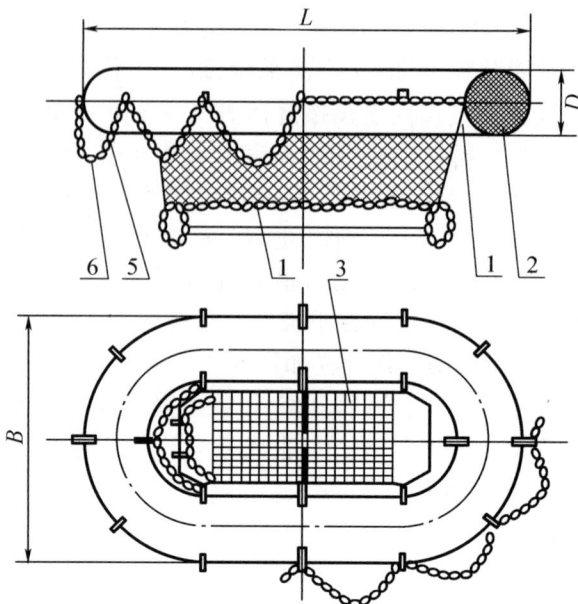

图 5 - 61　塑料救生浮

1—浮壳；2—浮芯；3—踏板；4—绳网；5—救生索；6—浮子

亮浮灯，浮灯的圆筒内装 4 ~ 6 节干电池和一个水银开关，平时倒置于船舷夹架上，因水银开关倒置而不导电，投入水中后，筒身由于底部有负重而直立正浮于水中，水银开关接通后使灯发光。电石自亮浮灯则由灯罐内储存的碳化钙遇水产生乙炔气，再由磷化钙遇水燃烧将其点燃，使罐顶产生连续火焰。

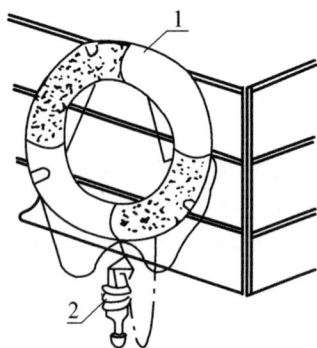

图 5 - 62　带自亮浮灯的救生圈

1—救生圈；2—自亮浮灯

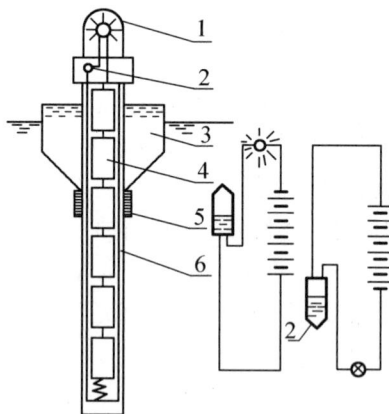

图 5 - 63　电池式自亮浮灯

1—灯泡；2—水银开关；3—泡沫塑料浮子；
4—干电池；5—系绳；6—水密金属圆筒

救生圈所带的烟雾信号是用一金属或塑料容器装烟雾剂。容器一端系于救生圈，另一端有一小铁环，用一短索系在栏杆上。当救生圈抛出时带出容器，同时把容器上的拉环拔

出,点火引信即把烟雾剂点着,在海面上发出橙黄色烟雾,指示出救生圈位置。

（四）救生衣

救生衣是一种穿着它能在水中提供浮力的浮体。按浮体材料分为两种,一种是闭孔泡沫塑料或木棉,外包帆布;另一种为充气型,由橡胶布制成气胎,以二氧化碳充气或嘴吹充气提供浮力。救生衣应能将失去知觉人员的嘴部托出水面,其高度不小于 120 mm,并使其身体向后倾斜,与垂面构成不小于 20°但也不大于 50°的角度。救生衣具有的浮力应保证在浸入淡水中 24 h 后不降低 5% 以上。救生衣的结构应保证穿着从 4.5 m 高处跳入水中不受伤,救生衣不移位,不损坏。

（五）抗浸服

抗浸服是一种全装式保温服,它的外层由防水材料制成,除脸部外,能罩住全身。双手配有固连的手套,脸部装有能减少自由空气的设施。落水人员穿着抗浸服能免受海水浸泡之苦,适合配置在航行于寒冷水域的船舶。按制成抗浸服材料的不同,对抗浸服保温性能的要求也有所不同。由非自然保温材料制成的抗浸服,必须连同保温衣物一起穿着,对这一类抗浸服,当穿着从 4.5 m 高度跳入水中,在温度为 5 ℃的水中经 1 h 后,要求它能保证穿着者的体温降低不超过 2 ℃。对于由自然保温材料制成的抗浸服,当穿者从 4.5 m 高度跳入水中,在温度为 0～2 ℃的水中经 6 h 后,要求能保证穿着者的体温降低不超过 2 ℃。当抗浸服设计成具有浮力,并符合对救生衣的要求时,可将它归类为救生衣。若抗浸服本身不具有浮力,则必须连同救生衣一起穿着（救生衣应穿在抗浸服的外面）。

新式的防火干式救生服由耐热耐油性的氯丁橡胶尼龙制成,密闭式网络泡沫衬垫装于内衬层,外防护罩用荧光材料制成,有高强度反射带。穿着这种救生衣能使落水者在冰冻水域生存 15 h。

七、抛绳设备与求救示位信号

（一）抛绳设备

抛绳设备的用途是供从遇难船向救助船（或岸上）抛射缆绳,或从救助船（或岸上）向遇难船抛射缆绳。按《海船救生设备规范》规定,在正常天气下,抛射距离应不小于 230 m,抛射绳长 400 m,其破断力不小于 400 kg。

抛绳设备由抛绳枪、火箭、抛射绳和底火药筒组成,平时收藏在专用箱内。一套抛绳设备应配备四发火箭和四条抛射绳。

（二）求救示位信号

求救示位信号是当船舶遇难时,及时发出规定的信号,使救助船、飞机或其他船只能迅速发现遇难船或确定其所在位置。应用于船舶的求救示位信号主要有以下几种。

1. 降落伞火星信号

这种求救信号是将火箭发射到 150 m 高度,在空中自行爆炸后持续发出红色火星信号。同时降落伞打开,使其下降速度减慢,延长在空中滞留时间,以利于被救援者发现。火箭发射方式有擦火式和拉环式两种。这种发射式火箭信号也可不带降落伞装置。

2. 手把火焰信号

手把火焰信号能发出 600 烛光的红色火焰而无爆炸的危险。使用时,将发火药在内筒的引火药上剧烈摩擦一下,火药燃烧时发出红色火焰。施放者可用左手握住外筒高举伸向舷外下风方向。

3. 黄烟信号

在救生艇或救生筏上使用黄烟信号发出的黄色烟雾可延续 5 min 左右，使救助船或飞机易于找到艇、筏的位置。使用时，拉环拔出后立即将信号罐抛入水中，罐入水后能自动处于正浮状态，并连续施放黄色烟雾。有风时应抛向下风舷，以免艇筏被烟雾包围。

4. 反光材料及信号镜

装于艇、筏或救生圈上的反光材料或信号镜能强烈反射照射其上的日光或灯光，引起救援者的注意。

5. 雷达反射带

装于非金属的玻璃钢救生艇或气胀式救生筏上的金属反射带，有助于营救船或飞机的雷达搜索。

6. 无线电应急示位标

国际海事组织（IMO）制定的《海上人命安全公约》规定，救生艇必须配备 VHF 无线电应急示位标。

船舶遇险时，应急示位标能自动发出一个特殊的呼救信号，由飞机或低轨道卫星（距海面 200 km）接收或转发，协助现场搜索和救援。

无线电应急示位标表面呈鲜明橙色，在强光下能发亮。外壳上刻有永久性文字说明，不懂无线电者也能正确使用。从 20 m 高处投入水中不会损坏。示位标筒内装有寿命为 4 年的高能锂电池，当电池电压由 8 V 降至 6 V 时仍能正常工作。其天线能作全方位发射。

无线电应急示位标有不同的型号，如图 5 - 64 所示。TRON - 25 型为浮标式，质量 2.5 kg，外型尺寸为 ϕ80 mm × 570 mm，可连续工作 96 h，并能手动或自动发送信号。当示位标随船沉没时，只要沉入水下2 ~ 3 m，静水压力即能使之自动脱离，在重力作用下自动翻转自由漂浮于水面，同时自行启动发送信号。TRON - 1K 型为手提式，质量为 0.7 kg，外形尺寸为 ϕ85 mm × 490 mm，可连续工作 48 h，可人工启动或关闭。

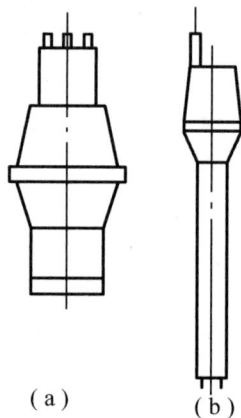

图 5-64 无线电应急示位标
(a) 浮标式；(b) 手提式

7. 无线电通信设备

借无线电通信与营救船、飞机、其他船只或岸上建立联系。

第五节 起货设备

起货设备是船舶装卸货物的专用设备。起货设备的类型取决于船舶运载的货物。装卸液体货物用船上的输送泵，散装货物可用特殊的传送带、船用起重机或吊杆式起货设备，而对成包、成箱或大件货物的装卸，则都用吊杆式起货设备。图 5 -65 为一艘货船的起货设备布置简图。

一、吊杆式起货设备

吊杆式起货设备由起货吊杆、起重柱（或桅）、钢索、滑车、吊环、吊杆座、吊钩及起重机等组成，如图 5 -66 及图 5 -67 所示。起货吊杆是一根钢质圆柱形长杆（管），它是吊杆式

图 5－65　货船起货设备布置简图

起货设备中的一个重要部件。按起货量的大小,吊杆分为轻型吊杆(起货量 10 t 以下)和重型吊杆(起货量 10 t 以上)两种。轻型吊杆通常都成对地设置在船舶货舱口的两端,使左右两舷都能装卸货物,而重型吊杆则单独设置在所对应货舱口一端的纵向中心位置上。

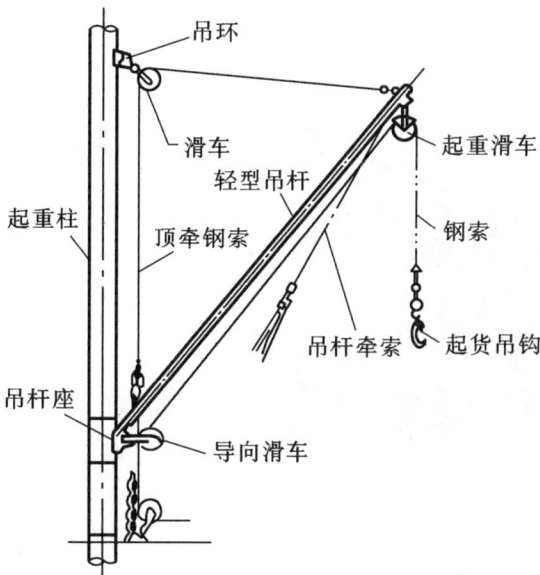

图 5－66　轻型吊杆式起货设备装置

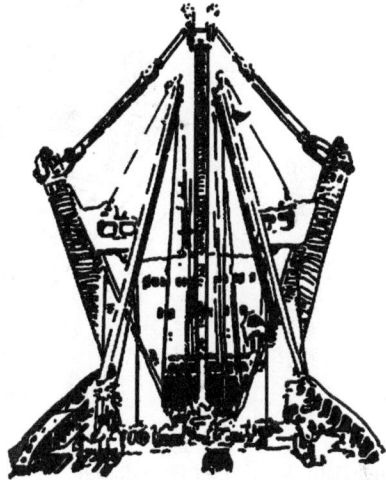

图 5－67　重型吊杆式起货设备装置

　　轻型吊杆式起货设备的操作方式有单杆操作和双杆联合操作两种。单杆操作是用一根起货吊杆进行工作;双杆操作则是利用两根起货吊杆联合工作,如图 5－68 所示。双杆联合操作的工作效率高,既节省劳力又加快装卸速度,所以在货船上多采用双杆联合操作。

　　在专门运输散货的干货船上,通常还设置重型吊杆。重型吊杆的起货量大小按船舶的特殊要求来决定。巨大起货量的重型吊杆仅设置在特殊用途的船舶上,例如专门运输火车机车的运输船,它的重型吊杆起货量可达 300 t。

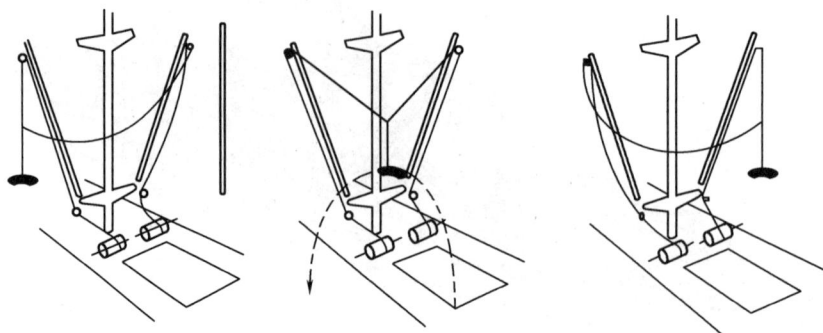

图 5 - 68 双杆联合操作示意图

二、船用起重机

船用起重机是一种将起货吊杆、传动装置和起货机械组装成一个整体,且可绕轴回转的起重机。按传动方式的不同,有电动式和液压式两种。图 5 - 69 为液压式起重机。

图 5 - 69 液压式起重机

船用起重机具有操作简便、装卸速度快和布置地点灵活性大等优点,但在起货量方面受到一定的限制,通常为客船及散装货船等所采用。

在现代大型载驳货船上装有纵向移动的船用门式起重机,它的起货能力可达 500 t。

第六章　船　舶　电　气

　　现代化船舶的特点之一是电气自动化程度不断提高,它体现在船舶导航、机舱自动化、电力拖动、舾装、武备等各个环节。船舶的自动化不仅节省了人力,改善了人员的工作条件,节省了燃油消耗、费用和航运时间,使管理与控制集中、简单,而且大大提高了船舶性能及舰船的战斗性能,成为舰船现代化的一个不可分割的部分。可以这样说,没有自动化的导航、机舱、武备、指挥控制系统就谈不上现代化的舰船。

　　船舶的各种电气设备是在比较恶劣的环境条件下工作的,为了保证这些设备和由这些设备组成的各系统工作可靠,对船用电气设备提出了一些特殊的要求,通常称为"船用环境条件"。

　　船用环境条件主要是:

　　(1)环境空气温度为 $-25 \sim +45$ ℃;

　　(2)空气相对湿度为95%;

　　(3)倾斜和摇摆的要求,长期横倾15°,长期纵倾10°,周期横摇22.5°;

　　(4)经受船舶运营时冲击、振动;

　　(5)盐雾、油雾和霉菌的影响。

　　军用舰船的环境条件更为严酷,其设备的工作可靠性对舰艇的生命力和战斗力有着直接的意义,因此在倾斜、摇摆的冲击、振动等方面要求更严格。例如规定横摇45°,横倾15°,纵倾10°(潜艇要求短时纵倾30°),横摇周期为 $3 \sim 14$ s,并能承受火炮等武备发射和水中武器在近旁爆炸所引起的猛烈冲击,以及主机、螺旋桨引起的船体振动等。

　　船用(和舰用)环境条件的规定,既是对船舶电气设备提出的要求,也是为保证航运安全(和战斗性能)所必需的,是船舶电气装置研制中要加以考虑的一个重要因素。

　　船用电气设备由于安装场合的不同,其防护形式也不同,有防护式、防滴式、防溅式、防水式、水密式、潜水式和防爆式等形式。另外,从电动机与机械配合来看,旋转轴为垂直的立式电动机,水平向的卧式向动机。船用电机一般采用 B 级绝缘(最高允许温度130 ℃),也有采用 F 级(155 ℃)和 H 级(188 ℃)的。

第一节　船舶电力系统

一、船舶电力系统的组成和基本参数

(一)船舶电力系统的组成

船舶电力系统由电源、配电装置、电力网和负载四部分组成,如图6－1所示。

1.电源

它是将机械能、化学能等转变为电能的装置。船上常用的电源装置有发动机和蓄电池。

2.配电装置

其是向用户提供和消耗电能进行测量、监视、保护、切换、分配和控制的装置。配电装置分为主配电板、应急配电板、分配电板（动力照明）、充放电板以及无线电板等。

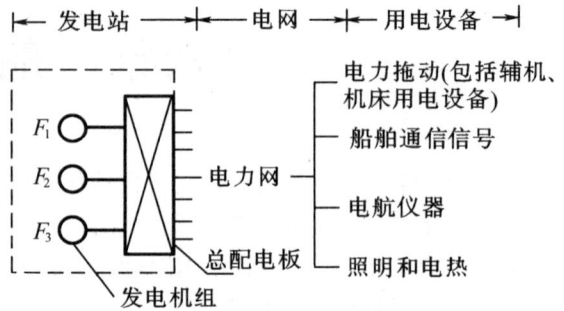

图6-1　船舶电力系统示意图

3.电网

它是全船电缆电线的总称。电网是联系发电机、主配电板、分配电板和负荷间的中间环节，是将电源的电能输送到负荷端的媒体。船舶电网根据其所连接的负荷性质可分为动力电网、照明电网、应急电网、低压电网和弱电电网等。

4.负载

即通常所说的电能用户。船舶负载通常分如下几类：

（1）船舶机械的电力拖动；

（2）船舶电气照明；

（3）船舶通信和导航设备；

（4）其他用电设备。

（二）基本参数

船舶电力系统的基本参数包括电制、额定电压等级和标准频率。

1.电制

电能在船上应用已有百年历史，在20世纪50年代以前建造的船舶，基本上以直流电制为主。因为直流电制在工作的可靠性、经济性、维护保养的方便性以及轻重、尺寸等方面都远不如交流电制好，所以随着船舶电气化程度的不断提高，船舶电站容量的日益增大，直流电制的固有缺点突出地表现出来。自20世纪50年代以后，由于电子工业的大力发展，大功率半导体器件的生产，成功解决了曾经阻碍船电交流化的一系列难题（调速、调压、并联运行、调频调载等），从而使交流电制得到飞速发展。如今，除了某些特种工作船舶仍然采用直流电制或交、直流混合电制外，几乎所有大、中型船舶都采用交流电制。

2.额定电压等级

电气设备在额定电压下工作，可以获得设备运行的最佳技术性能和经济效果。最大工作电压则表示该电气设备在此电压下可长期运行，不至于缩短寿命，但不允许超过此电压。一般规定电源（如发电机）的额定电压比相同电压级的负载（如电动机）高出5%。我国船舶电气设备额定电压如表6-1所示。

表6-1　我国船舶电气设备额定电压表

类　别		额定电压/V		额定频率/Hz
		电源设备	受电设备	
直　流		28 (115) 230	24 (110) 220	—
交流	单相	(115) 230	(110) 220	50
	三相	400	380	

3. 标准频率

我国交流船舶配电系统的标准频率为 50 Hz。

二、船舶电站

船舶电站是船舶电力系统的核心,它一般是由发电机组(即电源)和配电装置组成的。

拖动发电机运转的原动机大多采用启动快、机动性强的柴油机,只有少数船舶采用轴带发电机或透平机组(汽轮机)。

(一)船舶电站

为使船舶在各种不同工况下,如航行、作业、停泊、战斗、应急等情况,都能连续、可靠、经济、合理地进行供电,舰船上常常配置多种电站。

1. 主电站

它是正常情况下向全船供电的电站,所选择的发电机组的功率和台数应满足下列要求:

(1)应满足全船各使用工况下的用电量;

(2)每台发电机最高负荷率最好在 80% 左右;

(3)不要过分分散电站功率,一般来说,船舶主发动机台数以 2~3 台(包括备用机组)为好;

(4)选择发电机组台数时还应考虑主、辅机的寿命比,并使其寿命尽量相等为佳;

(5)必须尽可能采用同容量、同型号机组,以利于并联运行的稳定性和减少配件;

(6)必须装有备用发电机组,其容量应在其中一台最大容量发电机组损坏时,仍能充分满足各运行工况的负荷需要。

2. 停泊电站

它是在停泊状态又无岸电供电时,向停泊船舶的用电负载供电的电站,它容量较小。

有些船舶在靠码头停泊时,为使岸上或其他外来电源接入船内,船上均装有岸电箱,能方便地与外来电源的电缆连接。

在总配电板上的岸电接线应装有指示灯,以指示外来电源的电缆是否已经带电。只有在船舶电源系统的参数(如电压和频率)与外来电源系统的参数相一致时才能连接。

3. 应急电站

它是在应急情况下向保证船舶安全所必需的负载供电的电站。

应急电站是当船舶处于应急状态时(如机舱破损进水或战斗损伤等,主发电机不能工作时),保证船舶安全的重要设施。应急电站的电源可以是蓄电池组或应急柴油发电机组。采用蓄电池作为应急电源时,蓄电池的容量应至少能满足 3~6 h 连续供电的要求;采用应急发电机组时,可采用手动或自动应急启动的方式。由于应急时的用电量与停泊时的用电量有时相近,因此有的船上以停泊电站兼应急电站,但其布置必须按照应急电站要求进行。

4. 特殊电站或专用电站

例如需要有向全船无线电通信设备(收发报机等)、各种助航设备(雷达、测深仪)、船内通信设备(电话、广播等)以及信号报警系统供电的电源,需要有扫雷舰艇电磁扫雷设备专用的电站。这类用电设备的特点是耗电量不大,但对供电电源的电压、频率、稳压和稳频的性能有特殊要求。因此,船上有时需要设置专门的发电机组或逆变装置向全船弱电设备或专用设备供电。

军用舰艇其电站供电的生命力是要求与舰艇总体的抗沉性及动力装置的生命力相适应。也就是说,在舰艇受到战斗损伤时,只要舰艇仍保持一定的抗沉性能,其动力装置仍能使舰艇保持机动,则电站的供电就要相应的保持。为此,各种军用舰艇常有两个或几个主电站(视舰艇战斗性能、大小而异),各主电站相互距离大于常规武器的有效爆破半径,或者利用主电站与辅助电站(应急、停泊电站等)的组合,使主电站与辅助电站连接成在需要时可以分担、转移部分负载。

（二）配电装置

1. 配电装置的功能

船舶配电装置是用来接受和分配电能,并对发动机和电网进行保护、测量和调整等工作的设备。它是由各种开关、保护电器、测量仪表、调节和信号装置等电气设备按一定要求组合而成的,其功能有:

（1）正常运行时接通和断开电路(手动或自动);

（2）电力系统发生不正常运行时,保护装置动作,进行报警或切断故障电路;

（3）测量和显示运行中的各种电气参数,例如电压、电流、频率、功率、功率因数、绝缘电阻等;

（4）进行某些电气参数或有关的其他参数的调整,例如电压、频率(转速)的调整等;

（5）对电路状态、开关状态以及偏离正常状态进行信号指示。

2. 配电装置的种类

配电装置按其用途可以分为主配电板、应急配电板、充放电板、岸电箱和分配电板等。

（1）主配电板

①发电机控制屏

用来控制、调节、监视和保护发电机。每台发电机组均配有单独的控制屏。其上部装有测量仪表、转换开关、指示灯、主要电源开关、原动机的调速开关和按钮等;下部一般安装有发电机主开关,有的船舶也装有发电机励磁控制装置。控制屏内还装有逆功率继电器和仪用互感器等。

②并车屏

并车屏用于交流发电机组的并联运行、解列等操作。其主要由频率表(电网和待并机)、同步表与同步指示灯及其转换开关、调速开关、合(分)闸按钮、投切顺序选择和转换开关等组成。

③负载屏

负载屏的主要功能是对各馈电线路进行控制、监视和保护,通过装在负载屏上的馈电开关将电能供给船上各用电设备或分配电板。它包括动力负载屏和照明负载屏。

负载屏上装有装置式空气开关、电压表、电流表、转换开关、绝缘指示灯、兆欧表以及与岸电箱相连的岸电开关等。

④汇流排

交流汇流排按从上到下(垂直排列),从左到右,从前到后(水平布置)的顺序依次为 A 相、B 相、C 相(或 U 相、V 相、W 相)。汇流排的颜色依次为绿色、黄色、褐色或紫色,中线为浅蓝色(若有接地线则接地线为黄禄相间色)。

直流汇流排按从上到下(垂直排列),从左到右,从前到后(水平布置)的顺序依次为正极、中线、负极。正极为红色,负极为蓝色,中线为绿色和黄色相间色。

图 6-2 为某救生打捞船的主配电板外形图,图 6-3 为该主配电板的单线图。并车屏汇流排隔离开关及转换开关是为便于发电机主开关检修而设的。

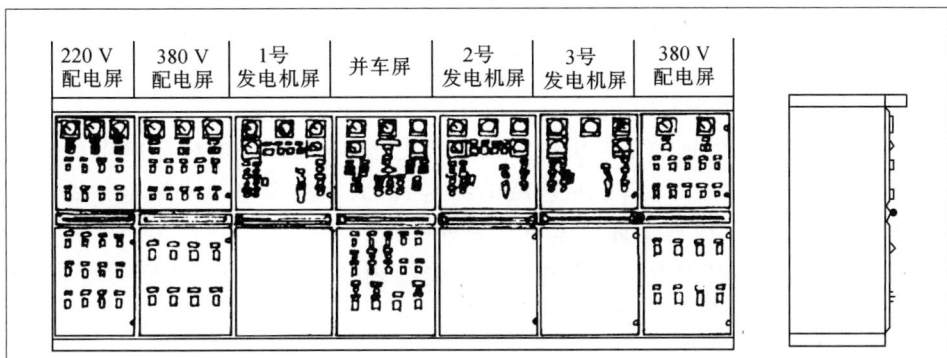

图 6-2　某救生打捞船主配电板外形图

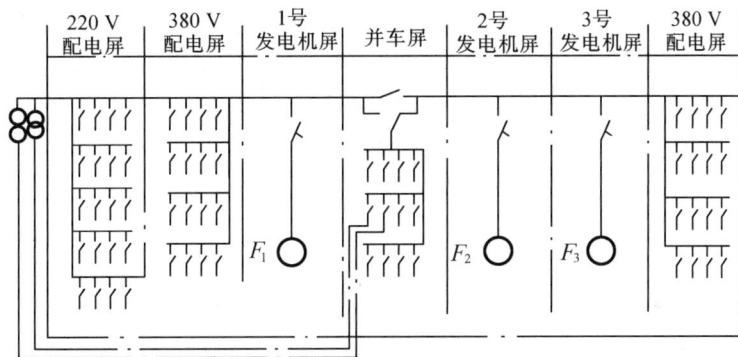

图 6-3　主配电板单线图

(2)应急配电板

应急配电板的功能是控制和监视应急发电机组的工作状况,并向应急用电设备供电。它与应急发电机组安装在同一舱室内。应急配电板由应急发电机控制屏和应急配电屏组成,其上面安装的仪器仪表与主配电板类似,只是应急发电机不需要并联运行而不需逆功率继电器和同步表。

应急发电机组均有自动启动装置,当主电网断电并延时确认后,应急发电机组一般在45 s 内可以自动启动成功并向应急电网供电,而当主电源恢复供电后,应急发电机组便自动脱离并自动停车。

应急配电板的接线应该反映出主发电机、应急发电机和岸电开关之间的电气连锁,防止非同期合闸(在几个电源之间)。

(3)分配电板

分配电板是向成组用电设备进行供电的开关和控制设备的组合装置。对额定电流不超过 16 A 的用电设备进行供电的开关板。其也称为分电箱,主要有动力分配电板和照明分配电板两种。

区域分配电板由主配电板或应急配电板馈电,是对耗电大于 16 A 的用电设备进行供电的开关板。

（4）充放电板

船舶小应急照明、操纵仪器和无线电设备的电源均采用蓄电池，设置充放电板对蓄电池进行充电、放电，实现向用电设备正常供电。

（5）岸电箱

当船舶进坞或靠停码头时间较长时可以用陆地的电源来供电，称为"岸电"。接岸电时，陆上的电源通过电缆接到通常位于主甲板的岸电箱，岸电箱一般由岸电电源指示灯、自动开关、岸电接线柱、相序指示灯（或负序继电器）等组成。在岸电接入岸电箱后，转换岸电供电的操作一般是在主配电板上通过岸电开关进行的。

在接入岸电电源时，必须保证岸电相序与船电的相序一致。相序测定装置有相序测定器（指示灯）、负序继电器和指示盘等类型。

岸电与船电之间必须互锁。

3. 配电装置中的主要电气设备

（1）开关及控制电器

①框架式自动空气开关，是发电机的主开关。在正常情况下接通和断开电路；在船舶电站的配电系统中发生过载、短路、失压（欠压）及其他不正常情况时，能自动地断开电路。

②装置式自动空气开关，是馈电开关或小容量电站的主开关，也带电气保护。

③万能转换开关，作电气仪表检测转换用。

④按钮，是主令操作电器。

⑤熔断器，作短路、过载保护用。

⑥保护继电器，如逆功率（交流）、逆流（直流）继电器等，防止并联运行的发电机发生逆功率或倒流现象。

（2）测量仪表

①电流表，有交、直流两种，分别用于两种电制，检测发电机或负载电流。

②电压表，有交、直流两种，分别用于检测交、直流发电机或电网（母线）电压。

③功率表，用于检测运行中的交流发电机输出的有功功率。

④频率表，用于检测交流发电机、电网运行的频率。

⑤功率因数表，检测交流发电机运行中的功率因数。

⑥整步表，用于交流发电机并联运行操作时，检查待并发电机与电网相位的同步情况。

⑦兆欧表，用于检查电网的绝缘电阻。

（3）其他电器

如发电机的调压装置、并车电抗器、接触器等。

三、船舶电力网

船舶电力网泛指主配电板和应急配电板到用电负载之间的电缆连线。因船舶负载的种类和数量颇多，不可能每个负载都直接由主配电板或应急配电板供电，有许多成组用电设备是由区、分配电板供电。

一次网络：从主配电板到直接供电负载或分配电板之间的电网。

二次网络：由分配电板到负载之间的电网。

（一）船舶电力网的分类

1. 动力配电网络

主要指供电给三相异步电动机负载的电网,也包括供电给 380 V 三相电热负载的电缆。该网络输送的电能占全船全部电能的 70% 左右。

2. 正常照明配电网络

该电网由照明变压器副边算起通过主配电板中的照明负载屏馈电给各照明分配电板,再由各分配电板供电给全船所有舱室及甲板的照明灯具。

3. 应急电网

当主电源失电时,应急电源自动启动并通过应急电网供电给应急用户。

4. 小应急电网

由 24 V 蓄电池提供的直流电通过小应急电网馈电给小应急照明以及主机操纵台、主配电板前后、锅炉仪表、应急通道出入口处、艇甲板等处的照明以及助航设备等。蓄电池的容量应满足小应急用户至少使用半小时。

5. 弱电网络

弱电网络是向全船无线电通信设备、各种助航设备、信号报警系统等用户供电的低压直流电网或中频电网,因其对供电电压、频率等有特殊要求,因此需专门配置蓄电池及变流机组（逆变装置）。

（二）船舶电网的配电方式（接线方式）

1. 配电方式分类

（1）500 V 以下电网的配电方式

大多数船舶电压等级在 500 V 以下,采用两种接线方式:枝状和环状,如图 6-4 所示。

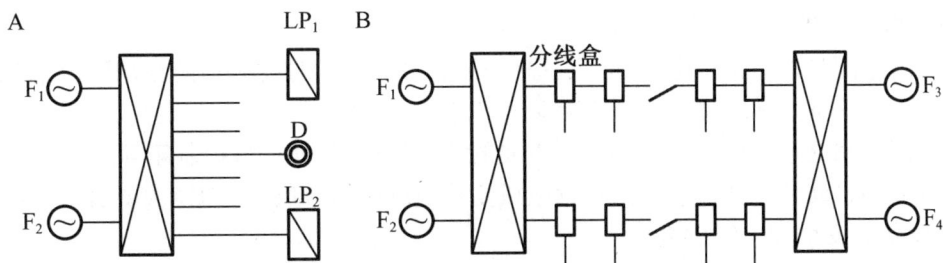

图 6-4 船舶电网配电方式

A—枝状;B—环状

（2）500 V 以上船舶电网的配电方式

随着大型船舶及采用电力推进方式的船舶越来越多,船舶电网的电压等级在升高,采用 3 300 V 和 6 600 V 中压电网的为数也不少。船舶中压电网配电方式有四种,采用较多的是枝状和树干状,结构简单、可靠性不高,对重要负载在故障工况时有失电的可能。为了提高供电的可靠性,可采用桥状配电或采用互为备用的桥状综合配电方式,网络不太复杂,但供电的可靠性提高了,只要有一台发电机正常工作,就可以保证一些重要设备正常工作。目前采用这种方式的也不在少数,如图 6-5 所示。

2. 重要负载的馈电方式

重要负载指那些与船舶航行、货物保存、船舶与人身安全有关的电气设备。在配电方

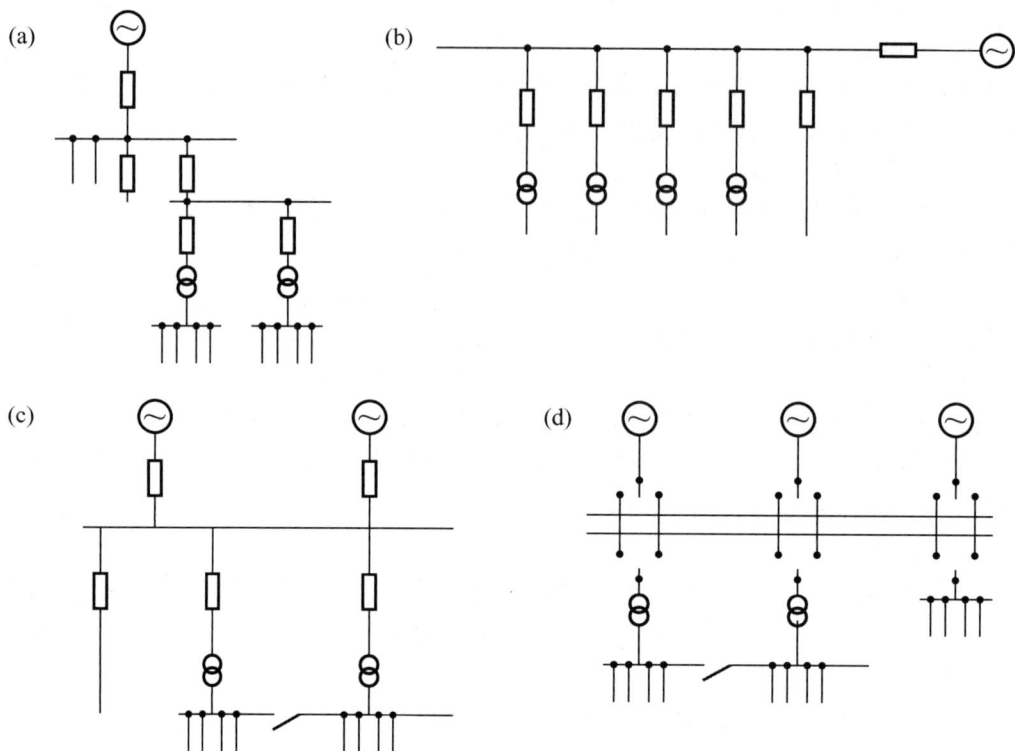

图 6 - 5　船舶中压电网配电方式
(a)枝状;(b)树干状;(c)桥状;(d)综合状

面通常采取如下措施:

(1)由主配电板直接供电,如舵机、锚机、消防泵、首尾侧推器、消防自动喷淋系统、无线电电源板、电罗经、航行灯控制箱、苏伊士运河灯等。

(2)两路独立馈电供电。某些特别重要的负载如舵机、航行灯控制箱等。

(3)采用自动分级卸载装置。在发电机高峰负载时,自动分级卸掉次要负载,以确保重要用电设备的安全和连续供电。

(4)分段汇流排供电方式。

3. 主电网与应急电网的连接方式

在正常条件下联络开关闭合,重要负载经应急配电板主电源供电,当主电源出现故障、主汇流排失电时,联络开关自动断开,应急电源则自动投入应急电网向这些重要设备供电。

4. 船舶电力系统图

船舶电力系统图可分为一次网络系统图和二次网络系统图。

一次网络系统图是表示从主配电板到直接供电负载以及分配电板之间的联系,二次网络系统图是表示从分配电板到负载之间的联系,如图 6 - 6 所示。在图 6 - 6 (b)中 ISC,2SC,3SC 为舵机操纵台;DLD 为舵机失压信号灯电铃报警器断开按钮。

电力系统图应分甲板、分舱室绘制出全船电力系统所属设备及电缆。设备应注明名称、规格型号等或列成名细表,电缆应注明编号、牌号、芯数和截面等。

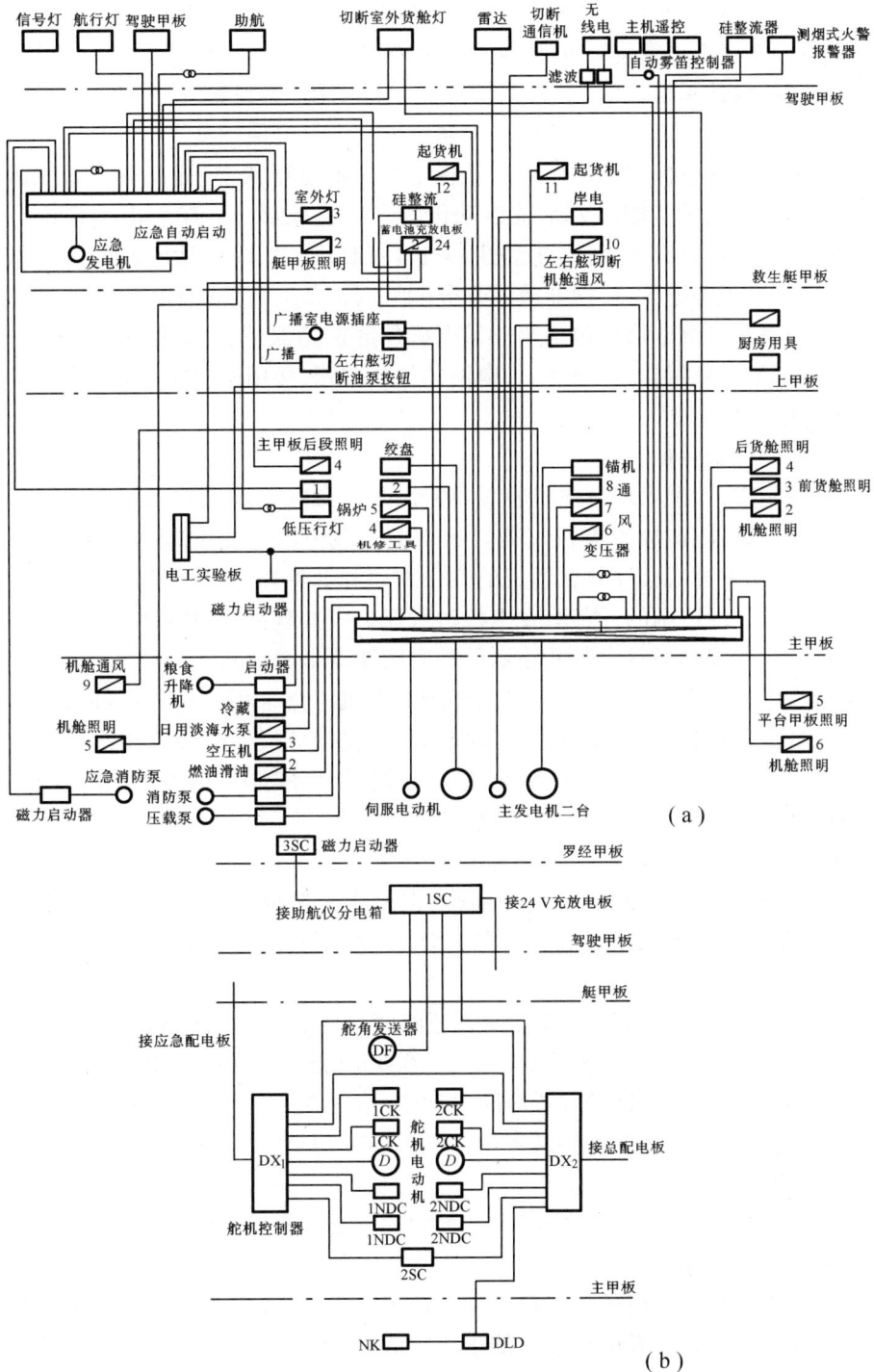

图 6-6　船舶电力系统图

（a）—次网络系统图；（b）二次网络系统图（舵机系统）

四、船舶电力系统的继电保护

船舶电力系统在正常运行中可能会出现各种不正常运行状态和故障,如短路、过载、欠压、逆功率等。这些不正常运行状态会严重影响电力系统运行的可靠性和连续性,因此在船舶电力系统的设计和运行中,要采取切实有效的措施,尽量避免不正常运行状态和故障的发生。最有效的方法之一是在船舶电力系统中装设继电保护装置。

船舶电力系统继电保护的作用就是监视电力系统运行状态,提高电力系统运行的安全性可靠性。同时它还是船舶电力系统自动化的重要组成部分。船舶电力系统对其继电保护装置的基本要求是具有选择性、速动性、灵敏性和可靠性,既能适时切除故障以防止故障蔓延,又要尽量缩小停电区域,使非故障部分能继续正常运行,减轻损害程度。

船舶电力系统的继电保护包括船舶发电机外部短路保护、过载保护、欠压保护、逆功率保护,船舶电网的过载保护、短路保护,电网的绝缘监测,接用岸电时的相序保护等。

（一）发电机的保护

1. 发电机的过载保护

电站在运行中,如果出现发电机容量不能满足负载的要求或并联运行的机组负载分布不均匀等情况,都可能造成发电机过载。长期的过载电流会使发电机过热,引起绝缘老化和损坏;长期的功率过载会导致原动机的寿命缩短和部件损坏。但发电机是允许一定时限的过载而不要求立即跳闸的,因此,发电机过载保护应具有反时限特性。

发电机的过载保护通常由其断路器的延时脱扣器来实现的。

为了最大限度地保证供电的连续性,船用发电机广泛采用自动分级卸载保护装置。当发电机出现过载且在长延时脱扣器的延时时间内,自动分级卸载装置将次要负载逐级卸去使发电机脱离过载状态,同时发出报警信号,如到了允许时限,仍不能消除过载现象,继电保护装置应动作,发出发电机过载跳闸指令。

2. 发电机的外部短路保护

短路故障一般是由绝缘老化、机械损伤、误操作等造成的。短路时将产生巨大的短路电流,对电力系统的设备和运行有巨大的破坏力,因此要求装置能正确、可靠、快速而有选择地断开故障。

对发电机的外部短路保护一般应设有短路短延时和短路瞬时动作保护。当短路电流达 2~2.5 倍额定电流时,保护装置延时 0.2~0.6 s 动作,使发电机主开关跳闸。当短路电流达 5~10 倍额定电流时,保护装置应瞬时动作,使发电机主开关自动跳闸。

因此,发电机的外部短路保护装置中,一般设有两套短路电流保护装置,根据短路电流的大小,实现短延时或瞬时动作保护。

发电机的外部短路保护由发电机主开关中的过电流脱扣器承担。

3. 发电机的欠压保护

当调压器失灵或发电机外部短路故障没被切除时,将可能产生电压下降的现象。

欠压保护的任务是当发电机电压低于一定值时,将使主开关不能合闸或从电网上自动断开。在系统中如果有大功率电动机启动或突加较大负载时,可能引起电压的下降,但这是暂时的正常现象。此时欠压保护不应动作,所以需要有延时,以躲过暂时性的电压下降。

发电机的欠压保护一般是由其断路器中的失压脱扣器来完成的。

4.发电机的逆功率保护

当几台发电机并联工作时,如果其中一台发电机的原动机发生故障,结果将使该台发电机不但不能输出有功功率,反而从电网吸收功率成为电动机运行,这时会使其机组产生过载,甚至跳闸而使全船供电中断。

当发电机变为电动机的运行状态时,要从系统中吸收有功功率,它相当于发电机输出功率的方向是相反的,故称为逆功率。当出现逆功率时,要将该发电机从电网上切除,以保证其他发电机的正常供电。

同步发电机的逆功率保护可由逆功率继电器来检测,利用该继电器动作,使故障发电机的断路器跳闸。应该指出,在非同步条件下并车时,可能短时出现逆功率现象,但这是允许的,因此逆功率保护也应具有一定的时限。

(二)船舶电网的保护

船舶电网的保护一般分为短路保护和过载保护两种。此外还有接地监视、绝缘检测、岸电的相序和断相保护等。

第二节　船舶机械电力拖动

为保证船舶的生命力及船员日常工作与生活的需要,船舶上应用着各种各样的辅助机械,而这类机械的工作,往往是由电动机来带动的。在电力拖动装置中,有的是电动机通过连轴装置或直接与工作机械连接的,例如各种泵及通风机等;有的是通过中间传动机械或经过减速装置与工作机械相连的,如锚机、绞盘等;另外有一类是电动机带动油泵,再由油泵通过液压传动机械的,如电动液压舵机、起货机等。它们的形式如图6-7所示。因此,除了很老的一些蒸汽船上保留有蒸汽动力机械,油船危险舱室宜采用蒸汽油泵,以及特殊情况要求采用内燃机带动机械外,上述三种形式是船上最常见的拖动方式。

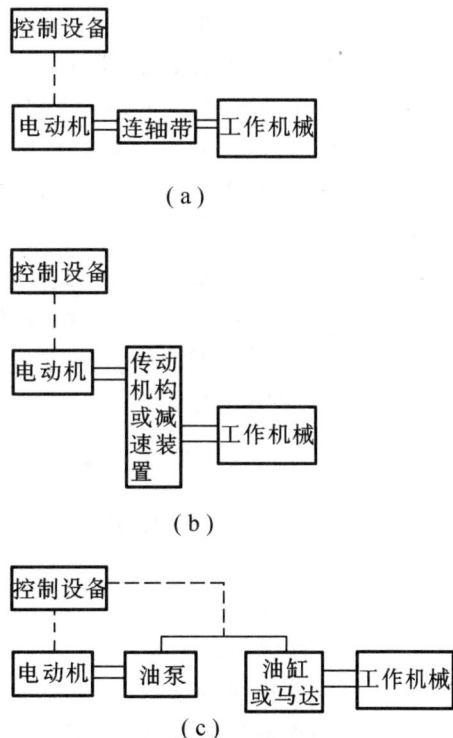

图6-7　电力拖动装置形式

电力拖动装置之所以能在船上普遍采用,是由于它本身的一些优点所决定的。

(1)电机的启动容易,投入运行快速。

(2)与其他形式相比,不需要复杂、粗大的管道,用电缆连接是比较方便的。

(3)易于分配能量,能够充分满足各种工作机械调速性能的要求。

(4)便于实现自动或远距离控制。

(5)有利于进一步实现船舶运行的综合自动化。

液压传动的方式,由于能够传递较大的力矩,传动平稳,达到了较高的控制要求,因此也得到较广泛的使用。然而,液压传动对油的纯度要求严格,油中有了杂质就易出故障,噪音较大,同时液压元件的可靠性也尚需提高,有泄漏时维修技术要求高,较麻烦,这是它的不足之处。而液压传动的原动力一般也是电力,由电动机带动油泵,使液压系统内的液压油运动,因此称为电动液压系统。从控制方面来看,液压传动系统可以用液压控制,也可以用电气控制。

电力拖动与电动液压传动是目前在船上并存的两种方式。电动液压传动系统在舵机及武备系统中用得较广泛;在起重机中,两种方式都有,而在一般舱室机械中,电力拖动是主要拖动方式。

船舶机械电力拖动装置从电气方面看,包括电动机和控制设备两大部分。电动机是带动机械运转的动力部分,直接或通过中间传动把拖动力传到机械上,使机械运转。电气控制设备则是对电动机进行启动、停止、调速、反转等控制,或者在电动液压系统中参与对液压系统的电液元件(如电磁阀等)控制的设备。

各种辅助机械是为船舶动力装置及各系统工作所必需的,其可靠性涉及船舶航运的安全性,而效率关系到船的经济性。因此,电力拖动装置对船舶航运的安全可靠性及经济性起一定的作用,必须高度重视。

一、交、直流电力拖动

电力拖动可以按照拖动电动机的类型而分为直流电力拖动和交流电力拖动两类。

直流电力拖动是传统的拖动方式,它的主要优点是可以在比较宽的范围内调节转速,调速比大,转速调节平滑,同时可获得特殊的调速特性要求;缺点是启动及控制设备比较复杂,维护保养比较困难、麻烦。交流电力拖动以简单、可靠、价廉以及维修方便为主要优点,过去由于交流调速比较困难,在调速要求高的机械拖动中以直流为主,现在交流拖动同样可获得较好的调速特性,因此也能满足复杂机械拖动中的要求。总之,在一般机械、无调速要求或调速要求不高的机械中,交流拖动优于直流,在复杂机械的电力拖动中,过去还是以直流为多,现在半导体技术发展迅速,交流拖动的领域也日益增多。

交直流电力拖动的形式很多,简单地可分为简单拖动与复杂调速拖动两类。

直流电动机的基本公式为

$$n = \frac{U - IR}{k_e \Phi} \qquad (6-1)$$

式中　n——电动机的转速,r/min;

　　　U——电动机电压,V;

　　　I——电枢电流,A;

　　　R——回路电阻,Ω;

　　　k_e——电机的结构常数;

　　　Φ——气隙磁通,由励磁电流所决定。

式(6-1)表明,直流电动机的调速就是改变电枢回路电阻、改变电压、改变气隙磁通三种方式。一般机械的直流拖动无调速要求时,用电枢回路中串联电阻来限制启动电流,并逐级切除来达到稳定运行。单机简单拖动中,通常在电枢回路中串联电阻或分流,并改变磁通,进而达到调速要求,即串联电阻、变磁通调速。直流锚机及起货机拖动中即用此方法。发电机—电动机组的方式是用改变发电机转速和电动机电压来调速。可控硅直流电动机方式则利用可控整流改变电压来调节转速,以获得较高的调速特性,并有平滑无级调速等优点,现已广泛使用在起重机及工程机械的拖动中。

图 6 – 8 所示为各种直流电动机的机械特性曲线,即电动机转速(n)随转矩(M)(或电流)而变化的曲线。不同的特性满足不同的机械要求。并激直流电动机的特性是硬特性,负载转矩改变时转速变动小,用于离心泵、通风机等负载不变的机械。串激直流电动机为软特性,启动转矩大,用于要求启动转矩大的机械。复激直流电动机的特性比并激电动机软,往往用于起重性负载。另外,发电机—电动机组方式经常能有一种"挖土机"特性,如图6 – 9 所示,为一曲折形特性。低转矩部分特性硬,用于正常工作,过转折点后,曲线急剧下降,特性变软,可限制由于负载力矩大而电动机堵转时的堵转电流,有保护作用。

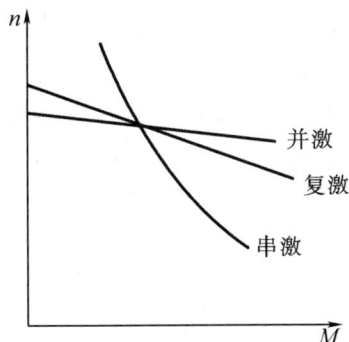

图 6 – 8　各种直流电动机的
机械特性曲线

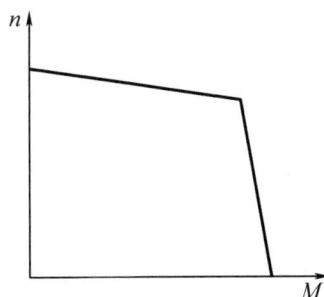

图 6 – 9　"挖土机"特性

异步电动机的基本公式为

$$n = (1 - s)\frac{60f}{p} \qquad (6 - 2)$$

式中　n——电动机转速,r/min;

p——电动机磁极对数;

f——电源频率,Hz;

s——转差率,即电机同步转速 n_0 与实际转速差值的比率,即 $\frac{n_0 - n}{n_0}$。

由式(6 – 2)可以看出,交流电动机的转速与电机的磁极对数、电源频率及转差率有关。交流电动机的调速可以概括为变极调速、变频调速以及改变转差率调速三种方式。

变极调速异步电动机(俗称多速电动机)是改变定子绕组的磁极对数,从而获得两种或两种以上的同步转速。

变频调速是改变电动机的电源频率来改变同步转速的,它可以实现无级变速。

改变转差率调速有多种方式,主要是调压调速、绕线式异步电动机转子串联电阻调速和串级调速。

一般机械无调速要求的交流拖动可采用鼠笼式异步电动机,并用直接启动方式,很简便。对于容量较大的鼠笼式电动机,可采用 Y – △或自耦变压器等方式降压启动,以降低启动电流。锚机及起货机等有调速要求的机械,采用多速电动机,相对于直流方式简单得多。变频调速、改变转差率调速、电磁转差离合器调速系统等等则常用于工程机械对拖动要求高的场合。

船上使用的拖动方式见表6-2。

表6-2　电力拖动方式分类

电力拖动	直流	直流简单拖动	并激电动机
			复激电动机
			串激电动机
		直流复杂调速拖动	发电机-电动机系统
			可控硅直流电动机系统
	交流	交流简单拖动	鼠笼式异步电动机
			绕线式异步电动机
			多速电动机
		交流复杂调速拖动	电磁转差离合器系统
			变频调速系统
			可控硅调压调速系统
			饱和电抗器调速系统

说明栏：
- 并激电动机、复激电动机、串激电动机：各种串电阻或分流方式,用于一般拖动及锚机、起货机拖动中
- 发电机-电动机系统、可控硅直流电动机系统：用于船上起货机及各种工程机械复杂拖动
- 鼠笼式异步电动机：用于一般拖动中
- 绕线式异步电动机：转子串联电阻调速等,可用于复杂拖动
- 多速电动机：用于锚机、起货机等拖动
- 电磁转差离合器系统、变频调速系统、可控硅调压调速系统、饱和电抗器调速系统：用于工程机械复杂拖动

二、电力拖动的自动控制

对某一电机进行控制的各种不同用途的电器(如接触电器、继电器、主令电器等),依一定的关系联在一起,将其装在板上或箱内叫作自动控制板或自动控制箱。为了表示各电器的线圈、触头和开关等相互之间在电路上的联系,用各电器规定的符号连接在一起的图形称为控制线路原理图(或展开图)。原理图只是表明各电器元件间电路联系,而不表示相互间实际的位置关系。它是分析控制电路中各电器动作次序和检查控制电路故障的依据。

既表示控制箱各电器元件电路的关系,又表示各元件相互位置的图形称为控制线路安装图。有些安装图上还标有敷设方法、各导线截面积等说明,它表明控制箱各电器连接导线的实际位置,是安装控制箱的依据,对熟练地排除线路故障很有用。因此,必须首先看懂原理图,然后再根据原理图结合控制箱的实际情况来检查,才能逐步掌握其规律。

在自动控制电路中,有主电路与控制电路两部分。主电路包括电动机、接触器主触头和启动电阻等;控制电路(或辅助电路)包括接触器线圈、接触器辅助触头、继电器、主令控制器、按钮以及信号线路等。绘制自动控制电路,各电器元件用规定的符号和文字表示。

阅读控制线路原理图要了解以下原则:

(1)凸轮控制器、主令控制器的手轮(柄)都处在零位置;

(2)整个线路自电网断开,接触器和继电器线圈都不通电,因此如果图上所画接触器和继电器的触头是常开的,线圈通电后就闭合;反之则线圈通电后就断开;

(3)主电路和控制电路分开画,主电路用粗实线表示,控制电路用细实线表示;

（4）为了便于阅读,线路画成平行线段,同一电器的元件不能画在一起,为便于识别,同一电器元件要用同样的文字符号,例如接触器线圈用 C 表示,则该接触器触头分别用 C_1,C_2 等表示。

（5）如果线路中有几个相同的电器,应在各电器前加数字以示区别;如果有几个加速接触器,可用 1JSC,2JSC 等表示,分别叫第一加速接触器、第二加速接触器……

第三节　船舶电力推进

船舶电力推进就是采用电动机驱动螺旋桨来推进船舶运行的一种推进方式。

舰船依靠自身配备的发电装置获取电能来驱动舰船运动的推进方式,应用至今已有160 余年的历史,故电力推进也算得上是一种古老的推进方式了。

20 世纪早期,汽轮机初次在舰船上应用,由于大功率机械减速装置在制造工艺上尚有一定的困难,所以从护卫舰到航空母舰等许多军用舰船,以及油船、客货船等许多大型民用船舶都采用了电力推进,并发展了各种形式的电力推进装置。第二次世界大战后,随着科学技术的进步,已可批量生产可以满足舰船动力要求的齿轮减速装置,而当时技术条件下的电力推进装置又由于增多了能量变换环节,带来了设备昂贵、传动效率低、维护保养工作量大等一系列缺点,故舰船又大量采用柴油机、汽轮机或燃气轮机的直接传动推进。但是,由于电力推进的特殊优点,常规潜艇、工程船、破冰船等一些要求良好操纵性、转矩特性和响应特性的特殊用途舰船仍然广泛采用电力推进。

20 世纪 70 年代以后,随着电子技术向大功率方向高速发展,以开关技术为基础的电力电子技术不断地提高开关的频率,而且朝着智能化、模块化的方向发展。具有代表性的几种电力电子器件首先在陆上电网得到了应用,然后又逐步发展到舰船上。电力电子技术不仅彻底改变了舰船能量变换的面貌,而且使原先船舶电力推进存在的一些缺点发生根本性的转化,其优点和长处得到进一步发扬。

20 世纪 80 年代以来,高新技术有了很大发展。例如,进入实用阶段的永磁电机可以给舰船电力推进设备带来更小的体积和重量;超导技术和燃料电池的研究已在某些技术领域有了一定的进展。这些技术一旦有所突破将会给电力推进带来更深刻的变化,使电力推进形成压倒原动机直接传动推进的绝对优势。

近年来,世界上又出现了许多采用电力推进的军用舰艇和民用船舶。这些舰船的电力推进装置大部分配备了现代的电力电子变换设备,有的还配备了永磁电机。因而,今天舰船所采用的电力推进已经不是以往的简单重复,无论是舰船总体系统的组成或是推进装置自身的性能都有了长足的进步和提高。

一、船舶电力推进的特点

相对于传统的柴油机推进系统,电力推进系统具有显著特点。

（一）电力推进具有良好的经济性

在一艘船上多台中速柴油机用于发电,可根据用电负荷选择发电机运行台数,使机组始终运行于高效工作区,实现最大的经济性。与同功率的船舶相比,采用电力推进要比内燃机推进耗油减少 10% 左右,减少船体阻力 5% ～ 10%,提高运输效率 15%,航速可提高0. 5 kn。

（二）电力推进系统操纵性好

采用电力推进系统后,操纵控制方便,启动加速性好,制动快,正反车速度切换快,可推进电机转速易于调节,在正反转各种转速下都能提供恒定转矩,因此能得到最佳的工作特性,使船舶取得优良的操纵性。

（三）电力推进系统具有良好的安全性

对于柴油机推进的船舶来说,一旦主机重要部件或舵机、轴系出现故障往往导致瘫船。而电力推进则使用多台原动机,个别机组故障不致丧失动力。电力推进系统多采用两套以上互为备用,同步电动机定子有两组相互独立的绕组,一组出了故障仍可减载运行。

（四）电力推进系统节省空间

采用传统推进系统的船舶轴系长度往往占到船长的40%左右,采用电力推进系统的船舶省去了传动轴系、减速齿轮箱,改善了机舱布局结构,使动力装置安排更加合理,节省了大量空间。

（五）电力推进系统噪音低

采用电力推进后,主要振动源——发动机安装在弹性底座上,以恒定转速运行,与轴系和船体也无直接联结,大大减少了振动和噪声,工作区整洁,提高了乘船的舒适程度。

（六）控制环境法案,降低排放

采用电力推进系统有利于船舶控制环境污染,降低排放。对同一功率船舶而言,电力推进中的中速柴油机可以始终在最佳工作区工作,燃油燃烧质量好,燃烧产物中的氮氧化物含量少,减少了废气排放,使机舱内空气新鲜,环境质量得到改善。

船舶采用电力推进系统后,有利于进行计算机网络管理,有助于实现系统的自动控制,全面提升船舶信息化、智能化、自动化水准。因此,船舶电力推进系统应用范围不断扩大,将成为未来绿色船舶前进的动力。

二、电力推进装置的基本要求

电力推进装置的基本要求是:

（1）主推进电动机应能承受超速20%达2 min,40%～60%的电流过载达1 min,10%电流过载达5 min,每小时反转次数不低于10次;

（2）主电动机转子绕组应有足够的机械安全系数,足以应付转速突然变化;

（3）主电动机为承受剧烈的负载变化,应有足够的功率储备及发热储备,一般应强迫通风;

（4）主发电机与电动机可以采用防护式或防水式;推进电动机一般应设轴向推力轴承,而且大功率主推进电动机的轴承和定子绕组上应装有检测元件或其他保护装置的检测元件,还要求它们的结构便于维修;

（5）对于电力推进的控制或调节系统,力求简单、可靠。

三、船舶电力推进

船舶电力推进装置可分四种形式。

（一）独立电力推进装置

这是最常用的电力推进方式,如图6-10所示。螺旋桨由推进电动机带动,主发电机除供电给推进发电机外,有时还可把一部分电能供给电网。

（二）联合电力推进装置

如图 6 - 11 所示，共有四种不同的工作状态：

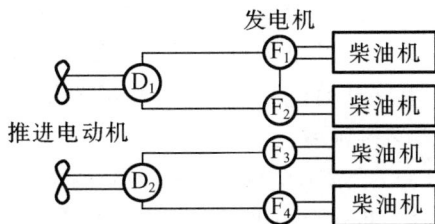

图 6 - 10　独立电力推进装置图

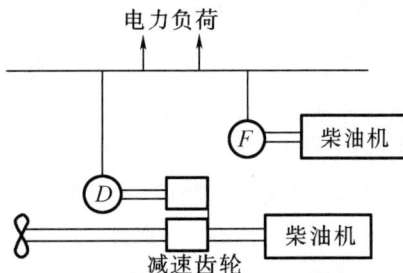

图 6 - 11　联合电力推进装置

（1）螺旋桨由推进电动机带动，此时主柴油机与螺旋桨主联轴器脱开，船舶作低速经济航行；

（2）螺旋桨由主柴油机带动，同时主轴还带动推进电动机，使推进电动机做发电机运行，把电能反馈给电网，此时推进电动机相当于主轴发电机；

（3）螺旋桨由主柴油机带动，此时推进电动机与螺旋桨主轴联轴器脱开；

（4）螺旋桨是由主柴油机和推进电动机共同带动，船舶做高速航行。

这种装置可以根据船舶航行状态的不同，合理使用动力装置，常用于测量船、调查船和试验船上。

（三）辅助电力推进

一些自航式起重船、挖泥船等，其起重、挖泥等主要工作机械在船舶航行时一般不工作，所以推进电动机可以作为发电机的主要负载，船舶作电力推进。当船舶航行到工作地点转为停泊状态后，推进电动机停止工作。此时通过一个转换开关将发电机接至工作机械，这些工作机械又作为发电机的主要负载投入工作。这种电力推进装置如图 6 - 12 所示。

（四）特殊电力推进装置

常规潜艇潜水时，主柴油机失去了工作条件，因此必须采用电力推进。这种电力推进装置如图 6 - 13 所示。

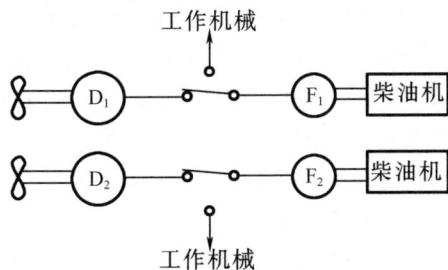

图 6 - 12　辅助电力推进装置

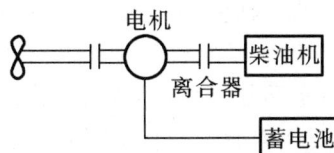

图 6 - 13　特殊电力推进装置

当潜艇在水面航行时，以柴油机为原动机，此时柴油机除带动螺旋桨外，还带动推进电动机，推进电动机作为发电机供电给全艇电网（需要时还可向蓄电池充电）。当潜艇潜入水下时,由蓄电池供电给推进电动机,潜艇以电力推进航行。随着水下航行,电能逐渐消耗,为了保持一定电力储备,潜艇寻机上浮成半潜(吸气管伸出水面)充电。

四、电力推进技术的发展

近年来,随着电力电子器件、变流技术、传动控制系统,以及新能源和新材料等高新技术的飞速发展,船舶电力推进系统正在经历着巨大变革。船舶电力推进是一项综合性很强的推进系统,它的发展与许多技术的发展密切相关,涉及电动机制造、电力电子器件、变换器电路、经典和现代控制理论、计算机辅助设计等众多学科领域。

目前舰艇电力推进装置的发展动向可概括为:(1)以交流(交流发电机和交流电动机)电力推进装置取代直流(直流发电机和直流电动机)电力推进和交直流(交流整流发电机和直流电动机)电力推进装置;(2)发展超导电力推进;(3)发展潜艇燃料电池推进系统以代替现有的潜艇铅酸电池;(4)发展综合全电力推进系统。

（一）交流电力推进

交流电力推进装置具有极限功率大,效率高和可靠性好的优点,根据推进电机的类型,可分为异步电动机和同步电动机交流推进装置;而根据电流交换器的结构形式不同分为晶闸管变频交流电力推进装置、电力晶体管和可关断晶闸管交流电力推进装置。

（二）超导电力推进

超导电力推进是以超导电机(超导发电机和超导电动机)为功率元件的电力推进装置,与普通电力推进相比,具有质量轻、体积小、效率高、噪声低的特点。由于超导材料必须工作在相应的临界温度以下,要有一套复杂的液氮设备,所以在一定程度上制约了它的广泛应用。近年来,随着低温技术的迅速发展,特别是低温技术的小型化,为超导电力推进在舰艇上的应用提供了良好的条件。

中科院在 863 计划的支持下,进行了超导磁流体推进技术的研究,已建成了较为完整的超导磁流体船舶推进实验室。1998 年成功地研制了世界上第一条超导螺旋式磁流体推进试验船"HEMS－1"号。该船长 3.2 m,宽 0.85 m,型深 0.95 m,排水量约 1 t;船上装备有 5 T 超导磁体系统,螺旋式通道推进器,电池组和测控系统。模型船由一人操作,在盐水池中成功地进行了上百次的航行试验。试验表明该船具有无噪声,操作简便等特点。该项研究已获得中国科学院 2000 年度科技进步二等奖。

（三）燃料电池推进

潜艇燃料电池电力推进装置是以燃料电池为潜艇水下航行动力源的推进装置。燃料电池是一种能把化学能直接转换成电能的能量转换装置,电池本体加上燃料、氧化剂及它们的储存器构成一个完整的燃料电池系统。其特点是:在能量转换方式上与蓄电池相同,都是化学能转换成电能,因此具有安静、效率高的优点;在构成方式上则与柴油发电机组相似,即储能部分(储存燃料及氧化剂的储存器)与能量转换装置部分相分离,因此具有长时间连续工作的能力(只要燃料和氧化剂足够),而不像蓄电池那样需要来回充放电。各国曾主要研究过两种潜艇用燃料电池:氢－氧电池和肼－过氧化氢电池。近年来,燃料电池研究取得了一些重大的技术突破。例如:潜艇上液态氧储存器采用新式壳体结构,有些国家研究了用氢化物制取氢的方法等。

（四）综合全电力推进

船舶综合全电力推进系统是现行船舶平台的电力和动力两大系统发展的综合,它适合于不同种类的船舶。船舶综合全电力推进系统包括：发电、输电、配电、变电、拖动、推进、储能、监控和电力管理等诸多功能。世界各国都在针对船舶综合全电力推进系统进行深入的研究，国外已经开发了多种类型的综合全电力推进系统并在多型船舶上应用，目前发达国家新造船舶的30%已采用综合全电力推进系统。国内民用船舶中全电力推进的应用已有多种形式：如江南船厂为国外设计建造的3 200 t全电力推进化学品运输船、胜利油田的"胜利232"号工程船、我国2006年交工的首艘采用综合全电力推进系统的火车滚装渡船"中铁渤海一号"。作为船舶主动力系统的综合全电力推进系统由于其高效率、高可靠性、高自动化以及低维护也成为新世纪大型船舶青睐的主推进系统。发展综合全电力推进系统的主要目的是开发新的推进系统，将发电和能量管理系统一体化，采用最先进的推进技术和电力电子设备，降低系统成本，延长系统寿命，提供系统效率。综合全电力推进系统是未来舰船推进、电力系统的发展方向和趋势。

第四节　船舶电气照明

一、概述

船舶犹如一座浮动的城市，正如城市有照明一样，船舶上也有照明。但是，船舶构造是一个封闭壳体，其大部分工作舱室处在甲板以下，即使在白天也无法得到足够的自然光。在甲板以上的有些舱室和走道也常需要白昼的人工照明。到了晚上则除了全船照明外，还需要以灯光来标志它的自身特点。它是使船舶能够连续地、安全地航行或作业，使各个区域、舱室能有一个良好的、明亮的工作、生活环境，使人有一个舒适感觉而不可缺少的条件。

船上各个舱室，特别是重要的工作舱室，如机舱等，需要有连续不断的照明。因此，船上的电气照明除了要求采用耐震的船用灯泡（以及其他电光源）和耐腐蚀、有适当防护性能的船用灯具外，需要采用多重制的供电方式，保证照明供电的连续性和可靠性。具体地说，就是配有几套供电的照明系统，即正常照明系统、应急照明系统、临时应急照明系统。正常照明系统是全船的主照明系统，通常是交流单相或直流220 V或110 V。应急和临时应急照明系统是以应急配电板（电源为应急发电机组或蓄电池）供电，如直流24 V，当正常照明失电时，立即自动接通，保证最主要场所的不间断照明。有了这样的几套照明系统，就保证了船上有连续、可靠的照明。当然，并不是船上都要有上述三套系统。船上通常只要求有主电源供电和蓄电池供电的两套照明系统。

船舶的电气照明，从使用意义上说有三大用途：照明、信号识别及灯光通信。从装置的性质来说就是灯具和附具。

二、光源与灯具

照明灯具就是把光源固定，并可引接电源，外面有灯罩、外壳的照明装置。简单地说，就是光源（灯泡）和外面的外壳装置。这个装置具有多重作用：

（1）使光源发出的光线按照需要的方向分配，充分发挥光源的效能，同时也防止人眼直接受到光源的刺激，对于专用的航行及信号识别灯，灯具按照规定的要求制造，使光线向一定的方向发射，起到识别的作用；

（2）采取防护和封严措施，保护光源，使它不受到外界机械损伤，防止雨水、潮气的侵

入,对于特种灯具(如防爆灯具),则更要安全防护;

(3)增加美观性,特别在居住舱室中,各种艺术造型的灯具使舱室更为美观。

灯具中所使用的电光源可分为四类:

(1)白炽灯,即普通钨丝灯泡;

(2)荧光灯,即俗称日光灯;

(3)高压水银灯;

(4)其他各种新型电灯光源,如管形氙灯、汞氙灯等。

船上配置的各种照明开关、插头、插座、日光灯、高压水银灯用的镇流器、启辉器、触发器、并联接线用的接线盒、为灯火管制防止灯光外露的门开关,以及通讯闪光灯用的电键等,都在照明附具的范围内。

三、航行灯及信号灯

(一)航行灯

船舶在航行时,需要表明船舶的位置,工作状态,有无拖船等,必须依照《海船信号设备规范》配置各种航行灯,在日落到日出前点亮。

航行灯是船舶系统中的一个独立部分,是保证船舶夜间航行的重要灯光。航行灯的配置依照船舶种类的不同也有所不同。

(二)信号灯

船舶在夜间航行时,除了航行灯,还应安装各种信号灯,以便对外联系(如表明本船发生火灾需要立即援助或本船需要交通艇等),表明船舶状况(如表示本船失去控制或载有爆炸、易燃危险货物等)及表示船舶转弯等动向,因此信号灯的配置对船舶安全航行起着十分重要的作用。信号灯所安放的位置与颜色是与其作用对应的。

四、探照灯及投光灯

船舶在夜间航行或夜间进行工作时,还需要一些远距离照明和强光照明的强光。远距离照明可采用探照灯,靠透镜或反射镜等光学器件把光通量集中在一个极小的主体角内。

探照灯用于通过狭窄的航道、内河河道及运河等时照射两岸使用,同时又可作远距离的灯光信号通讯用,这种探照灯称为信号探照灯。

强光照明可采用投光灯,它能把光通量分布在比较大的主体角内,光强非常大。

装于室外的探照灯和投光灯都由总配电板供电,并由驾驶室进行控制。

第五节　船舶通信

船舶通信简单地来讲包括船舶内部通信和外部通信两个方面。

一、船舶内部通信

在工作部位、舱室安装船内通信和信号系统,对完成上级下达的使命、提高航行和驾驶的正确性及提高船舶生命力起着重要作用。

（一）船内电话通信分系统

1. 航行电话通信子系统

它是为驾驶室与航行有关部位间进行通讯而设立的,旨在保证船舶航行安全。其电话总机装在驾驶室内,电话机分别装在主辅机舱、广播室、船长室及轮机长室等航行有关部位,其示意图如图6-14所示。

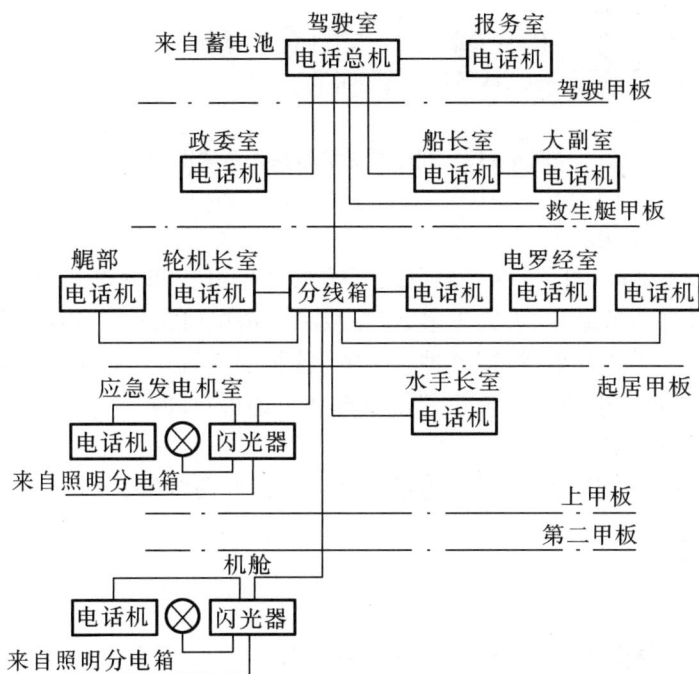

图6-14 航行电话通信子系统示意图

2. 对讲电话系统

它是两个重要工作部位间的专用电话,一般用小容量共电式电话设备。装对讲电话的部位有驾驶室－机舱、驾驶室－舵机舱、机舱－轮机长室等。

3. 日用电话通信子系统

它用于有关舱室进行日常工作和生活上的联络通话,一般是用自动电话设备。其总机在总机室内,用户话机分别装于各必要的工作舱室和生活居住室内。船长室和政委的用户话机在必要时可优先进行呼叫和通话。

船内电话通信分系统在设计和布置上需满足下列要求:依照用于对讲、指挥或会议目的之不同,可选用自动或共电式,总机容量依用户数而定;电话位置应便于使用、观察和维修,防止受热或受潮;高噪声区应有专门隔音或减噪声措施;露天部位的电话应采取水密式;工作舱室内应同时设电话和音响灯光指示装置。

（二）船舶操纵信号系统

船舶操纵信号系统包括主机遥控、传令钟、舵角指示器等。图6-15为传令钟与舵角指示系统示意图。

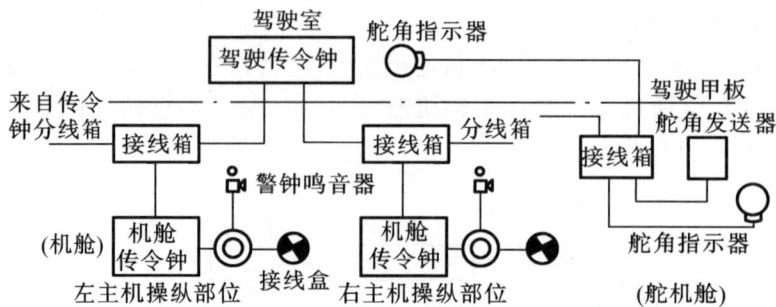

图 6-15　船舶操纵信号系统示意图

（三）报警信号分系统

报警信号一般有音响、灯光、奏号器以及音响加灯光组合四种形式，后一种多用于高噪声舱室。这些信号在传递命令、失火失事、设备故障等情况时自动发出报警信号。

此分系统由四个子系统组成，即警钟子系统、铃组子系统（分别安装在机舱、系缆、起抛锚、供水、冷藏库、失火等部位）、火警报警子系统和主辅机自动报警子系统。

（四）船用广播分系统

它用来收听广播电台节目、进行宣传报道和发送指挥命令等。

二、船舶对外通信

（一）船舶对外通信形式

现代船舶在海上航行时，对外通信的形式主要有：

1. 灯光通信

利用信号灯、闪光信号灯发出信息。

2. 旗号通信

利用一面或数面信号旗组成不同的信号码传递信息。

3. 手旗或手臂通信

双手各持一面信号旗或只用双臂变换不同的部位传递信息。

4. 声响信号通信

通过船舶汽笛、号钟、雾角等发声传递信息。

5. 强力扬声器喊话通信

利用扬声器在近距离与对方喊话传递信息。

6. 无线电通信

将需要传送的声音、文字、数据、图像等电信号调制在无线电波上经空间和地面传至对方的通信方式。无线电通信的方式有：双向通信、单向通信；单路通信、多路通信；直达通信、经过中间站转信。无线电通信建立迅速，便于机动，能同移动中的、方位不明的以及被敌人分割或自然障碍阻隔的对象建立通信联络，广泛用于地面、航空、航海、宇宙航行的通信。但无线电信号易被截收、测向和干扰；有的无线电信道不够稳定，易受电离层和大气层变化的影响。

7. 海事卫星通信系统

利用通信卫星作为中继站的一种船舶无线电通信系统。它具有全球(除南北极区外)、全时、全天候、稳定、可靠、高质量、大容量和自动通信等显著优点,既可改善船舶营运和提高管理效率、密切船岸联系,而且有助于保障海上人命安全。国际海事卫星通信系统(IN-MARSAT)是移动业务卫星通信系统(MSS)的一种。它包括移动台之间、移动台与固定台之间、固定台与公众通信网用户之间的通信。

8. 全球海上遇险与安全系统

其是国际海事组织(International Maritime Organization,IMO)利用现代化的通信技术改善海上遇险与安全通信,建立新的海上搜救通信程序,并用来进一步完善现行常规海上通信的一套庞大的综合的全球性的通信搜救网络。

(二)全球海上遇险与安全系统

全球海上遇险和安全系统(Global Maritime Distress and Safety System,简称GMDSS),由国际海事组织(IMO)在1982年作出决议,于1992年2月1日起生效,规定1999年2月1日全面实施。GMDSS的组成示意图如图6-16所示。

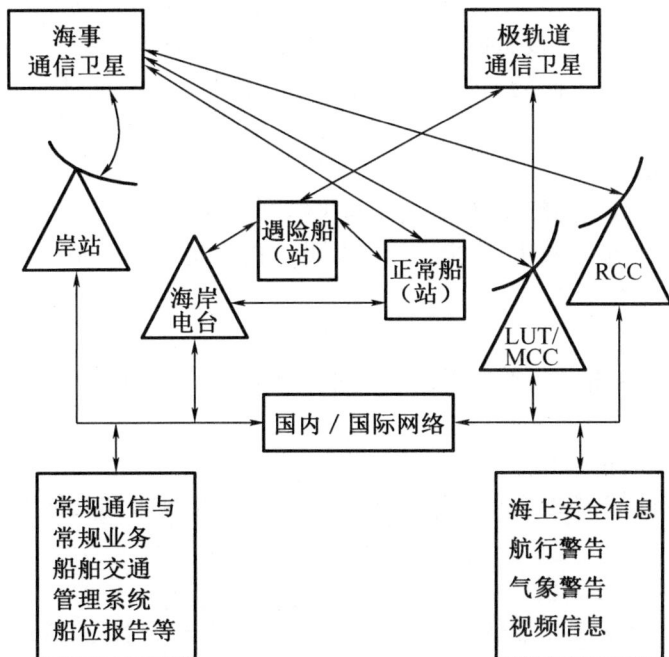

注:RCC为搜救协调中心,LUT为极轨道搜救卫星用户终端;
MCC为极轨道搜救卫星任务控制中心。

图6-16　GMDSS的组成示意图

1. GMDSS的组成

(1)卫星通信系统INMARSAT(海事卫星通信系统)和COSPAS-SARSAT(全球卫星搜救系统)

INMARSAT主要由海事通信卫星、移动终端(船舶地球站)、海岸地球站以及协调控制站构成。

COSPAS/SARSAT 是由加拿大、法国、美国和前苏联联合开发的全球性卫星搜救系统，由示位信标、空间段（极轨道通信卫星）和地面部分三个分系统组成。

（2）地面无线电通信系统（即海岸电台）

地面无线电通信系统用于遇险报警、搜救协调通信、搜救现场通信及日常公众通信，主要由 MF/HF/VHF 通信分系统组成。

GMDSS 的组成如图 6 – 16。

（3）海上安全信息播发系统

海上安全信息播发系统由岸基 NAVTEX 系统及 INMARSAT 系统中的增强群呼系统（EGC）、船舶交通管理系统（VTS）等组成。

2. GMDSS 的功能

（1）遇险报警

是指遇险者迅速并成功地把遇险事件提供给可能予以救助的单位。报警包括船对岸、船对船和岸对船报警三个方向，其中船对岸报警是主要的。

（2）搜救协调通信

救援指挥中心（RCC）通过岸台或岸站与遇险船舶和参与救助的船舶、飞机以及与陆上其他有关搜救中心进行有关搜救的直接通信。搜救协调通信是双方进行有关遇险与安全内容的信息交换，即具备双向的通信功能，与报警功能中只具有向某一方向传输特定信息不同。

（3）救助现场通信

在救助现场参与救助的船舶之间、船舶与飞机之间的相互通信称为现场通信。它包括救助指挥船与其他船、船与救生艇、指挥船与救助飞机之间的现场通信。通常，这种通信的距离比较近。

（4）定位

定位是指遇险船舶和救生艇所发出的一种无线电信号，便于救助船舶和飞机去寻找遇难的船舶和救生艇。

（5）海上安全信息的播发

它是指本系统能够提供各种手段发布航行警告、气象预报和其他各种紧急信息，以保证航行安全。

（6）常规的公众业务通信

它是指 GMDSS 系统要求船舶配备的通信设备不但能进行遇险、紧急和安全通信外，还能进行有关的公众业务通信。也就是船舶与岸上管理部门之间进行管理、调度等方面的通信以及船舶与船东、用户等通信。

（7）驾驶台对驾驶台的通信

驾驶台之间的通信是有关航行安全等避让信息的传递，属于 VTS 方面的通信，这种通信在狭长的水道和繁忙航道航行中是非常重要的。

3. GMDSS 不同航区船载设备配置

（1）GMDSS 的海区划分

A1 海区：至少有一个 VHF 岸台的无线电话覆盖的区域，在该区内能提供连续有效的 DSC 报警，这个区域可由缔约国政府规定。

A2 海区：至少有一个 MF 岸台的无线电话覆盖的区域，在该区内能提供连续有效的

DSC 报警,这个区域可由缔约国政府规定,但不包括 A1 海区。

A3 海区:在 INMARSAT 静止卫星的覆盖范围之内,能提供连续有效的 DSC 报警的区域,但不包括 A1 海区和 A2 海区。

A4 海区:A1、A2 和 A3 海区以外的区域。

当在上述各海区中航行时,若船舶发生紧急情况,要求能够提供连续报警。

(2)船载设备配备原则

GMDSS 中,船舶配备的设备除应与其相应的航区适应外,还应满足 GMDSS 功能的要求。船舶设备配备的原则如下:

第一,船舶根据其航区提供执行 GMDSS 功能的设备;

第二,船舶应能至少以两种分开的独立的手段来发射船到岸的遇险报警;

第三,每一种设备应能执行两种以上的功能,如遇险报警、协调通信和常规通信等;

第四,设备应操作简单,工作可靠,并做到无人值守,自动报警;

第五,救生艇配备无线电设备的目的应该是完成现场通信,以及发出寻位信号,以便顺利地与搜救船只或飞机相配合,完成对救生艇的救助。

(3)GMDSS 不同航区船载设备配置

表 6-3 GMDSS 不同航区船载设备配置

海区 设备名称	A1	A1-A2	A1-A3	A1-A4
VHF + DSC	1	1	1	1
MF 组合电台		1		
MF/HF 组合电台			或1	1
406 s-EPIRB	任选一种	任选一种	任选一种	1
1.66 GHz s-EPIRB				
70CH EPIRB				
NAVTEX	1	1	1	1
SART	2	2	2	2
TWO-WAY VHF	3	3	3	3
AIS	从事国际航行的船舶			
SSAS	从事国际航行的船舶			
S-VDR	2 万总吨及以上从事国际航行的货船,20090701 前配备			
	3 000~20 000 总吨及以上从事国际航行的货船,20100701 前配备			

第六节 船舶导航设备

就航海而言，导航的内容为正确引导舰船按预定航线，安全、经济地航行至目的地，并用各种方法和手段随时确定自船位置。简单地说，导航就是安全航行和确定位置。为达到这两个目的所需的各类仪器，统称为导航仪器或航海仪器。

在军舰上，导航仪器不仅用来航海，更重要的是向舰艇各项设备、武备及指挥系统提供各种实时信息，包括航向、航速、位置和姿态等。

一、导航仪器设备

船舶导航设备是船舶对外观察和识别的设备，也是保证船舶准确、安全航行的重要设备，它们是罗兰（Loran）、自动操舵仪（Autopilot）、雷达（REDAR）、陀螺罗经（Gyrocompass）、回声测深仪（Echo-sounder）。取每个设备名称的英文字头，拼成"LARGE"（大），因此有人把现代航海称为"大航海"。当然，现代导航设备远远超过了这五种。一般来说，航行在国际航线上的船舶，国际海事组织（IMO）认为必装的有磁罗经、陀螺罗经、雷达、测深仪、无线电测向仪等。其他在实际使用中常用的导航设备有自动操舵仪、计程仪、无线电定位系统、卫星导航接收机、自动避碰装置等。

（一）磁罗经

磁罗经是利用地球磁场取得方位基准，测出船舶航向或目标方位的一种仪器。从构造上分磁罗经有四种，即台式、桌式、移动式和反映式。磁罗经使用时必须进行误差修正。由于误差随时间、地点、航向而变化，所以误差修正比较复杂。但磁罗经有构造简单、不依赖于电源、不易损坏和价格低廉等优点，所以它至今仍然是不可缺少的航海仪器之一。

（二）陀螺罗经

陀螺罗经是一种以陀螺仪为核心元件，指示船舶航向的导航设备。它的功用与磁罗经相近，但其精度更高，而且不受地球磁场和铁磁物质的影响，故更适应于现代化船舶的要求，是目前船舶指示航向基准的主要设备。

（三）自动操舵仪

舰船在水面或水下航行主要是依靠方向舵和水平舵来控制航向的深度的。自动操舵仪能代替舵手操舵，保证舰船自动跟踪指令航向和深度，达到自动保持与改变航向或深度的目的。自动操舵仪不仅可以减轻舵手的劳动，而且远航时，在相同的航行条件下可以减少偏航次数、偏航值和偏舵角，因而可提高实际航速，缩短航程和航行时间，节省燃料，提高航行的经济效益。

（四）回声测探仪

回声测探仪的工作原理是利用换能器在水中发出声波，当声波遇到障碍物而反射回换能器时，根据声波往返的时间和所测水域中声波传播的速度，就可以求得障碍物与换能器之间的距离；其主要作用是发现水中障碍物，以保证舰船安全航行。另外，当舰船在沿岸航行时，如果不可能用比较准确的方法来测定船位，则可以利用观测某一物标的方位和根据当时所测得的水深，求出近似船位。回声测探仪除助航外，还可用来进行水底地形的调查，如航道及海图测绘。海洋调查中水深数据都是由精密回声测深仪提供。

（五）无线电测向仪

无线电测向仪是最早的一种无线电导航设备。它以岸上两个以上全方向发射的无线电指向标台或无线电广播台的来波方向，来决定船位，也可用于测定发射无线电波的目标所在方位。无线电测向仪由于其作用距离和定位精度等方面远远不如其他一切无线电导航设备，当前在航海中已退居辅助地位，但其测定无线电发射台方位的能力仍然是独一无二的。

无线电测向定位的原理是无论何种类型的船用无线电测向仪，都必须安装在船舶的首尾线上，并以船首方向作为方位基准，测定发射台的相对方位角，即发射台的舷角。以图6-17为例，对于发射台1和2，在经过方位测定和定边后，得到的正确方位角分别为

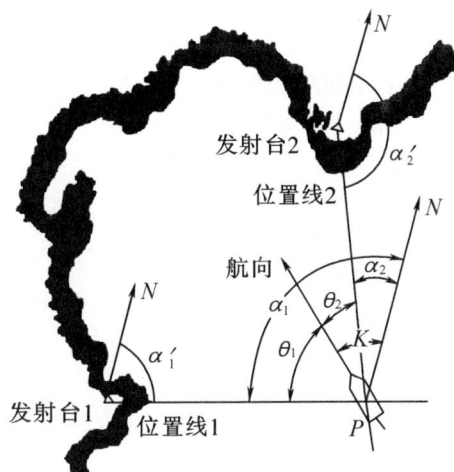

图6-17　无线电测向定位示意图

$$\alpha_1 = \theta_1 + K, \ \alpha_2 = K - \theta_2$$

进而转换成发射台1和台2对船舶的无线电真方位

$$\alpha_1' = 180° - \alpha_1, \ \alpha_2' = 180° - \alpha_2$$

这两条方位线的交点，即为船位 P。

二、导航设备的作用及导航方式

导航仪器与导航方式是相辅相成、彼此相关的。导航方式向导航仪器提出新的要求，促进导航仪器的发展；反过来，导航仪器的出现又促进导航方式的改变。

目前导航方式基本上有四种（未包括新出现的气象导航等）：地文导航（沿岸导航、推算航法、无线电航法）、天文导航、惯性导航和综合导航（组合定位导航系统）。

惯性导航系统不需要外界目标和设施，被称为"自主式导航"。地文导航和天文导航要依赖地面和天体目标或设施，被称为"非自主式导航"。综合导航是将各种导航方式通过计算机综合，将各种导航方式综合运用，使其能互相取长补短，形成精度更高、功能更全、工作更可靠的导航系统。

目前的综合导航系统把定位、航行计划、自动避碰、自动操舵等系统综合成为一个自动化导航系统，而一般更多的是采用各种定位系统的组合。其导航方式与导航设备的关系及作用见表6-4，导航的实际过程可用图6-18的模型描述。把模型中的功能换成起相应作用的导航设备，则可看出各导航设备在整个导航过程中的使用场合及其作用，如图6-19所示。

表6-4　导航方式与设备作用

作用 ＼ 方法	地 文 导 航	天 文 导 航	惯 性 导 航
安全	航海雷达(海面目标情况) 避碰装置(海面目标情况) 测深仪(到海底深度) 望远镜 夜视仪(夜间望) 避触礁系统(海底障碍)	气压计(气压) 风速计(风速) 气象传真(气象趋势)	
航行	磁罗经(航向) 陀螺罗经(航向) 自动操舵仪(保持或改变航向) 计程仪(航速及速程) 无线电测向仪(方位测定)		惯导系统(提供航向、航速、航程)
定位	罗兰(中远程双曲线定位) 台卡(近双曲线定位) 奥米加(远程双曲线定位) 罗经、计算仪(推算定位) 无线电测向仪、测距仪(方位、距离测定)	六分仪、计时器(天体定位)、星光导航仪(天体定位)、卫星导航(根据卫星测位)	惯导系统(经度、纬度)

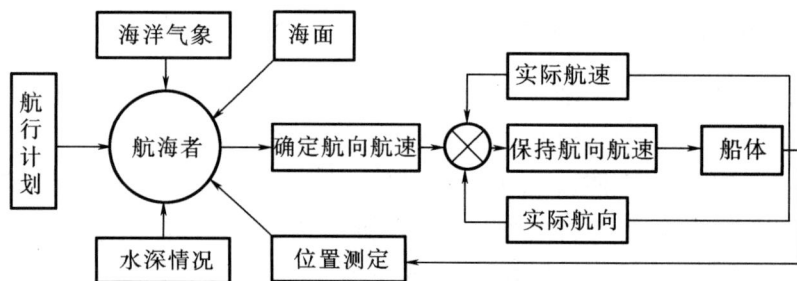

图6-18　导航过程模型

（一）双曲线导航系统基本原理

以一对发射台(简称岸台)作为双曲线格网(图6-19)的焦点,组成一个台对,船载接收机(简称船台)为动点,因为无线电波是以恒定速度和最短路径由发射点向接收点传播的,因此根据船台对该对发射台信号到达时差的测定,即可算出距离差,从而提供第一条双曲线。同样,根据另一对发射台信号到达时差的测定,可提供第二条双曲线。如此两条双曲线相交,其交点即为船位,如图6-20和图6-21所示。这种导航系统就是双曲线导航系统。

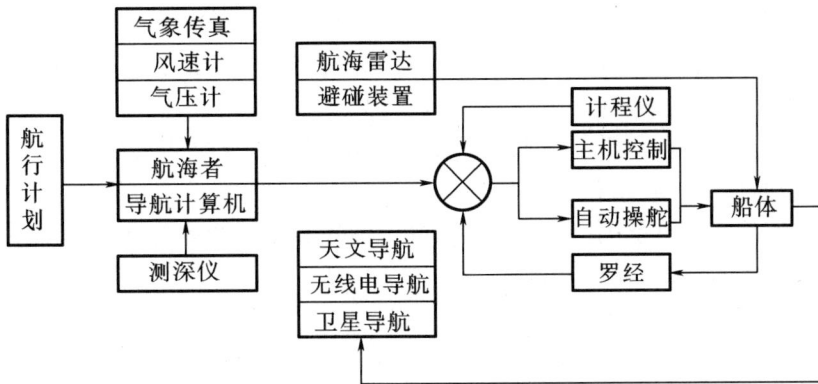

图 6 – 19　导航设备作用图

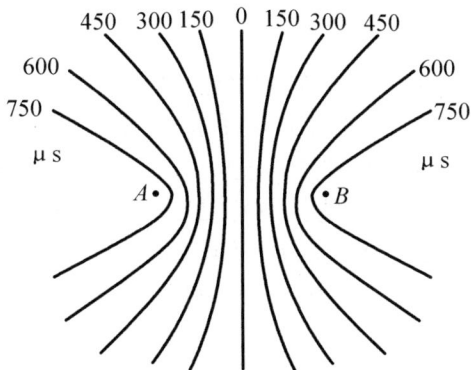

图 6 – 20　双曲线族

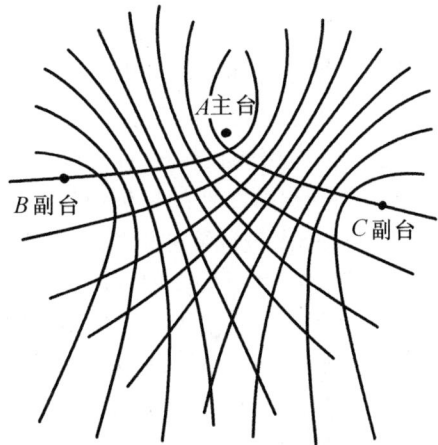

图 6 – 21　由三个岸台提供的两族双曲线

(二)卫星导航系统

随着科学技术的不断进步,利用人造地球卫星进行导航的技术有了飞跃的发展,它在船舶导航中占有重要的地位。这不仅在于全球性、全天候的覆盖,而且在于其较高的定位精度。主要有第一代卫星导航系统——子午仪;第二代卫星导航系统——全球定位系统。

子午仪系统是美国海军导航卫星系统的通称。它研制于 1958—1968 年,1964 年提交军用,1967 年开放民用。该系统有五六颗卫星和监测卫星,并定期更新卫星发射信息的跟踪站网。用户观测卫星发射的多普勒频移,确定卫星与船舶之间相对速度,接收卫星发射的数据,精确确定卫星通过的轨道。根据卫星轨道和多普勒频移,得到卫星的距离变化率,从而精确算出接收机的位置。

为克服子午仪系统通常不能定出高度,也不能连续导航,以及定位精度受多普勒测速的限制的缺点,20 世纪 60 年代后期,美国又提出了几种新导航系统。直到 1973 年,美国国防部正式批准陆海空三军共同研制导航卫星全球定位系统,简称 GPS(Global Positioning System)历时 20 年,耗资 200 亿美元,于 1994 年全面建成,具有在海、陆、空进行全方位实时三维导航与定位能力的新一代卫星导航与定位系统。该系统与子午仪系统相比,具有以下主要特点:全球连续覆盖;高精度三维定位;实时导航;完成一次定位只需几秒到几十秒;抗干扰能力强;采用伪随机噪声码技术,借助其自相关性强的特性,提高抗干扰能力;地面控制站全部设在国内。

进入21世纪,我国自行研制的"北斗"卫星导航定位系统投入使用。该系统由北斗导航定位卫星、地面控制中心站为主的地面部分、北斗用户终端三部分组成。这标志着我国成为继美国全球卫星定位系统(GPS)和前苏联全球导航卫星系统(GLONASS)后,在世界上第三个建立了完善的卫星导航系统的国家。

（三）舰船惯性导航系统

惯性导航能连续地、自主地、准确地提供运载工具的速度、航程、航向、水平基准及纵横摇角度等数据。由于这一引人注目的优越性,二次大战后惯性导航这门科学无论从理论方面,还是在实际技术方面都得到了非常迅速的发展。

惯性导航建立在力学基础上,它不需要知道气流和洋流数据,不需要电磁辐射、磁罗盘、陆地无线电设备和专用地图,更不受气候等条件的影响。系统精度几乎完全取决于装置各部件的精度,而与高度、地形和地点无关。因此,惯性导航可用于航空、航海、火箭与航天器中,还可用于军事、大地测量、海底勘查等领域。

（四）自动避碰装置

它是将雷达探测目标的回波作为输入信号,经目标检测和判别电路,消除杂波干扰等信号处理,判断出所需要的目标(他船)信号,然后将所需要的目标数据,即距离r与方位角θ由计算机选择出最危险的目标,对它进行跟踪,并推算这些目标在未来一段时间内所处的位置,进而判断哪些是安全船(不会相撞),哪些是危险船(可能相撞)。最后由显示器显示所跟踪目标的动态和有关数据(如到预测的最接近点的距离$D_{c.p.a}$到最接近点的时间$T_{c.p.a}$),供驾驶人员参考。经过试操纵计算,选择合适的航速、航向,由驾驶员指令给轮机控制系统和自动操舵仪,避开危险目标。

（五）综合导航系统

综合导航系统是引导船舶航行的关键系统,在军用舰船与大型民用船舶上得到了普遍应用。现代船舶导航技术涉及导航、计算机、网络、信息融合以及海洋地理信息系统等多个学科的前沿技术,这些相关学科的技术进步有力地促进了船舶导航技术的发展。目前,船舶导航系统种类越来越多,如惯性导航系统(INS)、全球定位系统(GPS)、多普勒测速系统、罗兰C无线电导航系统(Loran C)、数字导航雷达(ARPA)以及电子海图信息系统(ECDIS)等,这些导航系统各有优缺点,功能也相互补充。

运用现代网络技术与信息融合技术实现各种导航系统的物理连接和信息综合集成,已经成为当前船舶导航系统的主要发展方向。综合导航系统通过网络将各种导航设备信息传入计算机,利用信息融合技术综合处理,得到本船最佳的导航信息,然后,通过电子海图实时动态地显示船舶的综合航行态势。这样,不仅提高了导航信息精度,而且扩展了单一导航系统或设备的功能,从而构成高精度、高可靠性、多功能的现代船舶综合导航系统。

船舶综合导航系统由五个部分组成:

（1）导航传感器,包括船舶自动识别系统(AIS)、GSP、INS、Loran C、多普勒计程仪回声测深仪(Echo Sounder)、气象仪和导航雷达天线。

（2）信息处理设备,包括导航信息融合处理集成装置和自动雷达标绘仪(ARPA)。

（3）导航监控设备,包括电子海图显示系统(ECDIS)和导航用户客户端。

（4）导航数据库,包括水文、气象、航路、港口和海图等各种航行数据。

（5）系统通信网络,包括船用双冗余局域网(LAN)和导航传感器通信接口(SINT)。

系统结构图如图6－22所示。

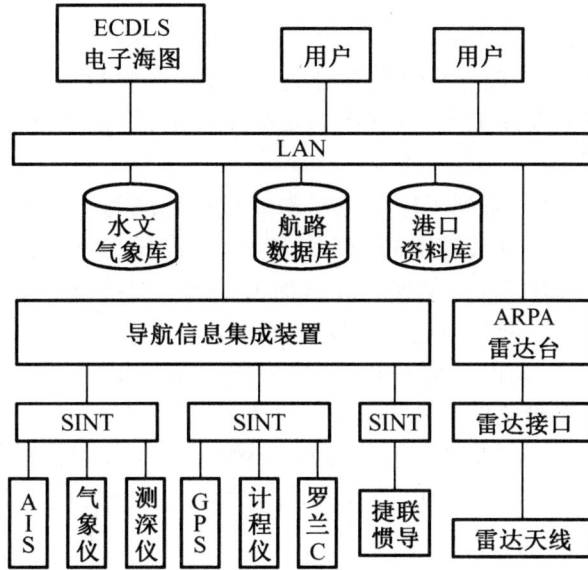

图 6－22　船舶综合导航结构图

第七章　船舶工艺

造船工业所提供的船舶、舰艇、钻井平台及其他水上结构物,是根据设计部门所提供的一系列技术资料来建造的。船舶设计是建造的前奏,它根据船东所提出的各种要求,通过一系列复杂的、分阶段的设计工作,设计出满足船东要求,符合规范,具有一定的经济衡量指标的船舶产品。

将设计好的船舶经过一系列工序建造出来的过程称之为造船工艺。船舶是由钢材和其他材料构成的船体结构,以及其中的动力装置、电气设置、各种船舶设备和系统、各种航海仪器仪表所组成。把钢材及其他材料经过加工、装配、焊接成主船体,并把各项机械、设备、仪表安装到船体的指定部位的过程,就是造船工艺。

造船工艺是一个很复杂的工艺过程,一般由两大部分组成:其一,由加工制作船体构件,直至将它们组装和焊接成船体的工艺过程称船体建造工艺;其二,把各种机电装置、设施和属具等安装到船上去,以及进行相应的木作、绝缘、油漆等工艺过程称为舾装工艺。现代造船工艺乃是范围广泛、作业种类繁多的综合性工艺技术,归纳起来主要有以下工艺程序:

(1)船体放样;

(2)钢材预处理和号料;

(3)船体构件加工;

(4)船体装配焊接;

(5)密性试验与舾装工程;

(6)船体下水;

(7)船舶试验与交船验收。

第一节　船体放样

船体放样是整体造船工作中的第一道工序。在船舶设计阶段所绘制的船体型线图,由于图纸空间的限制,通常采用1:50或1:100的比例。这样,由于图面、比例等因素,即便绘制时型线很光顺,一经放大就会发现有一定误差,并会影响船体外形的光顺性,不能保证船体建造质量。此外,在设计时也不可能在图纸上详细正确地表达出船上所有构件的形状,通过放样不仅光顺船体表面形状,而且还能补充完善图纸上的不足。放样工作的好坏直接影响到以后各道工序的制造质量,因此放样是一件非常细致的工作,要求有高度的精确性。

传统的手工船体放样通常是在专门的工作场地——放样台上进行的,它是按照设计船体的线型和结构的图示尺寸,用1:1,1:5或1:10等比例进行放样,运用投影几何的原理作出其平面形状,然后钉制各种样板、样棒、样箱和绘制各类草图,作为船体构件的号料、加工、装配、检验等工作的依据。

一、放样的主要工作内容

（一）光顺船体型线

按照型线图上型值表所注尺寸，以实尺或一定比例将其放大，作出表达船体外形的三个投影图，并使投影图上各个对应的投影点完全一致，然后进行校核型线的工作，使每一根型线光顺，同时让每一个对应点与其他投影图一致。通过这样修正后，即可达到光顺船体外形的目的，如图 7-1 所示。

（二）船体构件的展开

对具有各种形状（弯曲、扭曲）的构件，需求出它展成平面后的形状和实长，以便在平直的钢板和型钢上进行号料，再加工成所要求的形状而成为船体的零件。船体结构的展开方法较多，有几何作图法、钉制样箱法和数学计算法等，其中使用最广泛的是几何作图法。

（三）放样资料提供

根据号料、加工、装配、检验等工作的需要，绘制一定数量的草图及钉制各种样板和样棒，对于一些船体结构上曲度特别复杂的部位，如轴包板、锚穴和双曲度严重的外板等，由于展开困难，还需钉制样箱。

船体放样的工艺程序是型线放样→结构放样→展开→绘制下料草图→制作各类样板、样箱。

二、型线的放样方法

（一）实尺放样

即根据设计型线图上的型值表，按 1:1 的比例，在放样台上绘出船体的型线。

（二）纵向缩尺放样

对于大型船舶，由于其又长又大，而放样台上的长度有限，可在纵向按 1:2，1:4 或 1:8 等比例缩小进行放样，而宽度与高度方向则仍按 1:1 实尺放样。

（三）比例放样

就是用 1:5 或 1:10 的比例进行型线放样，待三向投影光顺后，绘出肋骨型线图；或者根据 1:5 或 1:10 的比例光顺后的型值，再画出实尺的肋骨型线图。这样，在按照比例绘出的肋骨型线图上，可以将其构件逐一展开，并描绘成仿形图，提供光电跟踪切割用；或者绘制到涤纶片上，供摄影制片作光学号料用。而按照实尺绘制的肋骨型线图，则供钉制样板、样箱及绘制草图用。

（四）数学放样

实尺放样和比例放样都是用人工进行船体型线的光顺工作，而数学放样则是通过电子计算机来校验设计船体的型线与型值，并按照指令加以光顺，然后提供光顺的船体型线与型值。采用数学放样可以进行型线光顺、板缝计算、外板展开及数控切割，形成自动化作业。只要投入少量的人力，在短时间内就能完成放样任务，而且可节省一定数量的样板。数学放样是一种较先进的船体放样工艺。

船舶工业是计算机起步比较早的行业之一，20 世纪 60 年代就有了应用于船舶工业的计算机系统。国外这类集成系统重点应用于船舶建造的生产需要，属于 CAM 系统。这类系统初期包含的一些设计方面的程序比较简单，只是作为庞大的计算机辅助建造系统的补充，后来经过逐渐改进，设计部分的功能不断得到加强，因此称为船舶 CAD/CAM 系统。

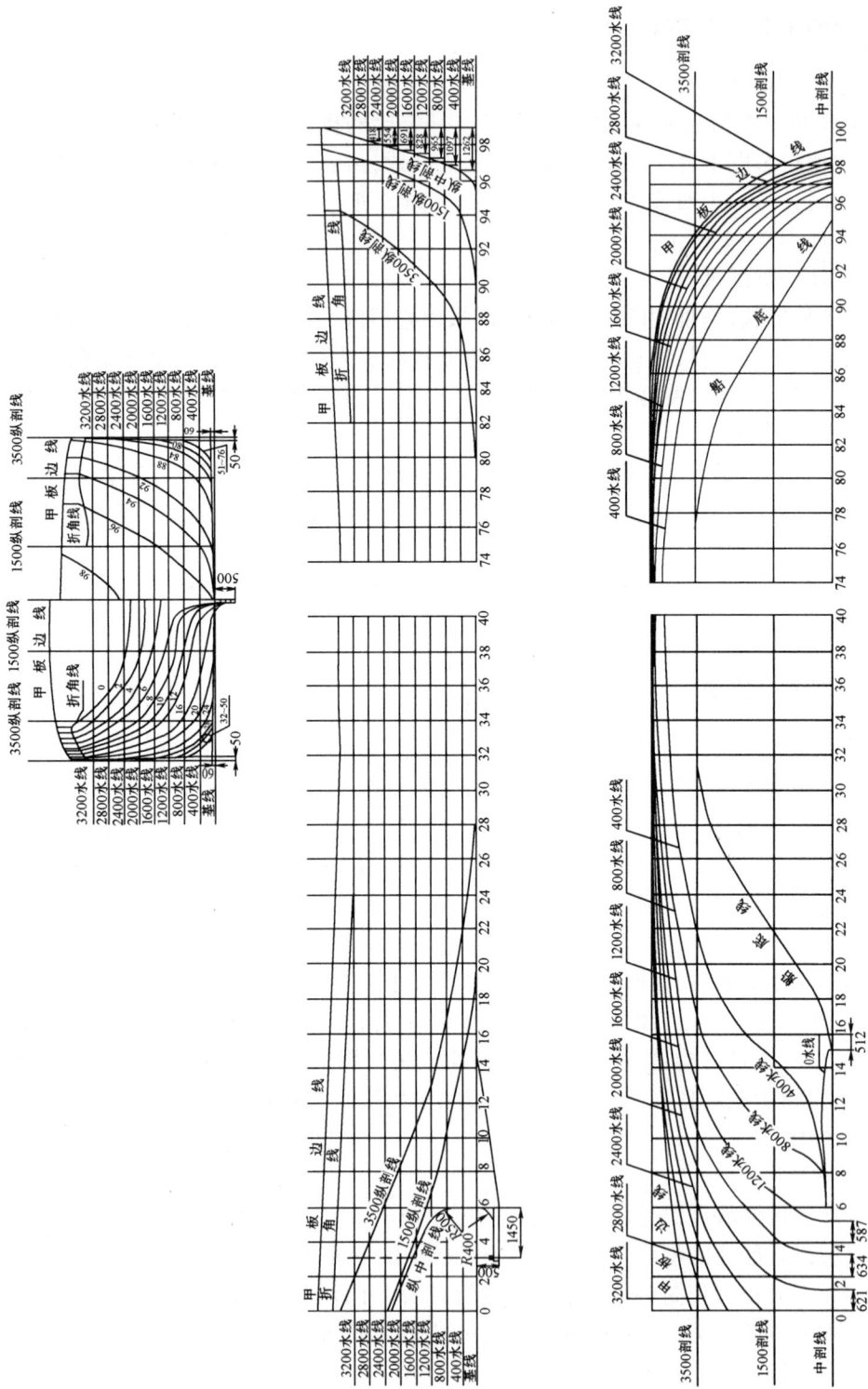

图7-1 光顺后的型线图

我国船舶工业计算机应用开始于 20 世纪 60 年代末。开始时仅在很少的船舶科研单位使用,硬件条件很差。到 20 世纪 70 年代,由于国产计算机的批量生产,使造船行业中有比较多的科研、设计单位及大型船厂相继配置了计算机,造船行业的计算机应用有了比较大的发展,开发了一批应用程序,并在生产实践中得到应用。改革开放后计算机的应用逐渐覆盖到船舶设计和建造的主要领域。中国船舶工业总公司的"计算机辅助造船集成系统",包含了设计和建造两个方面的内容,是我国自行开发的船舶 CAD/CAM 系统。同时,根据我国微机 CAD/CAM 应用很普遍的实际情况,一些地方小型船厂及设计部门利用微机开发了船舶 CAD/CAM 系统。这些微机 CAD/CAM 系统因为投资少而得到推广。随着微机性能的不断提高,所开发的船舶 CAD/CAM 系统的功能越来越强,其发展前景非常广阔。

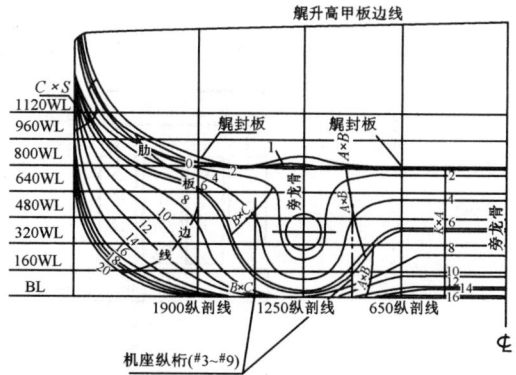

图 7 - 2　肋骨型线图

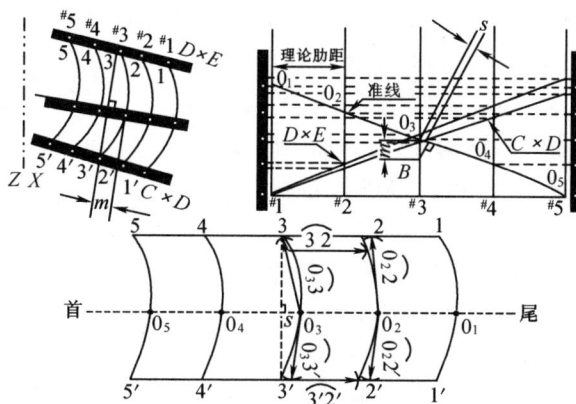

图 7 - 3　船体外板展开

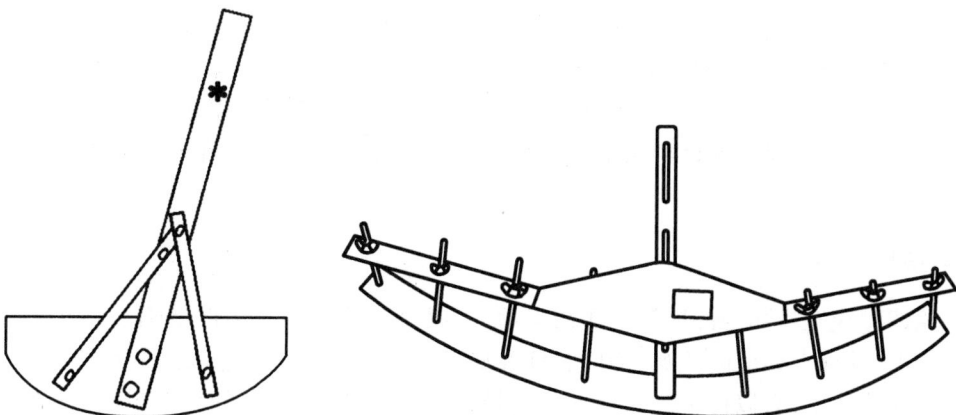

图 7 - 4　样板

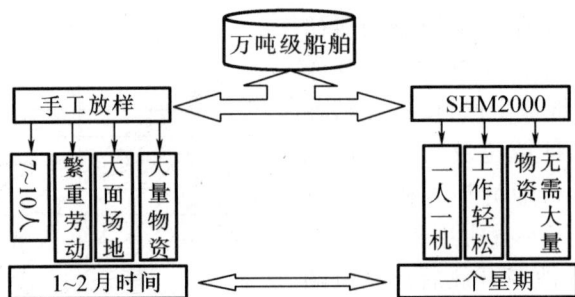

图7-5 手工放样和数学放样

第二节 预处理及号料

一、钢材预处理

供船厂使用的钢材和型钢,由于轧制后冷却收缩不均匀和运输堆放中的各种影响,会发生变形和锈蚀。为了保证号料和加工质量,船厂在号料前应先对钢料进行矫正、矫平和清锈,并涂上防锈涂料,这个工艺过程称为钢材预处理。

对于平直的型钢构件,应先经型钢矫形机矫直,再进行号料和切割;对于弯曲的型钢构件,因为加工时要留有工艺余量,所以不必经过矫直,可直接进行号料、切割和弯曲加工。

钢材矫正一般是在七辊或九辊矫平机上进行的,如图7-6所示。对少数厚度超过矫平机加工范围的钢材,可使用大功率液压机或三辊弯板机进行矫平。有些薄钢板经矫平机后仍不满足技术要求时,可用木槌进行手工矫正。

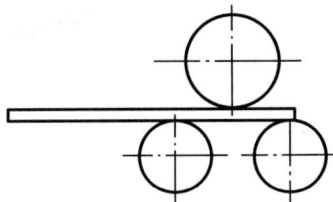

图7-6 矫平机

钢板除锈是将其表面的氧化皮和锈斑清除干净,以便油漆能与其表面紧密结合,保证钢板不被锈蚀。船厂采用的除锈方法有手工拷铲、机械法(抛丸、喷丸和弹力敲击)、化学除锈(酸洗)、电热法(火焰除锈)和涂除锈涂料等。

造船厂把矫正、除锈、涂车间底漆和烘干等工序所使用的机械装置,按工艺流程用传送道连起来,组成钢材预处理自动流水线。其工作程序为库存钢板→矫平→除锈→涂防护层→烘干。

二、号料

在船体型线光顺和构件展开工作结束后,将展开以后的船体构件精确地画在平直的钢板或型钢上,并标上相应的船名、构件名称及加工符号等。这个工艺过程称为号料。

在船体建造中,有以样板为依据的样板号料,有以草图为依据的草图号料,还有利用光学投影原理的光学号料。

（一）样板号料

样板通常用松木板或层压板制成,对一般批量少而尺寸不大的构件也有采用纸板或油毛毡。号料时将样板放在矫平了的钢板上,根据样板外形在钢板上画出轮廓线,并注上加工及装配符号。用样板号料在画线操作上比较方便,但钉制样板却耗费大量材料和工时,而且样板的搬运和保存很不方便,因此对成批生产的船舶,当曲度较为复杂的构件及同一构件数量较多时,用样板号料才经济。

（二）草图号料

草图号料是把船体构件的展开形状和实际尺寸画在纸上,并注上必要的加工及装配符号,据此在钢板上或型钢上号料。草图号料适用于船体平直部分的构件,如甲板、内底板等。利用草图号料可节省大量样板材料和制作工时。

（三）光学号料

光学号料是利用光学投影的原理,把比例放样中绘制成的涤纶样片拍成照相底片,通过投影放大机投射到钢板上,并调节成1:1的实形,然后在投影线条上敲出标记。这种方法省去了样板和草图,但光学号料是在暗室里进行的,而且用手工敲打标记,工作条件较差,生产效率不高。虽然出现过粉末号料、感光号料和电印号料等工艺,但现已逐步被淘汰。

第三节　构件加工

船体构件加工是继号料之后的一道工序,它是将号料后的钢材用机械或手工工具加工成设计所要求的规格和形状。整个船体的构件数量很多,而且它们的形状、大小、厚薄各不相同,这就使加工的工作范围显得非常广泛。但从船体构件加工对象来看,主要是钢板和型钢。钢在常温下有两个基本特性:(1)延展性,船体加工中的辊、折压、轧、弯及前面叙述的矫平等就是利用了钢材的延展性,从而使钢材达到所需要的弯曲形状;(2)当钢材单位面积上受到的外力超过极限强度时,钢材会断裂,加工中的剪、冲、刨、铣等就是利用钢材的这一特点来达到加工要求的。另外,钢在高热情况下有热塑性,并有热胀冷缩现象,因此可以利用氧－乙炔火焰和冷水对钢材局部实行水火弯板工艺,弯制出曲度较为复杂的构件,或将钢材放在专门炉灶内加热后,用手工及液压机压制成型。

船体边缘加工可分为冷加工和热加工两种。按照构件加工的方法可分为边缘加工(包括剪、冲、刨、铣、气割和等离子切割等)和成型加工(包括辊、压、折、弯、矫形等)。

一、边缘加工

构件边缘加工主要是根据放样提供的信息,将钢材进行切割分离和焊接坡口处理。船体构件的边缘可以分直线边缘与曲线边缘。焊接坡口是为了保证船体接缝的焊接质量,按规范要求可分为 I 型、V 型、K 型、X 型和 U 型等。焊接坡口的加工通常是在切割分离之后进行的,也可在切割分离的同时完成坡口的加工。目前船体构件边缘加工的主要工艺方法是机械剪切、气割和等离子切割。机械剪切是用来加工直线边缘,常用的机械式剪切机主要是龙门剪床。大型龙门剪床一次剪切长度可达 8 m,一般的龙门剪床一次剪切长度也可在 2 m 以上。气割和等离子切割可加工任意形状的边缘,由于气割和等离子切割所能切割厚度较大,又可实现自动化,所以现代造船中,机械剪切已被气割和等离子切割的方法所替代。据统计,在大中型船舶的建造中,气割和等离子切割工作量约占钢材总切割工作量的

75%～82%。常用的气割和等离子切割设备有手工割炬、半自动气割和等离子切割机、高精度门式气割和等离子切割机，以及数控气割和等离子切割机等。数控气割和等离子切割机只要根据数学放样所提供的穿孔纸带或磁盘，便能自动地切割所需的构件，并能自动地进行书写标语符号等号料工作。数控气割和等离子切割机在造船工业中的应用，是船体切割加工工艺的一项重大改革，也标志着切割工艺发展到一个新的水平。

二、成型加工

非常直的船体构件，经过边缘加工后再进行成型加工，例如带有曲度的外板、肋骨等构件，基本上都是在边缘加工后再加工成应有的曲度，这些曲度可以是单向的，也可能是多向复杂曲度的。板材的成型加工方法最常见的有压弯、辊弯及水火弯板等。

（一）压弯

复杂曲度的板材冷弯成型的主要方法是压弯，加工设备是液压机。

液压机根据液体介质的不同分为水压机与油压机两大类。水压机需要结构庞大的蓄压装置，而油压机由泵直接产生，所以轻巧简单。目前船厂大多数采用油压机进行板材成型加工。图7-7所示为压头和工作台可横移、回转的框式油压机。

（二）辊弯

三辊弯板机是板材辊弯的主要设备，常用的三辊弯板机如图7-8所示，由一个上辊和两个下辊组成。上辊可上下升降调节上下辊之间的距离，钢板在上下辊之间辊轧，同时又受上辊的集中作用，从而对板材进行弯曲成型。三辊弯板机除了能加工圆柱形外，还可以进行复杂曲度外板的加工。

（三）水火弯板

水火弯板是一个热弯的加工工艺，又称线状加热法。它是指沿着预定的加热线用氧-乙炔烘炬对板材进行局部线状加热，在加热的同时用水进行跟踪冷却，如图7-9所示。成型的基本原理是由于热场的局部性与沿板厚方向的温度梯度，使受热金属的膨胀受到周围冷却金属的限制，而产生压缩塑性变形，在冷却时形成了横向变形和角变

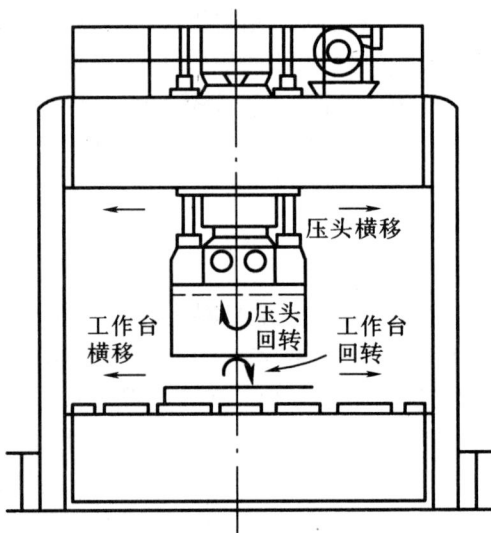

图7-7　油压机

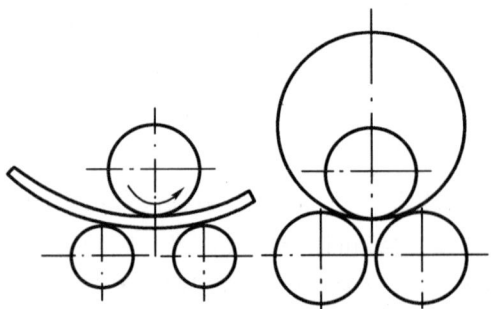

图7-8　弯板机

形，从而达到弯曲成型的目的。90%以上的船体复杂曲度外板都可用此法加工。水火弯板具有生产率较高、成型质量好和设备简单等优点，特别是在单件生产和小批生产时更为适用。

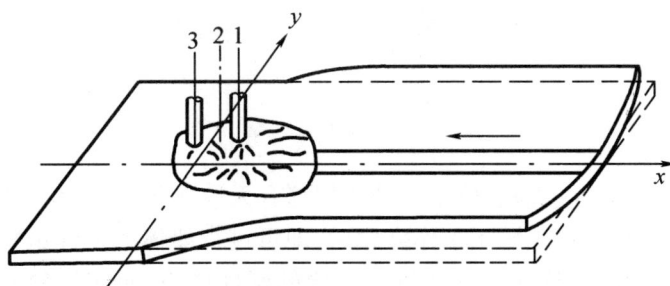

图 7-9 水火弯板

(四)型钢的弯制

由型钢制成曲度较小的肋骨、横梁等构件,可直接用型钢冷弯制成;对曲度较大的则先用型钢冷弯出一定的曲度,然后再用水火弯曲成型。

第四节 船 体 装 配

船体焊接通常用分段(或总段)建造法进行,即将整个船体结构划分成若干块局部结构(分段或总段)后分别制造,然后在船台上将各块局部结构合拢成整个船体,如图 7-10 所示。

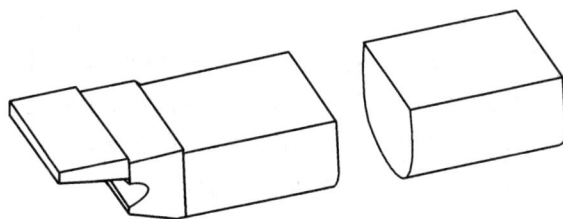

图 7-10 船体分段

船体装配的主要工作内容分为:

(1)部件装配焊接(小合拢),即将加工后的各种构件组合成部件;

(2)分段装配焊接(中合拢),即将各个零部件组合成分段(或总段);

(3)船台装配焊接(大合拢),即将分段(或总段)组合成整个船体。

图 7-11 船体分段装配焊接

第五节　密性及舾装

一、密性试验

密性试验的目的是检查外板、舱壁等处的焊缝有无渗漏现象，以保证船舶航行的安全。

在船体的装配焊接和火工矫正工作完成后，即可进行船体的密性试验。现代建造大中型船舶时，也可以在分段制造完工后就进行分段的密性试验，而在船台上只进行大接头处的密性试验。

（一）煤油密性试验

煤油具有良好的渗透性能，用它进行检验焊缝的密性是一种既简单又方便的方法，特别适用检验板厚 8 ~ 12 mm 的分段焊缝。试验时，在焊缝的一面涂上白粉水溶液，待其干燥后再在反面涂以煤油，间隔一定时间后观察白粉面是否有油渍渗透现象，以确定焊缝是否满足密性要求。

（二）水密试验

水密试验可分为水压试验、灌水试验、冲水试验和淋雨试验四种。

凡是储存液体的舱室都应采用水压试验，试验时水柱高度应高出舱室空气管顶。

单底船在设计水线以下可用灌水试验，试验水高度必须与船底中桁材面板相平。

外板、甲板、上层建筑外围壁、舷窗和水密门等虽然位于设计水线以上，但因其经常遭受波浪的冲击，因此同样需要水密，可以用冲水试验来检查其密闭性。

对位于上甲板以上的舱室外板、甲板等结构，遭受波浪冲击的可能性较小，但要求水密防雨，可用淋雨试验来检查其密闭性。

（三）气密试验

气密试验可分为泵气和充气两种。板厚大于 6 mm 的液体舱室，可用泵气试验来代替水压试验。试验时将舱室人孔关闭紧密，并充入压缩空气，30 ~ 50 kPa 的压力保持 15 min，并在焊缝外面涂以肥皂水，检查有无气泡或串气泡现象。

二、舾装工程

船舶舾装的主要内容有主机和各种辅机的安装、船舶设备及系统的安装、电气仪表安装、木作绝缘的安装、油漆作业、房舱设备安装和装饰等。

舾装工程应与船体建造成平行作业的方式进行，即在分段或总段制造时，以及船台合拢阶段就进行舾装作业，称为预制舾装。也可以将它们预先在车间里组装成完整的舾装单元，再吊装到船上，称为单元舾装。

舾装是相当复杂的工作，需要其他各工种的密切配合，而舾装工程又往往与其他工种互相交叉，因此在生产上必须合理安排，才能使整个工作有序地进行。

第六节　船舶下水

由于船舶的建造施工一般都是在陆地上进行的，所以在船舶建造基本竣工后，需要运用下水设备将它移送到水中去，这个工作称为船舶下水。

船舶下水的方法有重力式下水、漂浮式下水和机械化下水三种,本节仅介绍前两种下水方式。

一、重力式下水

重力式下水是船舶依靠自身的重力在倾斜滑道上产生的下滑力,克服倾斜滑道的摩擦阻力而向下滑入水中的下水方法。它适用于在倾斜船台上建造的船舶下水。按照船舶下水时滑行的方向,重力式下水可分为纵向下水和横向下水两种。

(一)纵向重力式下水

它所用的下水设备主要有滑道、滑板、下水支架、控制设备和下水龙骨墩等。

船舶下水前,应在滑道与滑板之间涂润滑剂。下水时,先拆除船底的全部龙骨墩和支撑,再松开阻止滑板滑动的制动装置,船舶连同滑板、下水支架一起自行滑入水中。

这种下水方法适用于各型、各类船舶,具有下水设备简单、建造投资少等优点。但也存在下水准备时间长、操作复杂、劳动强度大、下水过程中船舶会产生很大的前支架压力等缺点,同时还要对下水水域有较高的要求。所以纵向强度较弱的船舶以及下水区域比较窄小的不宜采用这种下水方式,如图7-12所示。

图7-12 纵向重力式下水

(二)横向重力式下水

它与纵向重力式下水的区别只是船舶开始进入水中的不是艉端,而是一舷,没有很大的前支架的压力,同时也不需要很宽阔的下水区域。所以纵向强度较弱的船舶和下水区域比较窄小的船厂,可以采用这种下水方式,如图7-13所示。

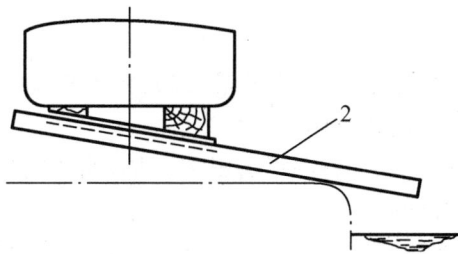

图7-13 横向重力式下水

二、漂浮式下水

漂浮下水是将水引入船舶建造场所或利用涨水淹没建造场所,使船舶自动漂浮起来,再将船舶拖至深水区域或码头的一种下水方式。这种下水方式比较简单,安全性高,但是它对场所和水域有特殊的要求,所以很多船厂兴建了船坞。船坞是与水域连通的,在建造开始时,将坞内的水抽干,并关闭坞闸。建造完成后,将坞闸打开,水进入坞内,船舶自动漂浮起来,用拖船拖至码头进行舾装,完成下水作业,如图 7 – 14 所示。

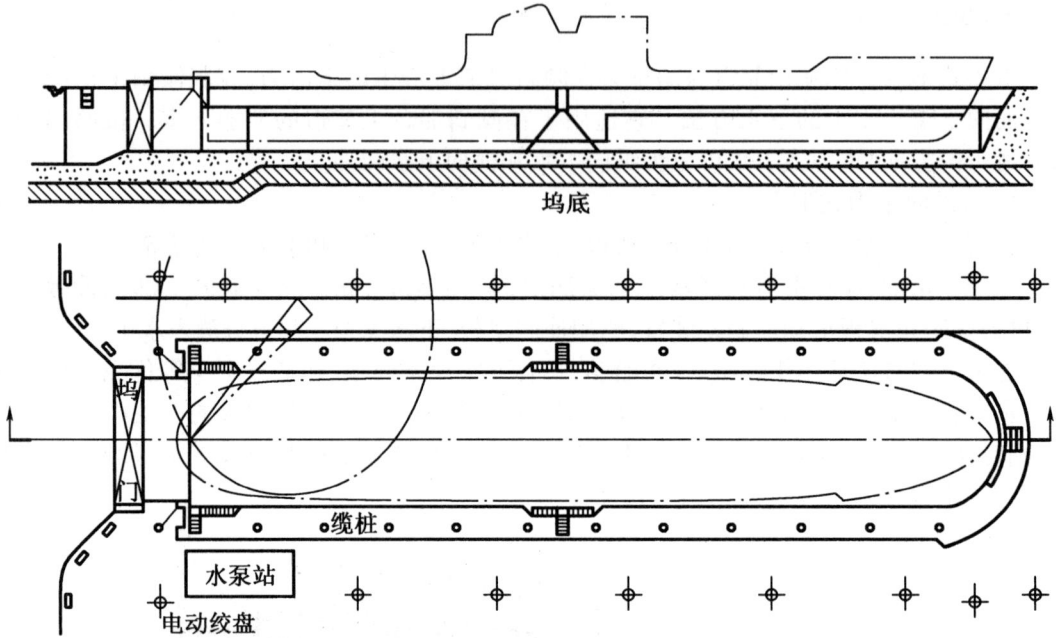

图 7 – 14　漂浮式下水

第七节　船舶试验

船舶在整个建造过程中,除了经常对各个工程项目进行严格的检验与验收外,还要在船体主体工程和动力装置完工后进行严格的全面试验,以考核产品的质量是否符合设计要求和有关规范的规定。通常试验分为系泊试验与航行试验两个阶段。

一、系泊试验

系泊试验的主要目的是检验船体建造质量,以及各种机械、系统、管路、设备、仪器、仪表、武备、特种装置等的安装质量和使用可靠性。

系泊试验应在船体建造完工后、各项设备安装完毕、船体密性试验结束,以及试验的准备工作已经就绪的条件下进行的。

系泊试验时,工厂尚需备齐试验中要用到的试验记录表册、机舱日志、电工簿和有关机械、电气、船体设备、武备、特种装置的合格证、说明书、使用保养技术条令、经历簿、设备厂、船厂的验收文件等有关资料。

二、航行试验

航行试验即通常说的“试航”,它是对新建船舶全面的、综合性的一次试验。

试航前,应拟定好试航大纲,准备好必要的测试仪器和设备。试航应由三方代表组成试航领导小组,全面领导试航交船工作。试航的主要试验项目如下:

（1）主机及有关动力装置试验,主要是试验其工作可靠性;

（2）操舵试验,主要是试验其灵活性和可靠性;

（3）抛锚试验,主要是在足够深的水域试验起锚速度和起锚能力;

（4）测速试验,主要是在规定的测速区进行航速测定;

（5）回转试验,主要是在足够水深的水域内测定船舶的回转直径;

（6）慢性试验,主要是测定船舶依靠惯性而自由滑行的距离;

（7）导航设备试验,主要是校正各类导航设备(如磁罗经、电罗经、测向仪、计程仪等)的误差。

第八节　检验与交接

在船舶建造过程中,必须有验船单位的检验,一切合格后,造船厂方可将船交给用船单位,船东还需派人进行验收,详见《船舶检验》一书。

当船舶试航结束后,船厂应立即进行相应的返修和拆验工作,同时对船舶本体及船上的一切装备按照图纸、说明书和技术文件进行点交,如房舱的移交、备品清点移交、主机及辅机进行动车移交、所有通信及导航设备逐台动车移交等;用船单位则派人接船,对船厂逐项、逐舱、逐件移交的文件、设备、物品等进行一一验收。全部点交验收完毕,验船单位发给入级证与合格证。上述工作全部结束后,即可签署交船验收文件,把船正式移交给船舶使用单位。

第九节　壳、舾、涂作业一体化造船简介

建立以中间产品为导向的生产作业体系,是现代造船模式的主要标志;按区域分类成组,建立区域造船的生产组织形式,是形成现代造船模式的基础和必要条件。

现代造船模式所确立的生产作业体系的相互关系准则可以概括为两个一体化。

一、壳(船体建造)、舾、涂作业一体化

指以"船体为基础、舾装为中心、涂装为重点"的管理思想,把壳、舾、涂三大不同性质的作业类型,建立成空间上分道、时间上有序的立体优化排序。

二、设计、生产、管理一体化

指设计、生产、管理三者有机结合,以正确的管理思想作为三者结合的主导。

现代造船模式通过科学管理,特别是通过工程计划对各类中间产品在船舶建造过程中的人员、资产、任务和信息的强化管理,实现了作业的空间分道、时间有序、逐级制造,均衡、连续的总装造船。

第十节　造船工程管理

造船工业是一个综合性很强的工业,涉及面广,关系错综复杂,所以合理的、先进的管理方法就显得很重要。世界各国在采用先进的技术装备的同时,还把先进的管理技术提到

极其重要的位置。也只有把科学的管理方法与先进的技术装备两者紧密地结合起来，才能更充分、更合理的发挥先进技术装备的作用，达到最大限度地提高企业生产能力和效率。

造船厂的生产管理遍及企业生产活动的整个领域，包括计划管理、设计管理、质量管理、物质管理、安全管理、目标成本管理等。其中计划和设计工作是企业科学管理的基础，是一切生产活动的依据，直接影响船厂的现代化管理。设计工作既要体现出产品的先进水平，也要体现出如何组织生产、如何科学管理生产、如何运用先进生产工艺，从而达到高质量、低成本、短周期地生产出先进的船舶产品。

造船工程管理的目的，是为了充分、有效地运用劳动力、生产设备等要素在规定的日期内建造出符合质量要求的船舶。确定符合现代化生产特点的造船模式，就是为科学地组织生产和进行工程管理创造条件。

我国目前正在应用和推广的现代化造船模式，是经过长期生产实践积累，借鉴国外先进经验，并结合我国国情的产物。